Paul Traeger
Die Deutschen in Osteuropa

Paul Traeger

Die Deutschen in Osteuropa

ISBN/EAN: 9783955642129

Auflage: 1

Erscheinungsjahr: 2013

Erscheinungsort: Bremen, Deutschland

@ EHV-History in Access Verlag GmbH, Fahrenheitstr. 1, 28359 Bremen. Alle Rechte beim Verlag und bei den jeweiligen Lizenzgebern.

Schriften des
Deutschen Ausland-Instituts Stuttgart
A. Kulturhistorische Reihe
herausgegeben von Professor Dr. Walter Goetz in Leipzig
und Professor Dr. Julius Ziehen in Frankfurt am Main
Band 6.

Die Deutschen in der Dobrudscha

zugleich ein Beitrag
zur Geschichte der deutschen
Wanderungen in Osteuropa

Von

Paul Traeger

Mit 73 Abbildungen im Text und auf Tafeln

Stuttgart 1922
Ausland und Heimat Verlags-Aktiengesellschaft

Vorwort.

Der erste Anstoß zur vorliegenden Arbeit wurde gelegentlich der Gründungsfeier des Deutschen Ausland-Institutes gegeben. Bei der Erörterung über zunächst vorzunehmende Arbeiten regte ich an, die durch die kurz vorher erfolgte deutsche Besetzung der Dobrudscha geschaffene günstige Gelegenheit zu einer Erforschung der dortigen deutschen Ansiedlungen zu benutzen, über die bis dahin nur äußerst wenig bekannt war. Der Vorstand bat mich, die Aufgabe im Auftrage und mit finanzieller Unterstützung des Institutes selbst zu übernehmen. So kam meine erste, grundlegende Reise zustande, die mich im Frühjahr und Sommer 1917 alle Teile des Landes kennen lernen ließ. Ein zweiter, mehrmonatlicher Aufenthalt in der Dobrudscha im Herbst des gleichen Jahres galt archäologischen Arbeiten, doch hatte ich im Anschluß daran Zeit und Gelegenheit, einen großen Teil der deutschen Dörfer nochmals zu besuchen und meine früheren Beobachtungen in vieler Hinsicht zu ergänzen. Insbesondere veranlaßten in dieser Zeit meine ethnographischen Studien für das von der deutschen Etappenverwaltung herausgegebene Werk über die Dobrudscha eine genaue statistische Aufnahme der vorhandenen Völkerschaften, die auf Grund eines von mir entworfenen Fragebogens in sämtlichen Ortschaften durchgeführt wurde und mir zuverlässige Unterlagen auch über alle einzelnen, von den Kolonien abgezogenen und verstreut wohnenden Deutschen verschaffte. Manche wichtigen Aufklärungen verdanke ich auch noch einem dritten, durch die Zurücknahme unserer Truppen leider sehr verkürzten Aufenthalt in der Dobrudscha im Herbst 1918.

Ich habe die Erforschung dieser deutschen Siedlungen als eine rein wissenschaftliche Aufgabe betrachtet. Es war daher auch bei der vorliegenden Arbeit nicht meine Absicht, eine mehr oder minder schöne und ansprechende allgemeine Schilderung von ihnen zu geben, sondern auf Grund systematischer, möglichst exakter und auf die Quellen zurückgehender Nachforschungen und Beobachtungen diesen seit Generationen vom Stamme losgelösten und in sich abgeschlossenen Zweig unseres Volkes nach möglichst vielen Seiten hin zu beleuchten. Ich habe dazu Fragen und Dinge mit in die Betrachtung gezogen, die die herkömmliche Art der Darstellung deutscher Auslandgebiete kaum beachtet hat, deren Untersuchung mir jedoch für eine Vertiefung unserer wissenschaftlichen Erforschung des Auslanddeutschtums sehr geboten erscheint. Dank der gegebenen günstigen Umstände war es mir möglich, auf dem Gebiete der Dobrudscha, wie es vom Berliner Kongreß begrenzt war, ohne Ausnahme sämtliche deutsche Ansiedlungen, auch die kleinsten, persönlich zu besuchen und an Ort und Stelle Feststellungen zu machen. Ich habe das auch für die meisten der Ortschaften durchgeführt, von denen ich irgendwie erfuhr, daß dort einmal Deutsche gewohnt hätten.

Die Arbeit war in ihren Grundzügen bereits im Winter 1919/20 fertig, sie schildert die Verhältnisse so, wie sie vor Kriegsende waren. Ich habe daran nichts geändert, auch da nicht, wo nach den Bestimmungen des Friedensschlusses mit Bulgarien meine Annahmen nicht mehr zutreffen. So gehört heute ein Teil der Kolonien, die ich der bulgarischen Dobrudscha zurechne, wieder zu Rumänien. Aber nur eine bis in Einzelheiten genaue Kenntnis des Laufs der neuen Grenze hätte hier eine Korrektur veranlassen können. Derart genaue Angaben waren jedoch nicht zu erlangen. Ebenso waren auch die wenigen Nachrichten, die nach Kriegsende aus der Dobrudscha zu uns kamen, nicht bedeutsam und zuverlässig genug, um darauf Änderungen zu gründen.

Daß ich meine Arbeiten im Lande in gewünschtem Umfange durchführen konnte, ist in erster Linie das Verdienst der deutschen Etappenverwaltung. In aufrichtig dankbarer Erinnerung gedenke ich der liebenswürdigen Aufnahme, die sowohl ich persönlich wie alle meine Wünsche bei dem verehrten Chef der Verwaltung, Herrn Generallieutnant z. D. Exz. von Unger, sowie bei allen Herren seines Stabes und allen Ortskommandanturen jederzeit fanden. Und diesen Dank schulde ich auch dem Oberkommando der bulgarischen Armee, das mir in ihrem Operationsgebiete und an der Front das Herumreisen uneingeschränkt erlaubte und erleichterte.

P. T.

Inhalt.

Seite

1. **Die Dobrudscha und ihre Bewohner** 1

Zur Zeit der ersten Einwanderung deutscher Bauern die Dobrudscha ein unbekanntes Land. Moltkes Schilderung. Ein Vorschlag, den nördlichen Teil für Deutschland zu gewinnen. Verschiedener Charakter im Norden und Süden. Verödet und menschenarm, zu allen Zeiten mehr Durchzugs- als Siedlungsland. Ein buntes Gemisch von Völkerschaften neben- und nacheinander. Türkische Kolonisation mit Tataren und Turkomanen. Im 18. Jahrhundert eine Zufluchtsstätte für Flüchtlinge. Walachen, Kosaken, russische Sektierer. Die russisch-türkischen Kriege. Bevölkerung um die Mitte des vorigen Jahrhunderts. Verschiebung der Einwohnerschaft nach dem Krimkrieg. Türkische Kolonisation mit Tataren und Tscherkessen. Westeuropäer in der Dobrudscha. Karl F. Peters. Der Friede von San Stefano. Die Dobrudscha fällt an Rumänien. Das Bevölkerungsbild ein buntes Mosaik bis heute. Statistische Erhebungen über die verschiedenen Nationalitäten.

2. **Stammesheimat und frühere Wanderungen** 17

Weite Wanderungen der deutschen Bauern vor ihrer Niederlassung in der Dobrudscha. Besiedlung Südrußlands durch Katharina II. und Alexander I. Werbungen in Deutschland und Vergünstigungen. Ein Auswandererlied. Stammesheimat der deutschen Kolonisten. Viele vorher in den Kolonien Friedrichs II. in Westpreußen und Preußisch-Polen, andere in den deutschen Kolonien in Nordrußland, im Großherzogtum Warschau, Wolhynien, im Banat, der Batschka, in Galizien und in der Bukowina. Rasche Zunahme der deutschen Siedlungen in Südrußland. Aus diesen sind die meisten der deutschen Kolonisten in die Dobrudscha gekommen. Herkunftsorte in den Gouvernements Bessarabien, Cherson, Taurien, Jekaterinoslaw. Herkunftsorte in Russisch-Polen, Wolhynien, Galizien, der Bukowina und Ungarn. Vergessensein der Heimatsorte in Deutschland. Schwaben und Kaschuben. Quellen zur Feststellung der deutschen Heimat. Herkunftsorte in Deutschland.

3. **Die erste deutsche Abwanderung aus Rußland** 31

Abwanderung aus eigenem Antrieb ohne behördliche Leitung und Fürsorge. Fehlen aller literarischen Quellen für die ältere Zeit. Erste Nachrichten von den deutschen Siedlungen. Literatur über sie. Urkundliches Material. Erste Einwanderung in der Dobrudscha 1841. Vorhergehende Niederlassungen in der Moldau, Walachei und Bulgarien. K o l o n i e J a c o b s o n s t h a l. Ursachen der ersten Abwanderung aus Rußland. Landmangel in den südrussischen Kolonien, Unglücksjahre und Wandertrieb.

4. **Die erste Periode der deutschen Einwanderung in die Dobrudscha bis zum Krimkrieg** 40

Die erste Siedlung Akpunar: Macin, Deselia. Vater Adam Kühns Bibeleintragungen. Das erste Tauf- und Kirchenbuch. Kischla. Niederlassung in Tulcea. Der Franzose Allard und Wilh. Hamm. Elsässer und Rheinpfälzer. — K o l o n i e M a l c o c i: Aufenthalt vorher in Focsani und bei Calarasi. Das älteste Kirchenbuch. Pfarrer sind Italiener und ein Franzose. Familiennamen. Feststellung verschiedener Kolonisten noch in den Einwohnerlisten russischer Kolonien. Eheschließungen unter sich. Ende der Zuwanderung. Guter Boden. Landverteilung und Landmangel. Dorfbild. Zahl der Gehöfte. Veteranenansiedlung. Schule. — K o l o n i e A t m a g e a: Alter Kulturboden. Die ersten Ankömmlinge und ihre Stammesheimat. Evangelisch. Tapy-Zettel. Vater Adam Kühn. Oberst von Malinowsky. Schule. Pfarrer.

VI.

Seite

Zusammenschluß der evang. Gemeinden und Kirchenbau. Wiederabwanderung alter Kolonisten und Rückkehr. Tscherkessenplage. Störung des Kirchenbaues. Neue Abzugsgedanken. Plünderung im russisch-türkischen Krieg. Beschwerden über die rumänische Verwaltung. Ablehnende Haltung der deutschen Gesandtschaft. Ein Dankschreiben Kaiser Friedrichs. Anteilnahme an den Vorgängen im Mutterland. Reindeutscher Charakter. Dorfanlage. Kriegsleiden. Gesundheitsverhältnisse. Trachten. Landbesitz. Lebensmittelpreise. Geringe Sterblichkeit. Wenig früherer Zuzug. Anzahl der Kolonisten. — Neue Unruhe in den südrussischen Kolonien und Abwanderung. Neue Ansiedlungen in der Dobrudscha: Omurlar, Hamangea, Ismail, Kalbant. — Kolonie Kataloi: Hamms Besuch der Kolonie 1858. Das Kircheninventar von Jacobsonsthal wird nach Kataloi gebracht. Herkunftsorte. Sittliche Zustände. Uebertritt zum Baptismus. Die wandernde Glocke. Kirche. Zuzug aus Galizien und Wolhynien. Auswanderung. Einwohnerzahl. — Kolonie Ciucurova: Russen, Lasen, Türken, Tataren. Vorher in Jacobsonsthal. Platte Kolonie. Eine Klageschrift. Omer Pascha. Waldbrand. Tscherkessen. Herkunftsorte und Bewohnerzahl. Landbesitz. Lage des Dorfes. — Abschluß der ersten Periode der Abwanderung aus Südrußland und deutscher Koloniegründungen. Abwanderung aus den galizischen Kolonien. Eine deutsche Bauern-Odyssee. Novitroizki, Sulina, Achmadia.

5. **Die zweite Periode der deutschen Einwanderung 1873-1883** . . . 77

Aufhebung des Fürsorge-Comitäts für die südrussischen Kolonien und der Befreiung vom Militärdienst. Neue Abwanderung. Niederlassungen in der Moldau und Walachei. Neu-Plotzki. Ein Zug nach Palästina. Abgesandte der bessarabischen Kolonien in der Dobrudscha. Entgegenkommen der türkischen Behörden. Die neuen Ansiedlungen im baumlosen Steppenland. — Kolonie Cogealac: Herkunft der Siedler. Ausgleichende Entwicklung zwischen Schwaben und Kaschuben. Das süddeutsche Element das stärkere. Familiennamen. Plünderung durch Türken und Tscherkessen. Verarmung. Rumänische Landvermessung. Veteranenansiedlung. Ein blühendes deutsches Dorf. Kirche, Schule, Abwanderung. — Kolonie Tariverde: Gründungsjahr, Herkunft. Schwaben und Norddeutsche. Weite Wanderungen. Landverteilung. Abwanderung. Wohlstand. Schöne Gehöfte. Kirche und Schule. Ein verdienstvoller, treudeutscher Lehrer. Familiennamen. Seelenzahl. — Kolonie Fachria: Die Ankömmlinge zum Teil vorher in Neu-Plotzki. Schwaben und Kaschuben. Familiennamen. Verlassen der Kolonie während des russisch-türkischen Krieges. Einwohnerzahl. Milchwirtschaft. Schule. — Einwanderer aus der bessarabischen katholischen Kolonie Krassna. Tasaul, Caraibil, Posta. Kolonie Caramurat: Landverteilung. Gutes, wirtschaftliches Vorwärtskommen. Herkunft und Familiennamen. Das schönste der deutschen Dörfer. Reizvolles Straßenbild. Stattliche Kirche. Einwohnerzahl, Abwanderung. — Katholische Kolonie Culelia: Herkunft, Seelenzahl. Ungünstige Verhältnisse. Landbesitz, Abwanderung, Kriegsleiden. — Anadolchioi: National sehr gemischtes Dorf. Mischehen. Rückwanderung nach Deutschland. Rumänische Plackereien. Auswanderung nach Prussa. — Konstanza: Handwerker, Ingenieure, Beamte. Gründung einer evang. Gemeinde. Eigener Pfarrer. Kirche, Schule, Seelenzahl. — Kolonie Horoslar: Aus Bessarabien, Jacobsonsthal und Neu-Plotzki. Kleine reindeutsche Ansiedlung. Ein deutscher Großgrundbesitzer. — Kolonie Cogeala: Herkunft und Seelenzahl. Schwere Anfangszeit. Hilferuf des Pfarrers Teutschländer. Landverteilung. Rasches Aufblühen. Kirche und Schule. — Kolonie Ortachioi: Anfangs fast reindeutsch. Veteranenansiedlung und Abwanderung der Deutschen bis auf wenige Familien. — Stillstand des Zuzugs aus Rußland. Die Lage der Kolonisten hat sich unter der neuen rumänischen Verwaltung verschlechtert. Einsetzung eines Primar. Rumänische Schulen und Lehrer. Bericht eines unparteiischen Beobachters. Klagen

VII.

                                                                                                    Seite

und Beschwerden. Bitte um Hilfe bei König Carol und der deutschen Gesandtschaft. Rücksichtsloses Vorgehen der rumänischen Behörden bei der neuen Regelung des Landbesitzes. Beginn der Wiederauswanderung.

6. Die dritte Einwanderungsperiode 1890=91 103

    Nationalistische Politik in Rußland. Gesetz gegen die Päßler. Die rumänische Regierung unter Peter Carp ermuntert zur Einwanderung. Neue Koloniegründungen. Enttäuschte Hoffnungen. Landanweisung erst nach Erwerb der rumänischen Staatsangehörigkeit. Veteranenansiedlung. Die Einwanderer auf Pachtland angewiesen. Entstehen und Wiederverschwinden ganzer Kolonien. Übelwollendes Verhalten der rumänischen Lokalbehörden. — Kolonie Cobadin: Aus bessarabischen Kolonien, vorher in Neu=Plotzki. Familiennamen. Anzahl, Abwanderung, Besitzverhältnisse. Ein reiches Dorf, schöne Straße. Schule. Neue Beziehungen zur alten Heimat. — Kolonie Sarighiol: Arme Ansiedlung mit schlechtem Boden. Kolonisten aus dem Kaukasus. Anzahl und Abwanderung. — Ebechioi. Mangalia: Ohne Schule. — Caracicula: Rasches Anwachsen, Veteranenansiedlung, Auflösung. Ein Teil der Kolonisten nach Bulgarien. Osmancea, Balala, Osmanfaca, Steppe Georgefscu, Neue Weingärten. — Ende des vor einem halben Jahrhundert begonnenen Zuzugs aus Rußland. Eine Zeit ruheloser Wanderungen und vieler Enttäuschungen. — Niederlassungen an etwa 3 Dutzend Plätzen, von dauerndem Bestand kaum die Hälfte.

7. Die Entstehung von Tochterkolonien 1893=1917 111

    Neue Ansiedlungen aus den alten in der Dobrudscha hervorgegangen. Ghiuvenlia. Mamuzlu: Kaschubische, reindeutsche Kolonie auf gutem Boden. In allen weiteren hat niemand eigenen Landbesitz. Die Lage der Ansiedler unsicher. — Sofular: Armes Dörfchen, die Bauern ohne eigenen Grund. Zwei deutsche Gutsbesitzer. — Mangeapunar: Gegründet von den Abzüglern von Balala. Reindeutsche Siedlung. Geschichte eines Pachtvertrages. Abwanderung der meisten Bauern nach Amerika. Moderne Ruinen. — Klein=Mangeapunar: Von Osmancea aus gegründet. Verödet und verfallen. Chiragi, Mamaia, Alacap, Techirghiol, Palaz Mare, Bratianu. — Ein Teil der deutschen Bauern auch heute noch ohne feste Stätte. — Doumai: Ein verlassenes Skopzendörfchen. — Cernavoda: Vereinzelte, zerstreut wohnende Deutsche. Weiterwanderung nach Süden.

8. Ansiedlungen in der bulgarischen Dobrudscha 120

    Schwankende Südgrenze der Dobrudscha. Fortsetzung der Wanderungen bis nach Altbulgarien. Plevna, Endze. Allmähliches Vorrücken der deutschen Siedlungen. Ciobankujus, Ali Kalfa, Kalfakioi, Cepangchioi, Musubej, Karali, Durbali, Koroceto, Arboceko, Kasimkioi, Dobritsch, Gelindje, Emirler, Serdimen, Baladja, Balcic. Anzahl der Deutschen in diesem Gebiet.

9. Anzahl der Deutschen, Vermehrung, Verwandtschaftsehen, Gesundheitszustand, Wiederabwanderung 124

    Zahl der Familien und Seelen. Rassehygienische Fragen. Einheitlicher Charakter der deutschen Kolonisten. Vermehrung. Frühere Angaben über die Zahl der Deutschen. Der gegenwärtige Bestand schon vor etwa 20 Jahren erreicht. Ausgleich der natürlichen Vermehrung durch Auswanderung. Übertriebene Vorstellungen vom Kinderreichtum. Günstige Vorbedingungen für eine große Kinderzahl. Eheliche Fruchtbarkeit und Art der Verteilung der Kinder. Vergleich mit Frankreich. Ein mittlerer Kinderreichtum der vorherrschende Zustand. Stete Regelmäßigkeit einer ansehnlichen Nachkommenschaft. Kein Ausfall in der natürlichen Vermehrung durch Ehe= und Kinderlosigkeit. Die Nachkommenschaft Adam Kühns. Geringe Sterblichkeit. Gesundheits=, Wohn= und Ernährungsverhältnisse. Fehlen vererblicher Krankheiten. Starkes Überwiegen der Geburten über die Todesfälle. Verwandtschafts=

VIII.

Seite

ehen ohne nachteilige Folgen. Ähnlichkeit im physischen Typus. Art der Eheschließungen. Geringe Zahl verschiedener Familiennamen. Kein Aussterben von Familien. Das Wachsen der Dörfer beschränkt. Wiederabwanderung und ihre Ursachen. Nord- und Süd-Dakota, Canada und Argentinien. Rückwanderung nach Deutschland. Leiden nach Kriegsausbruch. Allgemeiner Wunsch nach Rückkehr in die alte Heimat. Schicksal der nach Deutschland Zurückgewanderten.

10. **Dorfanlage, Haus, Hof, Wirtschaft, Weberei und Tracht** . . . 140

Bestimmungen der türkischen und rumänischen Kolonisations-Reglements. Die Dorfanlage in Südrußland nach der Dobrudscha übernommen. Straßen- und Hausform. Haussprüche und Hauseinteilung. Zimmerausstattung. Wirtschaftseinrichtungen. Dungbearbeitung. Ausdreschen mit Dreschsteinen. Baumpflanzungen. Landbesitz. Pachtpreise. Ackerbau und Viehzucht. Handwerk, Spinnerei und Weberei. Plachten. Kleidung.

11. **Die Dorfverwaltung** 154

Russische Instruktion zur Verwaltung der Koloniegemeinden. Befugnisse des Schulzen. Scharfe Zuchtmittel. Dorfversammlung. Rumänisches Regulament. Primar und Schulze. Dokument über die Einsetzung eines Schulzen. Gemeinsinn der Bauern. Gemeindeeinrichtungen. Ausschluß aus der Gemeinde.

12. **Schule, Kirche und Sektenwesen** 161

Das Schulwesen in Südrußland. Bezüge der Lehrer. Unregelmäßigkeit des Schulbetriebs. Einführung rumänischer Schulen. Lehrer aus Deutschland. Strafen für Vernachlässigung der Schule. Bescheidene Erfolge. Die Schule in Konstanza. Freie Religionsausübung durch das Kolonisations-Reglement gewährleistet. Erste Organisation der Evangelischen. Pfarrbezirke Atmagea und Konstanza. Unregelmäßigkeit der kirchlichen Versorgung. Sondergruppen und Sekten. Baptisten, Adventisten. Verhältnisse in den katholischen Kolonien.

13. **Geistiges Leben, Sitte und Brauch** 169

Abgeschlossenheit von allen Kultureinflüssen. Geistige und moralische Gesundheit. Bäuerliche Kultur ohne gebildete Schicht. Besuch von Schulen in Deutschland. Geistige Lebendigkeit. Bibelkenntnis. Strenge Anschauungen, sittliche Zucht und Ordnung. Erbauungsschriften, Kalender, Tageszeitungen. Erhaltung alter Sitten. Weihnachtsgebräuche, Neujahrsschießen, Ostern, Pfingsten. Verlobung und Hochzeit. Leichenschmaus. Volksaberglaube.

14. **Das Volkslied** 182

Bedeutung des Liedes für das Auslanddeutschtum und die Volksliederforschung. Unveränderte Erhaltung der alten Lieder. Nur wenige volkstümlich gewordene Kunstlieder. Der Liederschatz schließt ab mit dem Ende der Zuwanderung aus Deutschland. Keine modernen Lieder, im Gegensatz zu den deutschen Kolonien an der Wolga und in Slavonien. Kein Einfluß der benachbarten fremden Nationen. Das Volkslied als „Schelmenlied" verachtet und verfehmt und aus der Schule verbannt. Singweisen und Inhalt. Unterschiede zwischen den Kolonien in der Art der in ihnen gesungenen Lieder. Die Volkslieder lassen Schlüsse auf die Stammesheimat der Kolonisten zu. Gesichtspunkte bei der Wiedergabe. Verglichene Literatur. Liedertexte.

15. **Erhaltung des Volkstums in Sprache, Gesinnung und Blutmischung** . 215

Zusammenfassendes über die Lage der deutschen Kolonisten. Keine verlorenen Söhne. Die Sprache fast ohne fremde Beimischungen. Mischehen selten. Bewußtes Festhalten am deutschen Volkstum. Ein gesunder Zweig unseres Volkes. Politische Lage, Zukunftssorgen und weitere Abwanderung.

Anlage. Das Kolonisations-Reglement für die Türkei 320

1.

Die Dobrudscha und ihre Bewohner

Kurz nach 1840 sind die ersten deutschen bäuerlichen Einwanderer in die Dobrudscha gekommen.

Die Kulturwelt Europas wußte damals noch wenig von diesem Winkel an der unteren Donau. Es gab darin keine Städte, die seinen Namen bekannt gemacht hätten. Weder alte noch neue Kulturdenkmäler hatten von ihm erzählt. Konstanza war ein halbzerfallenes Nest von wenig Einwohnern und noch nicht als die alte Griechensiedlung Tomi, des unglücklichen Ovid langjährige Verbannungsstätte, erkannt. Die berühmten, nach Trajan benannten Wälle zwischen Donau und Meer, die späterhin die wissenschaftlichen Kreise so lange und eifrig beschäftigt haben, hatten deren Aufmerksamkeit noch kaum erregt. Auch hohe landschaftliche Reize, die europäische Reisende hätten anziehen können, fehlten dem Lande. Nur wenn es zwischen Rußland und der Türkei Krieg gegeben hatte, hatte man auch von der Dobrudscha gehört. Zuletzt in den Jahren 1828—29, als die türkischen Donaufestungen erobert wurden und die russischen Heere das Land durchzogen. Im allgemeinen war es ein uninteressantes und unbekanntes Stückchen Europa.

Gerade um die Zeit der ersten Einwanderung deutscher Bauern erschien auch die erste wertvolle und bis heute berühmteste Schilderung der Dobrudscha in deutscher Sprache. Im Jahre 1841 brachte der Verleger Ernst Siegfried Mittler in Berlin ein 432 Oktavseiten starkes, mit einigen gefälligen Holzschnitten geschmücktes Buch heraus, zu dem kein Geringerer als der große Geograph Carl Ritter ein Vorwort zur Einführung der „anspruchslosen, aber gehaltreichen Schrift" geschrieben hatte: „Briefe über Zustände und Begebenheiten in der Türkei aus den Jahren 1835—39." Der ungenannte Verfasser dieser „Briefe" war der damalige Hauptmann im preußischen Generalstabe Helmuth v. Moltke.

Vier Jahre vorher, im Herbst 1837, hatte er im Dienste der türkischen Regierung mit drei preußischen Kameraden, den Hauptleuten Karl Freiherr von Vincke und Friedrich Leopold Fischer vom Generalstabe und Hauptmann Heinrich von Mühlbach vom Ingenieurkorps, die Dobrudscha durchstreift. Der 32. Brief, datiert Varna, den 2. November 1837, ist ihr gewidmet. Es ist ein grauenvolles Bild von Eintönigkeit und Verlassenheit, Verwüstung und Armut, das diese Schilderung mit lebensvoller Anschaulichkeit von dem Lande und seinen Zuständen entwirft.

„Dieses ganze," heißt es, „wohl 200 Quadratmeilen große Land zwischen dem Meer und einem schiffbaren Strome ist eine so trostlose Einöde, wie man sie sich nur vorstellen kann, und ich glaube nicht, daß es 20000 Einwohner zählt. So weit das Auge trägt, siehst Du nirgends einen Baum oder Strauch; die stark gewölbten Hügelrücken sind mit einem hohen, von der Sonne gelb gebrannten Grase bedeckt, welches sich unter dem Winde wellenförmig schaukelt, und ganze Stunden lang reitest Du über diese einförmige Wüste, bevor Du ein elendes Dorf ohne Bäume oder Gärten in irgend einem wasserlosen Thal entdeckst. Es ist, als ob dies belebende Element in dem lockeren Boden versänke, denn in den Thälern sieht man keine Spur von dem trockenen Bett eines Baches; nur aus Brunnen wird an langen Bastseilen das Wasser aus dem Grunde der Erde gezogen." — — — „In der letzten Zeit hat der Krieg hier fürchterlich gehauset; gewiß ein Drittel der Dörfer, welche die Karten angeben, existieren gar nicht mehr; Hirsova besteht aus 30 Häusern, und Isaktschi und Touldscha sind um 1000 bis 5000 Schritt aus ihrer Lage gewichen. — Die Kosaken, welche früher auf diesem Boden wohnten, sind zu den Russen hinübergegangen, und es bleibt nur eine kleine und gemischte Bevölkerung aus Tataren, Walachen, Moldawanern, Bulgaren und wenigen Türken übrig.

Nachdem der Mensch den Menschen aus dieser Region verscheucht, scheint das Reich den Tieren anheimgefallen zu sein. Niemals habe ich so viele und mächtige Adler gesehen, wie hier; sie waren so dreist, daß wir sie fast mit unseren Hetzpeitschen erreichen konnten, und nur unwillig schwangen sie sich von ihrem Sitz auf alten Hünen-Hügeln einen Augenblick empor. Zahllose Völker von Rebhühnern stürzten laut schwirrend fast unter den Hufen unserer Pferde aus dem dürren Gras empor, wo gewöhnlich ein Habicht sie beobachtend umkreiste. Große Herden von Trappen erhoben sich schwerfällig vom Boden, wenn wir uns näherten, während lange Züge von Kranichen und wilden Gänsen die Luft durchschnitten. Viele Tausende von Schafen und Ziegen kommen jährlich von Siebenbürgen und der Militärgrenze herüber, um hier zu weiden; für diese Erlaubnis wird 4 Para oder 2½ Pfennig pro Kopf gezahlt und das fünfzigste Stück Vieh. In den Pfützen an der Donau stecken die Büffel, eben nur mit der Nase hervorragend, und Wölfen ähnliche Hunde streifen herrenlos durch das Feld."

Seine Beschreibung der Dobrudscha in den „Briefen" hat Moltke in mancher Beziehung noch ergänzt in seinem 1845 erschienenen Werke: „Der russisch=türkische Feldzug in der europäischen Türkei 1828 und 1829, dargestellt im Jahre 1845 durch Freiherrn von Moltke." Das Land ist eine Wüste, wie man sie in Europa kaum erwarten sollte. Die städtische Bevölkerung mitgezählt, werden auf die Quadratmeile schwerlich mehr als 300 Einwohner zu rechnen sein. Der Boden besteht aus einer grauen, feinen Sandmasse, in welche alles Wasser versiegt und selbst durch die darunter liegende Kalkschicht durchsickert. Vergebens sucht man in den Tälern nach Bächen und Quellen. Sowohl wegen dieser Wasserarmut als wegen der dünnen Bevölkerung ist der Ackerbau äußerst gering. In Konstanza sind nur 40 Häuser bewohnt.

Es ist überraschend und verdient wohl hervorgehoben zu werden, wie ergebnisreich für die Kenntnis der Dobrudscha diese kurze Reise der vier deutschen Offiziere gewesen ist. Auch die Beobachtungen der Begleiter Moltkes wurden nach verschiedener Richtung von entscheidender Bedeutung. Seitdem einige Jahre vorher die Russen an der Donaumündung bei Sulina eine Quarantänestation errichtet hatten, befürchteten die mitteleuropäischen Mächte eine Störung der Schiffahrt und des freien Handelsweges nach dem Orient. Man erwog den Plan eines Kanals zwischen Rassova und Konstanza durch das Tal der Karasu=Seen auf Grund der Annahme, das hier dereinst die Donau einen kürzeren Abfluß zum Meere gehabt habe, der ohne zu große Schwierigkeiten wiederhergestellt werden könne. Hauptmann von Vincke machte es sich zur Aufgabe, die Stichhaltigkeit dieser Theorie durch zuverlässige Geländeuntersuchungen nachzuprüfen. Schon im Jahre vor dem Erscheinen der „Briefe" hatte er seine Ergebnisse in einem Vortrage der Berliner Gesellschaft für Erdkunde bekannt gegeben.[1]) Sie widerlegten die Mög=

---

[1]) Das Karasu=Tal zwischen der Donau unterhalb Rassova und dem Schwarzen Meere bei Konstanza. Monatsberichte üb. die Verh. d. Ges. f. Erdkunde zu Berlin, 1. Jahrg. 1840, S. 179—186.

keit eines alten Donauarmes und entzogen durch den Nachweis der vorhandenen großen Hindernisse auch den Kanalplänen den Boden. Durch diesen Vortrag erfuhr die wissenschaftliche Welt auch zum ersten Male etwas von dem Denkmal und den Ruinen von Adamklisi, die bis dahin trotz ihrer geringen Entfernung von der Donau vollkommen unbekannt geblieben waren. Ebenso enthält er die erste genauere Darstellung der Trajanswälle. Auch Hauptmann von Mühlbachs Studien hatten ein wichtiges Ergebnis. Er entdeckte und kopierte in Konstanza zwei Inschriften, die den Namen von Tomi enthielten. Dadurch wurde zuerst die Lage der alten griechischen Kolonie sicher bestimmt, die man vordem weiter südlich von Konstanza, bei Techirghiol oder Mangalia, gesucht hatte.

Die Sorge um die freie Schiffahrt auf den Donaumündungen ließ um jene Zeit in Deutschland einen etwas seltsamen Gedanken entstehen, der allen Ernstes erörtert wurde und es hier wohl verdient, in Erinnerung gebracht zu werden. 1844 erschien eine Schrift,[1]) die mit eingehender Begründung die Forderung aufstellte, Deutschland müsse zur Sicherheit gegen eine Abschließung der Mündungen danach trachten, von der Pforte die Abtretung der nördlichen Dobrudscha und die Gewährleistung des Schutzes bei fremden Angriffen gegen Geld zu erhalten. Unter den Vorteilen, die der Verfasser für die Erwerbung geltend macht, weist er auch auf die Aussichten hin, die sich hier für deutsche Auswanderer bieten würden, ohne eine Ahnung davon zu haben, daß in der Tat zu gleicher Zeit deutsche Bauern in der Dobrudscha eine neue Heimat suchten. Anstatt sich dem trüglichen Ozean und dem gelben Fieber der amerikanischen Sümpfe auszuliefern und auf ewig von dem heimatlichen Herde zu scheiden, könnten die Auswanderer auf die bequemste Art dies schöne Land bevölkern und dabei stets in Verbindung mit dem Vaterlande, ja ein integrierender Teil desselben bleiben. Die Beschreibung, die der Verfasser von der Dobrudscha gibt, beweist allerdings, daß er von den wirklichen Verhältnissen keine Ahnung hat. So nimmt er an, daß dieser nördliche Teil bereits 300000 Einwohner zähle und in unserem Besitz wenigstens 1½ Millionen Menschen ernähren würde.

Das weite, leichtgewellte Steppenland, das uns Moltkes Schilderung zeigt, erstreckt sich nicht über die ganze Dobrudscha.

---

[1]) Teutschland und die Donaumündungen. Von einem Offizier. Siegen und Wiesbaden 1844. 8. Die Schrift erlebte sogar noch 1854 eine 2. Auflage.

So sieht es im südlichen und mittleren Teile aus. Hier bietet sie das öde Bild endloser, mit dünnen Gräsern und hohen Disteln bedeckter Flächen, durch die sich niedrige Höhenrücken und Mulden hinziehen. Ein nüchternes, baumloses Land, wie es schon Ovids Gemüt bedrückt hat:

Du erblickst nicht Baum noch Gebüsch auf kahlem Gefilde.[1]
Nicht erzeuget das Feld hier Obst, nicht liebliche Kräuter.

Und um 1840 galt auch noch fast uneingeschränkt:

Wohin immer man blickt, entbehrt des Bebauers der Acker,
Und wüst lieget, das hier keiner begehret, das Feld.[2]

Nur wenn im Frühling die Gräser in neuem Grün stehen und weite Strecken gelb sind vom blühenden Hederich, kommt Leben und Farbe in das eintönige Bild. Aber schon im Frühsommer beginnt die sengende Sonne alle Frische zu töten, und heißer grauer Staub fegt über das dürre Land.

Ein anderes, freundlicheres Bild gewährt der nördliche Teil der Dobrudscha. Ihn durchziehen, etwas nördlich vom Ezerul Golovitza beginnend, lange hohe Bergrücken in nordwestlicher Richtung. Grüne Täler begleiten und durchschneiden sie. Auf große Strecken hin sind die Höhen dichtbewaldet, und man stößt auf prächtige Bestände mächtiger Eichen, Buchen, Linden und Eschen. Trotzdem die höchsten Gipfel 500 Meter noch nicht erreichen, hat man überall den Eindruck eines Gebirgslandes. Wer etwa von Braila vom hohen Ufer aus über das breite Ueberschwemmungsland der Donau nach der Dobrudscha hinüberblickt, der sieht in langer Linie dunkle Höhen und Kuppeln vom klaren Himmel sich abzeichnen. Es gibt hier Gegenden von großer landschaftlicher Schönheit, die manchmal an Thüringen erinnern. Auch Bäche und Quellen fehlen hier nicht. In diesem Teil der Dobrudscha haben sich die ersten deutschen Ankömmlinge niedergelassen.

Es war nach Moltkes Schilderung ein verödetes, von Menschen fast entblößtes Land. Doch war dieser Zustand nicht allein die Folge der verheerenden Kriege der letzten Jahrzehnte. So lange wir die Geschichte der Dobrudscha zurückverfolgen können, ist sie immer arm an Menschen gewesen. Niemals hat sie es auf längere Dauer zu einer dichten und stetigen Bevölkerung gebracht. Von den ältesten Zeiten an, durch das ganze Mittelalter hindurch bis in die Neuzeit hat in ihr fast ohne Unterbrechung

---

[1] Tristia III, 10, 75.
[2] Epistulae ex Ponto I, 3, 55.

Kampf und Bewegung geherrscht. Nur der Wechsel von einbrechenden und sich wieder verdrängenden Völkerschaften heterogenster Art war ständig. Dazwischen lagen zeitweise nach ausrottenden Kriegen Perioden fast vollkommener Entvölkerung. Für alle die Volksstämme, die von Norden und Osten nach dem Süden strebten, war die Dobrudscha das Einfallstor, und ein buntes Gemisch hat in ihren Steppen neben- und nacheinander gehaust. Aber kein bestimmtes Volkstum hat sich fest und unbestritten mit ihrem Boden verwachsen. Sie war zu allen Zeiten mehr Durchzugs- als Siedelungsland. Es dürfte kaum ein zweites Gebiet in Europa geben, in dem bis in die jüngste Vergangenheit so oft ein nahezu vollständiger Wechsel der Bevölkerung eingetreten ist. Abgesehen von den Anfangszeiten des ersten Bulgarenreiches, das von hier seinen Ausgang nahm, war die Dobrudscha niemals Kernland eines starken Staates. Sie war immer nur Anhängsel, ein meist vernachlässigtes und wenig geschütztes Landgebiet, das den Einfällen beute- und landsuchender Horden offen lag. Selbst noch zur Zeit der mächtigen Bulgarenreiche sehen wir wieder und wieder neue Völker in die Dobrudscha einbrechen und auf kürzere oder längere Zeit in ihr Fuß fassen. Es folgen sich Magyaren, Russen, Petschenegen, Kumanen, Walachen, Turkomanen, Tataren des Khan Nogai und aus dem Reiche von Kiptschak. Kurz vor der Eroberung durch die Osmanen hatte sich das Gebiet der Dobrudscha vom Bulgarenreiche losgerissen und unter dem kumanischen Fürsten Dobrotic, von dem sich wahrscheinlich ihr Name herleitet, einen selbständigen Staat gebildet. Kumanen dürften zu jener Zeit auch die vorherrschende Rasse gewesen sein.

Unter der Herrschaft der Türken haben sich viele von ihnen auch in der Dobrudscha niedergelassen. Um die Mitte des 17. Jahrhunderts zählt Babadag 1700 türkische Häuser neben nur 300 bulgarischen, griechischen und rumänischen.[1]) Ein polnischer Reisender, der Ende des 18. Jahrhunderts den Norden durchquerte, scheint in Isaccea und Tulcea nur Türken beobachtet zu haben.[2]) Auch die schönen alten Moscheen, die wir in den größeren Ortschaften finden, weisen auf eine ansehnliche osmanische Bewohnerschaft hin. Im ganzen aber ist die Dobrudscha auch während der langen Türkenzeit ein dünnbesiedeltes Land geblieben, in dem sich weder der Ackerbau noch ein fester Grundbesitz entwickelte.

---

[1]) Bericht des Bischofs Philipp Stanilavov aus dem Jahr 1659. Acta Bulgariae ecclesiastica Monum. der südslav. Akad. Bd. XVIII, p. 264.
[2]) Mikoscha, Jos. Reise eines Polen durch die Moldau nach der Türkei. Aus dem Polnischen. Leipzig 1793.

Die Unstetigkeit und geringe Dichtigkeit seiner Bevölkerung hat es mit sich gebracht, daß kein anderes Gebiet Europas zu allen Zeiten, von den Römern und Byzantinern angefangen, so häufig zu Zwangskolonisationen benutzt worden ist. Es ist nicht uninteressant, daß die ersten Angehörigen des Turkvolkes, die nach Europa übertraten, sich als Kolonisten in der Dobrudscha niederließen. Es war eine Schar von 10—12000 Turkmanen, die schon zur Zeit der seldschukischen Sultane, im Jahre 1263, unter Anführung Saltukbedes angesiedelt wurden.[1]) Die türkischen Herrscher suchten alsbald nach der Besitznahme dem Menschenmangel durch Kolonisierung abzuhelfen. Schon vom Eroberer Sultan Bajesid I. wird berichtet, daß er Tataren in die Umgebung von Babadag brachte und ihnen zu ihrem leichteren Fortkommen die Steuern erließ.[2]) Sein Nachfolger, Mohamed I., kolonisierte wieder mit Tataren und außerdem mit Turkomanen aus Kleinasien. In der Folgezeit scheinen die türkischen Machthaber diesem wenig einträglichen Winkel ihres großen Reiches nur geringe Beachtung geschenkt zu haben. Man hielt ihn besetzt, aber man regierte nicht viel und ließ es auch mit ungewöhnlicher Toleranz geschehen, daß sich auf seinen weiten Flächen christliche Zuzügler der verschiedensten Art einfanden. Besonders im 18. Jahrhundert galt die Dobrudscha in den Nachbarländern im Norden und Osten als ein freies Asyl, das Verfolgten und Vertriebenen eine sichere Zufluchtstätte bot. Aus der Walachei und der Moldau kamen rumänische Bauern, die sich dem Druck ihrer Bojaren entziehen wollten. Im Norden, auf den „Fünf Hügeln", ließen sich donische Kosaken nieder, die aus politischen Gründen aus ihrer Heimat geflohen waren.[3]) Vor allem aber waren es zahlreiche Angehörige russischer Sekten, die hier vor den Verfolgungen der orthodoxen Kirche Schutz suchten, darunter auch altgläubige Kosaken, die ihre Dörfer an der Donau nördlich von Harsova anlegten.[4]) Als Land für Zwangskolonisationen und als Zufluchtstätte für Flüchtlinge werden wir die Dobrudscha auch später noch kennen lernen.

Die russisch-türkischen Kriege brachten der Dobrudscha neue Zeiten des Schreckens und ständiger Unruhe. Im ersten, von

---

[1]) Hammer-Purgstall, Jos. v., Geschichte des osmanischen Reiches. 2. A. Pesth 1840. Bd. I, S. 117.
[2]) Rumili und Bosna, geograph. beschrieben von Mustafa Ben Abdalla Hadschi Chalfa. Wien 1812. S. 28.
[3]) Hammer-Purgstall. Bd. IV, S. 621.
[4]) Lejean, G. Ethnographie der Europäischen Türkei. Petermanns Mitt. Erg.-Heft 4. Gotha 1861. S. 30.

1768—1774, war „die 40 Stunden lange Strecke des Landes zwischen Bababag und Basarcik allen Greueln des Krieges und der Veröbung preisgegeben."[1] Der dritte, von 1806—1812, tobte von der Donau bis zum Meere. Ungezügelte Kosakenheere durchzogen raubend und sengend das Land, und die christliche Bevölkerung wurde ebenso wenig geschont wie die türkische. Was nicht flüchtete, wurde gefangen und nach Bessarabien geschleppt. Der vierte, nach dem Moltke die Dobrudscha sah,[2] hat also nur das Werk der Verwüstung und Veröbung vollendet. Und auch die Mitte Mai 1829 ausgebrochene Pest hatte das ihre dazu getan. Es waren auch nicht allein die Kriegshandlungen selbst, die das Land der Menschen beraubt hatten: Die Russen führten große Teile der Bevölkerung fort, um damit die unbewohnten Gegenden Bessarabiens zu besiedeln. Im zweiten Krieg wird es insbesondere von Tausenden von Bulgaren und auch Lippowanern berichtet. 1828 hat sich eine große Anzahl Kosaken auf das linke Donauufer begeben und wird in Bessarabien angesiedelt. Auch Griechen werden in den neuen Kolonien genannt, die mit den Übersiedlern vom rechten Ufer gegründet werden.[3] Im Friedensvertrag von Adrianopel, der den vierten Krieg abschloß, wurde den noch übriggebliebenen Bewohnern der von den Russen wieder geräumten Gebiete ausdrücklich das Recht der ungehinderten Auswanderung während eines Zeitraums von 18 Monaten gesichert. Die bulgarische Bevölkerung hatte zum Teil mit den Russen sympathisiert und fürchtete die Rache der zurückkehrenden Türken. Sie zog damals in großer Menge mit General Roth, dem die Leitung der Auswanderung übertragen war, nach Bessarabien.[4] Auch ein Teil der Tataren wurde unter mancherlei Vorspiegelungen mit fortgeführt. In ganz entblößtem Zustand kehrten später einzelne zurück.[5]

Als Moltke seine Beobachtungen machte, waren seit dem Kriege bereits acht Jahre vergangen. Der jammervolle Zustand des Landes hat sich aber auch im nächsten Jahrzehnt noch wenig

---

[1] Hammer-Purgstall IV, S. 144.
[2] In diesem Kriege hat auch ein Deutscher, Maximilian Heine, als Arzt der russischen Armee den Zug durch die Dobrudscha mitgemacht und über seine Erlebnisse ein Buch veröffentlicht: Bilder aus der Türkei. St. Petersburg 1833.
[3] (Schlatter) Bruchstücke aus einigen Reisen nach dem südlichen Rußland in den Jahren 1822—1828. St. Gallen 1830. S. 486.
[4] Kanitz, F. Donau-Bulgarien und der Balkan. Leipzig 1875. I. Band, Seite 292.
[5] Butzer, C. W. Reise in den Orient Europas und einen Theil Westasiens. Elberfeld 1860—61. II. Bd., S. 264.

geändert. Der dürftige Rest zurückgebliebener oder nach und nach zurückgekehrter Bewohner, den die ersten deutschen Einwanderer vorfanden, war ein buntes Gemisch von Absplitterungen aller möglichen Völkerstämme.

Der Zahl nach standen an erster Stelle die Tataren. Wie erwähnt, waren sie schon in früherer Zeit mehrmals von der türkischen Regierung als Kolonisten ins Land gerufen worden. Nach den russisch-türkischen Kriegen und der Besitznahme ihrer Gebiete durch Katharina II. hatten sie starken Zuzug aus der Krim und vom Don bekommen. Sie waren die einzigen, die der Dobrudscha damals eine gewisse ethnische Färbung gegeben haben, sodaß diese schlechthin die „dobruzische Tatarei" genannt wurde. Der Walache Jonesco, der gegen Ende des 5. Jahrzehnts im Auftrage der türkischen Regierung die Dobrudscha bereiste, schätzte die Zahl der Tataren auf 33000.[1]) Ihr Oberhaupt war ein erblicher Chan. Sie treiben hauptsächlich Viehzucht. Träg und indolent, aber im Ganzen ein harmloses, verträgliches Volk, mit dem die Deutschen, damals wie heute, immer ein friedliches Nachbarverhältnis bewahrt haben.

Durch die Kriege am meisten gelitten hatten die Türken. Sie waren stets in erster Reihe zur Flucht genötigt gewesen, und wohl nur ein kleiner Teil hatte den Mut zur Rückkehr gefunden. Wir werden aber sehen, daß das erste Dorf, in dem sich deutsche Bauern niederließen, von Türken bewohnt war. Noch mehr zurückgegangen, vornehmlich durch die erwähnte Auswanderung nach Bessarabien, aber immer noch in größerer Menge vorhanden war die bulgarische Bevölkerung. Hauptsächlich an der Donau, doch auch im Inneren überall verstreut, wohnten Walachen und Moldauer. Diese rumänische Bevölkerung erhielt zeitweise ein besondere Vermehrung durch die Mokanen. Diese siebenbürgischen Wanderhirten kamen alljährlich in beträchtlicher Zahl aus ihren fernen Bergen in die Dobrudscha, um hier mit ihren Herden zu überwintern, einem schon Jahrhunderte alten Herkommen folgend, das bereits im Frieden von Passarowitz (1718) vertragsmäßig festgelegt wurde. Ihre Herden zählten über 50000 Stück Vieh. Für jedes Stück hatten sie eine Abgabe zu zahlen und außerdem jedes fünfzigste an den Pascha von Tulcea abzuliefern.[2]) Als Wanderhirten kamen auch Bulgaren aus dem Balkan von Kotel nach der Dobrudscha.

---

[1]) Jonesco et Jorano, Voyage agricole dans la Dobroudja. Const. 1850.
[2]) Peters, Karl F. Grundlinien zur Geographie und Geologie der Dobrudscha. Wien 1867. S. 52.

Einen wesentlichen Bestandteil der Bewohner machten die verschiedenen Gruppen der Russen aus. Von den Sektierern, die ihres Glaubens wegen hierher geflüchtet sind, gehört die Mehrzahl den Lippowanern an. Sie haben sich in einer großen Anzahl Ortschaften niedergelassen und teilweise eigene gegründet. Schon im Jahre 1809 hatten die Russen auf ihrem Zug von Macin nach Konstanza viele gefangen genommen und nach Galatz gebracht. An der Donau und am Meer sind sie die tüchtigsten Fischer. Gegenwärtig beträgt ihre Menge annähernd 12000, und ihre Dörfer zählen zu den wohlhabendsten und schönsten der Dobrudscha. Von anderen russischen Sekten waren und sind die Nemolioki, Molokanen und Skopzen vertreten. Dazu kamen auch orthodoxe Russen und die oben erwähnten Kosaken. In einem Teil der Ortschaften des Massivs von Babadag saßen außerdem Kleinrussen oder, wie wir sie heute zu nennen pflegen, Ukrainer.[1])

Griechen, Armenier und Juden wohnten von altersher in nicht geringer Zahl in den Städten an der Meeresküste und an der unteren Donau. Besonders in Tulcea hatte der Donauhandel viele zusammengeführt. In der Gegend von Isaccea, aber auch sonst im Lande verstreut, gab es Angehörige des zur Gruppe der Karthwelier zählenden Kaukasusstammes der Lasen. Auch diese scheinen als Flüchtlinge in die Dobrudscha gekommen zu sein. Den deutschen Einwanderern machte in einer ihrer ersten Ansiedelungen dieses „wilde Volk" viel zu schaffen. Zu den altheimischen Bewohnern ist das ethnologisch interessanteste Völkchen der Dobrudscha, die Gagauzen, zu rechnen, türkisch sprechende Christen, die vornehmlich längs der Pontusküste in gesonderten Ortschaften wohnen, aber auch vereinzelt an anderen Plätzen des Landes. Man stand lange vor einem Rätsel, wie man sich diese fanatischen Christen in türkischer Tracht und mit türkischer Sprache erklären solle. Man sah in ihnen Bulgaren oder Griechen, die sich gezwungen oder aus Berechnung äußerlich dem Osmanentum angeschlossen hätten. Es dürfte aber heute kaum mehr einem Zweifel unterliegen, daß wir es, worauf zuerst der bulgarische Schriftsteller Petko R. Slavejko und nach ihm Constantin Jiricek hingewiesen hat,[2]) mit direkten Nachkommen des türkischen Nomaden-

---

[1]) Allard, C. Souvenirs d'Orient. La Bulgarie orientale. Suivie d'une notice sur le Danube par M. Michel. Paris 1864.
[2]) Jiricek, C. Einige Bemerkungen über die Ueberreste der Petschenegen und Kumanen sowie über die Völkerschaften der sogenannten Gagauzi und Surguci im heutigen Bulgarien. Sitzungsber. der böhmischen Ges. d. Wiss. Prag 1890.

volkes der Kumanen zu tun haben. Unter deren Einfällen hatten die südlichen Donauländer schon im 11. Jahrhundert zu leiden. Nach ihrer Unterjochung durch die Mongolen in der ersten Hälfte des 13. Jahrhunderts setzte sich ein Teil von ihnen dauernd in der Dobrudscha fest. Auch der Name Gagauzi deutet auf die Kumanen, die bei ihrem ersten Erscheinen in Europa meist mit dem Namen Uzen oder Usen bezeichnet wurden.[1]) Sie sind lange vor der türkischen Eroberung, im alten Bulgarenreiche, Christen geworden, haben aber ihr altes, dem türkischen Sprachstamme angehöriges Idiom bewahrt. In den russisch-türkischen Kämpfen scheinen sie vor beiden Gegnern mehr als die anderen Einwohner geschützt gewesen zu sein, vor dem einen durch ihre Tracht und Sprache, vor dem andern durch ihr Bekenntnis zum Christentum. Einen weiteren besonderen Zug in das Bevölkerungsbild der Dobrudscha brachten die zahlreichen Zigeuner, die sich als sogenannte „türkische" mehr oder minder seßhaft gemacht hatten, als „walachische" ein Wanderleben führten.

Eine neue und ganz wesentliche Verschiebung der Einwohnerschaft trat durch den Krimkrieg und nach ihm ein. Wieder hausten der Tod und das Elend in dem unglücklichen Lande. Wieder waren die einen vor den Russen geflohen, die anderen von den türkischen Baschibozuks vertrieben worden, die auf ihrem Rückzug alle christlichen Häuser zerstörten. Wieder werden uns Bilder grauenvoller Verwüstung gezeichnet. Der Bonner Professor Wutzer, der im Herbst 1856 durch den südlichen Teil der Dobrudscha reiste,[2]) hält für diesen die von Moltke berechnete Einwohnerzahl von 300 auf die Quadratmeile noch für zu hoch gegriffen. „In der Tat", schreibt er, „läßt sich der trostlose Zustand kaum in Schriftzügen ausdrücken, welcher hier den Blick eines jeden civilisierten Besuchers fast mit jedem Schritt vorwärts tiefer trüben muß. Die menschenleere Ebene läßt nur in weiten Entfernungen voneinander elende, strohbedachte Dörfer gewahr werden. Die wenigen offenen Flecken, welche man Städte nennt, verdienen den Namen nicht. Sie tragen die niederschlagenden Merkmale oft wiederholter Zerstörungen überwiegend an sich." Wir werden sehen, wie auch die jungen deutschen Ansiedlungen von diesem Krieg schwer betroffen wurden.

---
[1]) Zeuß, K. Die Deutschen und ihre Nachbarstämme. München 1837. S. 743.
[2]) Wutzer, C. W. Reise in den Orient Europas und einen Teil Westasiens. 2 Bde. Elberfeld 1860/61. 1. Bd. S. 263 ff. — Vergl. auch: Bazancourt, Baron de, L'Expédition de Crimée, Paris 1856. t. I. p. 130 ff. Bekanntlich fand in diesem Feldzug auch eine französische Expedition in der Dobrudscha ein schreckliches Ende.

Aber einschneidender und nachhaltiger noch wirkte auf die Bevölkerungszusammensetzung eine großzügige Siedelungspolitik, die die türkische Regierung nach dem Krieg mit überraschender Energie in Angriff nahm. Das traurige Los der christlichen Rajah in den türkischen Donauprovinzen hatte beim Kriegsausbruch und beim Friedensschluß eine nicht unwichtige Rolle gespielt. Die Einführung von Reformen zur Verbesserung ihrer Lage war eine der Bedingungen des Pariser Friedens. Reklamationen und Einmischungen der europäischen Mächte waren bei jeder neuen Beschwerde der christlichen Bewohner zu erwarten. Diese selbst waren aus ihrer langen Lethargie erwacht und konnten bei künftigen feindlichen Zusammenstößen mit den christlichen Reichen gefährlich werden. Die Türkei erkannte die Notwendigkeit, ihre Stellung im eigenen Lande überall dort zu stärken, wo die muselmanische Bevölkerung in der Minderheit war. Eine schonungslos durchgeführte Umsiedlung in den südlichen Donaulandschaften schien das einfachste und wirksamste Mittel.

Ein geeignetes, zahlreiches Kolonistenmaterial hatte sich beinahe von selbst geboten. Schon unmittelbar nach Abschluß des Krieges, in den Jahren 1854 und 55, waren Tataren aus den Gegenden von Kertsch und Eupatoria, die gegen die Russen Partei ergriffen und bei der Eroberung von Kertsch geplündert hatten, aus Furcht vor russischer Bestrafung in die Dobrudscha geflüchtet. Sie wurden bereitwillig aufgenommen und mit ihnen die Stadt Medgidie gegründet. Wutzer, der sie kurz nach ihrer Ankunft sah, gibt ihre Zahl auf 18—20000 an. Es lag nicht fern, bei den neuen Kolonisationsplänen wieder an die Volksgenossen dieser Einwanderer zu denken. Die Einladung der türkischen Regierung hatte guten Erfolg bei den Krimtataren. Es wurde ihnen zugesichert, daß sie bei ihrer Ankunft kostenlos Wohnhaus und Ställe erhalten würden. Außerdem ein Paar Zugochsen und eine Milchkuh und Steuerfreiheit für 15 Jahre. Von 1856—61 sind denn auch nicht weniger als 60000 Tataren in Donaubulgarien eingewandert, von denen der größte Teil in der Dobrudscha untergebracht wurde. Es entstand eine Anzahl reintatarischer Niederlassungen, in der Regel wurden jedoch diese mongolischen Bekenner Mohameds in und zwischen die christlichen Dörfer geschoben, deren Bewohner gezwungen wurden, ihnen die besten Äcker und Weiden zu überlassen und ihnen überdies noch die versprochenen Häuser und Ställe zu bauen. Die dadurch erzeugte Erbitterung veranlaßte wiederum viele Bulgaren zur Auswanderung, denen gegenüber die russische Regierung das Geschäft lockender

Versprechungen übernahm. „Das Jahr 1861", berichtet F. Kanitz, „bot ein höchst merkwürdiges Schauspiel an den Ufern der Donau und an den Gestaden der Krim. Teile großer Völkerschaften sah man auf der Wanderung begriffen, hier Bulgaren, dort Tataren ihre Wohnsitze miteinander tauschen."[1]) Mit diesen neugekommenen Tataren, die überwiegend im mittleren und südlichen Teil der Dobrudscha angesiedelt wurden, kommen besonders die späteren deutschen Einwanderer in engere Berührung. In fast allen jüngeren Kolonien sind sie Dorfgenossen dieser Tataren geworden.

Einige Jahre später bot sich den türkischen Kolonisatoren in großen Massen ein neuer, in der Dobrudscha bisher nicht vertretener Stamm: die Tscherkessen. Nach einem mehr als zwanzigjährigen todesmutigen Kampf hatte sich im Frühjahr 1864 ihr Schicksal entschieden. Ihre Freiheit war verloren. Der russische Sieger suchte mit einem Schlage das ganze Volk loszuwerden und trieb es unter Drohungen zur Auswanderung. Noch im Laufe des Jahres verließen über 400000 Tscherkessen ihr Bergland und nahmen die ihnen von der Türkei gebotene Zuflucht an.[2]) In der Dobrudscha wurden unter Obhut eines besonderen Paschas 20000 angesiedelt, meist im gebirgigen nördlichen Teil. Für die hier gelegenen deutschen Dörfer wurden, wie noch näher gezeigt werden wird, diese wilden, arbeitsfeindlichen Ankömmlinge zu einer gefährlichen Plage.

Auf der anderen Seite verschwindet um diese Zeit ein Volkselement aus der Dobrudscha, die obenerwähnten Mokanen. Mit dem Jahr 1865 lief der Vertrag über ihre Weideberechtigung ab und wurde nicht erneuert. Nur wenige, die seßhaft geworden waren, sind zurückgeblieben.

Nach dem Krimkrieg erscheinen zum ersten Mal auch Angehörige der westeuropäischen Nationen in erwähnenswerter Zahl in der Dobrudscha. Vordem hatte es wohl kaum mehr gegeben als die Vertreter in den Hafenplätzen der 1830 gegründeten Donau-Dampfschiffahrtsgesellschaft. Durch den Pariser Frieden wurde die Europäische Donau-Commission eingesetzt, und mit ihr kamen als Beamte, Ingenieure, Handwerker und Arbeiter Deutsche, Engländer, Franzosen und Italiener ins Land. Weitere Europäer brachte der Bau der Bahn von Cernavoda nach Konstanza. Im Jahre 1864 widmete auch zum ersten Mal ein wissenschaftlicher

---

[1]) Donau-Bulgarien. I. S. 291.
[2]) Kanitz. F. Die Tscherkessenemigration nach der Donau. Oesterreichische Revue, Jahrg. 1865, S. 227 ff.

Forscher, und zwar ein Deutscher, der Dobrudscha seine besondere Aufmerksamkeit, der spätere Professor an der Universität Graz Karl F. Peters. Seine „Grundlinien zur Geographie und Geologie der Dobrudscha"¹) sind das erste Werk von Bedeutung, das die Dobrudscha als in sich geschlossenes Gebiet behandelt. Wie der Titel sagt, ist es in erster Linie eine Darstellung ihrer geographischen und geologischen Beschaffenheit, aber Peters hat nach verschiedenen Seiten die Augen offen gehabt und gibt auch über die ethnographischen Verhältnisse einige Aufschlüsse. Ein Jahr vor ihm hat auch ein österreichischer Vizekonsul in Tulcea, L. Viscovich, statistische Aufnahmen über die Bevölkerung gesammelt, so daß wir aus dieser Zeit von zwei Seiten darüber unterrichtet werden.²) Beider Angaben stimmen nicht in allem überein, aber sie zeigen, daß nach dem Krimkrieg eine rasche und starke Volksvermehrung stattgefunden hat. Viscovich kommt auf eine Gesamtzahl von 169 500 Seelen, während Peters 140 000 als höchste annehmbare Zahl bezeichnet, wobei allerdings 20 000 Tscherkessen nicht mitgerechnet sind.

Noch einmal erschütterte ein russisch-türkischer Krieg die Bewohnerschaft der Dobrudscha und führte tiefgreifende Änderungen in ihrer Zusammensetzung herbei, der Krieg 1877—78. Auch er berührt in seinem Verlauf die Geschicke verschiedener deutscher Kolonien. Den südlichen Donauländern bringt er bekanntlich das Ende der türkischen Herrschaft. Die Dobrudscha fällt durch den Frieden von San Stefano und die Beschlüsse des Berliner Kongresses an Rumänien.

Diese Wandlung wirkt entscheidend auf große Teile ihrer Bevölkerung. Von den Türken und Tataren verlassen sie viele für immer. Die Tscherkessen, die im Krieg tapfer gegen ihren alten Feind mitgekämpft hatten, verschwinden vollständig aus dem Lande,³) ebenso die meisten Kosaken. Auf der anderen Seite wächst mit dem Einzug der rumänischen Verwaltung naturgemäß auch stark die rumänische Bevölkerung. Und das

---

¹) Wien 1867, 4. — Derselbe: Reisebriefe eines deutschen Naturforschers aus der Dobrudscha. Oesterreichische Revue 1865 und 1866. — Ferner: Vorläufiger Bericht über eine geologische Untersuchung der Dobrudscha. Sitzungsbericht d. Kais. Ak. d. Wiss., Wien, Oktober 1864.
²) Zur Statistik der Dobrudscha. Auszug aus einem Bericht usw. Zeitschrift „Austria" Wien 1863. Der Originalbericht war mir leider nicht zugänglich, und ich konnte nur die von Peters angezogenen Zahlen benutzen.
³) Nur wenige Familien sollen sich noch in der Gegend von Macin befinden. Vergl. Pittard, Eugène, Dans la Dobrodja. Notes de voyage. Genève 1902.

geschah noch mehr, als in der Folgezeit die Regierung das Land methodisch zu rumänisieren bestrebt war und zu diesem Zwecke ihre Kriegsveteranen in dem Neuland ansiedelte. Wir werden sehen, daß unter dieser nationalistischen Politik und Veteranenkolonisation gerade auch die deutschen Kolonien schwer zu leiden hatten. Außer der rumänischen Bevölkerung hat sich nach dem Ende der türkischen Herrschaft auch die bulgarische wieder stärker vermehrt.

Trotz dieser Veränderungen ist das Bevölkerungsbild noch immer ein buntes Mosaik bis heutigen Tages geblieben. Keiner der vorhandenen Nationen ist es gelungen, das unbedingte Uebergewicht zu erlangen und dem Lande ihren nationalen Stempel aufzudrücken. Für den größten Teil der Dobrudscha konnte ich im November 1917 mit Unterstützung der Deutschen Etappenverwaltung auf Grund eines von mir aufgestellten Fragebogens genaue, nach jeder Seite hin objektive statistische Erhebungen in sämtlichen bewohnten Plätzen aufnehmen, soweit sie im Bereich unserer Verwaltung lagen. Ausgeschlossen davon mußte der nördliche Streifen bleiben, der das Operationsgebiet der bulgarischen Armee bildete. Für diesen habe ich die Ergebnisse teils durch Feststellungen an Ort und Stelle, teils durch Benutzung der letzten rumänischen Statistiken ergänzt. Bei der Beurteilung dieser Aufnahme ist natürlich zu berücksichtigen, daß sie während des Krieges vorgenommen wurde. Auf der einen Seite sind nach Kriegsausbruch nicht wenige Einwohner, die ihrem Volkstume nach zu den Mittelmächten gehörten, also Bulgaren, Türken, Deutsche, geflüchtet oder von den Rumänen weggeschleppt worden. Auf der anderen Seite hat der Einmarsch der Sieger nicht bloß die rumänischen Behörden, sondern auch viele rumänische Bewohner vertrieben. Dadurch haben sich gewiß auf beiden Seiten die Zahlen gegenüber der letzten Friedenszeit nicht unwesentlich verringert, das ethnographische Bild im ganzen ist jedoch davon kaum berührt worden.

Die Bevölkerung der Dobrudscha setzte sich damals in runden Zahlen ungefähr wie folgt zusammen: Rumänen 135000, Bulgaren 65000, Tataren 31000, Türken 20000, Russen 20000, Griechen 10000, Deutsche 8500, Zigeuner 8000, Juden 4500, Armenier 3500, Italiener 2000. Dazu kommen als kleinere Bestandteile noch: Gagauzen, Magyaren, Polen, Albaner, Lasen, Montenegriner, Mazedonier, Perser, Serben, Kurden.

Wie man sieht, hat sich hier auf verhältnismäßig kleinem Raume eine ganze Reihe von Gruppen und Grüppchen sehr heterogener Volkselemente zusammengefunden, die durch Rasse, Sprache, Glauben und Kultur gesondert sind und sich getrennt fühlen. Die Buntheit dieses Mosaiks tritt noch schärfer hervor, wenn man bedenkt, daß die Farben seiner Steine und Steinchen noch nirgends ineinander übergehen, daß sie auch nur wenige größere einheitliche Felder bilden, sondern überwiegend mehr oder minder bunt durcheinander geschoben sind. Die Zahl der national geschlossenen Ortschaften ist gering gegenüber denen, wo zwei, drei, vier und mehr verschiedene Völkerschaften eine Gemeinde bilden. Aber trotz dieser engen Nachbarschaft stehen die Scheidewände zwischen ihnen fest und undurchlöchert. Das fällt überall beim Betreten eines Dorfes ins Auge und läßt sofort die nationale Zugehörigkeit erkennen. Auch wo in einem Orte mehrere Nationalitäten zusammenleben, wohnen die stammverwandten Teile in der Regel beieinander, meist etwas abgesondert von den anderen, und haben ihre Wohnstätten auf die eigene Weise angelegt. Der Bulgare baut sein Haus und sein Dorf anders wie der Rumäne, und beide wieder anders wie der Tatare, Türke, Russe oder Deutsche. Jede Gruppe bleibt streng für sich, lebt ihr eigenes Leben und hält treu an ihrer Eigenart, ihrer Sprache und Sitte fest. Gegenseitige Eheschließungen sind seltene Ausnahmen, und von einem Aufsaugen dieser oder jener kleineren Gruppe durch eine größere ist noch nirgends ein Anfang zu sehen.

Und was von allen gilt, gilt in vollem Maße auch von den deutschen Bauern, die sich zwischen diesen einander fremden und fremdartigen Volksstämmen eine Heimat gesucht haben.[1]

---

[1] Eine ausführlichere Darstellung der Geschichte und der ethnographischen Verhältnisse der Dobrudscha habe ich zu geben versucht in dem von der Deutschen Etappen=Verwaltung unter meiner Mitwirkung herausgegebenen Buche: Bilder aus der Dobrudscha. Constanza 1918. S. 210—292.

2.

Stammesheimat und frühere Wanderungen

Die deutschen Bauern in der Dobrudscha haben nicht aus Deutschland unmittelbar den Weg in den abgelegenen und unbekannten Winkel an der unteren Donau gefunden. Weite Wanderungen lagen hinter ihnen, ehe sie hier landeten, und bereits zwei Generationen waren für manche Familien seit dem Verlassen des Mutterlandes vergangen.

Fragt man sie heute nach ihrer Herkunft, so bekommt man eine ganze Reihe vertrauter deutscher Ortsnamen zu hören: Mannheim, Karlsruhe, Landau, Speyer, Rastatt, Heidelberg, Worms, Stuttgart, München, Leipzig, Danzig u. a. Aber sie meinen damit nicht die bekannten Städte unseres Vaterlandes, sondern Ortschaften im Süden Rußlands, die die gleichen Namen tragen. In diesen hatten sie ihr Heim, bevor sie nach der Dobrudscha kamen, und ihnen gehört ihre letzte lebendige Erinnerung.

Mit wenig Ausnahmen ist die Einwanderung von den deutschen Kolonien in den südrussischen Gouvernements Bessarabien, Cherson, Jekaterinoslaw und Taurien aus erfolgt. Einige von diesen sind schon unter Katharina II. bald nach der Besetzung der Krim gegründet worden, die Mehrzahl jedoch verdankte ihr Entstehen der umfassenden Kolonisationspolitik Alexander I. Um die neuerworbenen, fast menschenleeren Provinzen zu bevölkern, hatte er die Bestrebungen seiner großen Vorgängerin wieder aufgenommen und deren bekanntes Manifest vom 22. Juli 1763 mit geringen Änderungen aufs neue bestätigt.[1]) Die russischen

---

[1]) Das Manifest Katharinas ist in deutscher Uebersetzung vollständig wiedergegeben von: Beratz, Gottlieb, Die deutschen Kolonien an der unteren Wolga, Saratow 1915, S. 24/29. — Praetorius, Max, Galka, eine deutsche Ansiedlung an der Wolga. Weida i. Th. 1912. S. 91. — Dalton, Urkundenbuch der ev.-reform. Kirche in Rußland, Gotha 1889, S. 43, — teilweise von Klaus, A., Unsere Kolonien. Studien und Materialien zur Geschichte und Statistik der ausländ. Kolonien in Rußland, Odessa 1887, S. 22; — Der Ukas Alexanders vom 21. Februar

diplomatischen Vertreter und eigene Kommissare entwickelten besonders in den süddeutschen Staaten und in den polnischen Provinzen Preußens eine eifrige Werbetätigkeit und sorgten durch Aufrufe und Zirkulare für das Bekanntwerden der russischen Einladung.²) Die lockenden Vorteile und Vergünstigungen, die den Einwanderern zugesichert wurden, fanden vornehmlich in den durch die langjährigen Kriege wirtschaftlich heruntergekommenen und verarmten Teilen Deutschlands offene Ohren. Im Jahre 1803 beginnt diese neue deutsche Auswanderung nach Südrußland, und sie schwillt in den folgenden Jahren zu einem immer stärkeren Strom an. Er wird zuletzt hauptsächlich in die Gouvernements Cherson und Taurien gelenkt, von 1814 an auch nach Bessarabien, das zwei Jahre vorher an Rußland gefallen war. Die hier gegründeten Kolonien erhielten im Jahre 1818 auf Allerhöchsten Befehl die Namen berühmter Schlachten der letzten Kriegsjahre, wie Tarutino, Borodino, Beresina, Katzbach, Teplitz, Dennewitz, Fère-Champenoise, Arcis, Malojaroßlawetz, Krassnoi, Brienne, Kulm, Leipzig, Paris; Namen, die man besonders häufig hört, wenn man die Bauern der deutschen Dobrudschadörfer nach ihrer oder ihrer Eltern Herkunft fragt. Die russischen Werbungen in Deutschland hörten im Jahre 1819 auf,¹) aber der Zuzug in die deutschen Siedlungen setzt sich auch in den folgenden Jahrzehnten noch fort.

Unter den gewährten Vergünstigungen waren es hauptsächlich folgende, die Eindruck auf die deutschen Auswanderer machten: Unentgeltliche Zuweisung von 60 Deßjatinen gutes Land an jede Familie, Befreiung von allen Abgaben und Lasten auf 10 Jahre, Freiheit vom Militär- und Zivildienst für sich und die Nachkommen, sowie von Einquartierungen, außer beim Durchmarsch von Militärkommandos, und Religionsfreiheit. Für die Reise von der russischen Grenze bis zum Bestimmungsort waren Verpflegungsgelder zugesagt.

Die älteste Frau in einer der ersten deutschen Niederlassungen in der Dobrudscha, eine Greisin von seltener Geistesfrische, konnte

---

1804 ist wiedergegeben von Bienemann, Fr., Werden und Wachsen einer deutschen Kolonie in Südrußland, Odessa 1878, als Beilage II, S. 387/91, und von Keller, P. Konrad, Die deutschen Kolonien in Südrußland, 1. Bd., Odessa 1905, S. 27/28.

¹) Ein derartiges Circular hat sich im Archiv der evang. Kirche von Odessa erhalten. Abgedruckt von Bienemann, als Beilage I, S. 385/6.

²) Vergl.: Die russische Regierungspolitik in bezug auf die Einwanderung, besonders die deutsche. Von G. G., Baltische Monatsschrift, 53. Jahrgang. Riga 1911. S. 14/80 und 101/121. Der Aufsatz ist entnommen dem Werke von M. G. Seredonin, Histor. Uebersicht üb. die Tätigkeit des Ministerkomitees von 1802/1902.

mir noch das Lied aufsagen, das die Auswanderer bei ihrem
Auszug aus Deutschland und sie selbst noch als Kind gesungen
hatten. Es ist bezeichnend, wie dieses Wanderlied gerade die
versprochenen Privilegien in Verse gebracht hat:

Wo die Leute von Deutschland sind nach Rußland gezogen.

> Laßt uns nur das Frühjahr sehn
> Und die schöne Sommerzeit.
> Wer will mit nach Rußland ziehn,
> Der mach' sich zur Fahrt bereit.
>
> Denn der Kaiser hat ausgeschrieben,
> Daß er Deutsche haben will,
> Grund und soviel mitzuteilen,
> Als sie nur besitzen woll'n.
>
> Rußland ist eine schöne Gegend,
> Hier eine rechte Schinderei.
> Und da werden wir anlegen
> Weinberg' an dem schönsten Rhein.
>
> Nun adje, jetzt wollen wir ziehen,
> Jetzund ist es hohe Zeit.
> An die Donau wollen wir ziehen,
> Denn sie ist von hier nicht weit.
>
> Kommen wir an die russische Grenze,
> Kriegen wir Paß und Reisegeld.
> Zehn Jahr sind wir frei von Gaben
> Und auch frei von Standquartier.
> Und da geben wir keine Soldaten,
> Wir und unsere Kinder nicht.
>
> Rußland ist eine schöne Gegend
> Für die Schreiber und Advokaten.
> Denn die haben viel dabei.
> Denn der Sand tut hier nichts kosten,
> Denn er liegt ja vor der Tür,
> Dürfen sie nur die Fenster öffnen,
> Bringt der Wind ihn schon aufs Papier.[1]

---

[1] Die Frau erklärte mir die letzte Strophe dahin, daß es in Bessarabien viel Sand gebe, der Streusand für die Schreiber und Advokaten also nichts koste. Es steht wohl aber außer Zweifel, daß hier ein Gedächtnisfehler vorliegt oder daß Rußland erst später an die Stelle von „Preußen" in den Vers gekommen ist. Ursprünglich lautete der Text sicher: „Preußen ist eine schöne Gegend, (nur) für die Schreiber und Advokaten."

Unter den deutschen Sieblern in Neurußland waren wohl fast sämtliche deutsche Stämme vertreten. Den Hauptanteil stellte jedoch Süddeutschland, in erster Linie Württemberg. Hier hatten schon immer fremde Kolonisatoren, vor hundert Jahren die Engländer und nach ihnen Karl VI., Maria Theresia und Josef II., Friedrich der Große und Katharina, für ihre Werbungen den dankbarsten Boden gefunden. Trübe politische und wirtschaftliche Verhältnisse, religiöse Bedrängnisse und ein sehr großer Geburtenüberschuß boten Anlaß genug zur Abwanderung. Aber vielleicht hat auch Rümelin nicht unrecht, wenn er eine gewisse Wanderluft, ein unternormales Maß von Seßhaftigkeit zu den schwäbischen Stammeseigenschaften rechnet.[1]) Neben den Schwaben waren es besonders Pfälzer, Badener, Elsässer, Hessen, Rheinländer und Bayern. Doch auch Norddeutsche waren in beträchtlicher Menge dem Rufe des Zaren gefolgt. Weitaus die Mehrzahl stammte aus den östlichen Provinzen Preußens, ferner gab es Mecklenburger, Pommern, Märker, Sachsen, Schlesier und andere Norddeutsche.

Aber nur ein Teil der Kolonisten, vielleicht der kleinere, war auf geradem Wege aus seiner Stammesheimat nach Südrußland gekommen. Es ist ein bisher kaum beachteter, aber für ein tieferes Verständnis der Zusammensetzung und mancher Charakterzüge nicht unwichtiger Umstand, daß ein wesentlicher Teil schon lange vor ihrem Zug nach Rußland, schon Jahre und Jahrzehnte vorher, von ihrer heimatlichen Scholle losgerissen war. In langen Wanderungen hatten sie große Strecken Europas durchmessen und ein besseres Los schon in den verschiedensten, weit von einander getrennten Ländern gesucht. Die Ruhe angestammter Seßhaftigkeit war vielen verloren gegangen. Nicht wenige haben sie offenbar auch unter den günstigen Bedingungen, die ihnen die südrussische Steppe bot, nicht wiedergefunden. Ein Trieb zur Unrast scheint in ihr Blut gedrungen zu sein, der sie von Zeit zu Zeit immer wieder weiter treibt. Auch auf die Mischungen in den einzelnen Kolonien sind diese früheren Wanderungen von Einfluß gewesen.

Nicht alle diese Schwaben hatten den Weg die Donau hinunter genommen. Denn für viele war nicht Rußland das Ziel gewesen, als sie die Heimat verließen. Sie waren dereinst dem Rufe Friedrich des Großen gefolgt und hatten lange in West-

---

[1]) Rümelin, Gustav, Die Bevölkerungsstatistik des Königreiches Württemberg, Stuttgart 1884, S. 88.

preußen und Preußisch-Polen gesessen, manche schon seit dem 8. und 9. Jahrzehnt des 18. Jahrhunderts.[1]) Andere hatten sich zwischen 1793 und 1800 in der Provinz Posen niedergelassen, und um das Jahr 1803 waren nochmals zahlreiche schwäbische Scharen in die polnischen Lande geflüchtet. Die dort erhoffte Ruhe vor den Kriegswirren hatten sie jedoch auch hier nicht gefunden. So kam ihnen die Einladung des Zaren willkommen, und sie zogen weiter. Ihnen schlossen sich viele preußische Familien an.[2]) Man muß diese Wanderungen gegenwärtig haben, um zu verstehen, was mir des öfteren in der Dobrudscha begegnete, daß Leute, die sich Schwaben nannten und schwäbisch sprachen, als Herkunftsorte ihrer Großeltern preußische Städte nannten, wobei manche der Meinung waren, daß diese in Württemberg lägen. So wurde mir Thorn angegeben und Kulm und Kulmsee, wo Friedrich der Große hauptsächlich Schwaben angesiedelt hatte.[3])

Wir finden ferner unter den deutschen Siedlern in Neurußland Pfälzer, die fast ein Menschenalter lang in der Umgegend von St. Petersburg gelebt hatten, ehe sie nach Süden weiter wanderten. 1767 waren sie auf die Werbung Katharinas hin ins Land gekommen und hatten die Kolonie Jamburg gegründet. 1793 verließen sie diese und zogen ins Gouvernement Jekaterinoslaw. Den Namen ihrer alten Niederlassung im Norden übertrugen sie wieder auf ihre neue.[4]) Sehr groß war auch die Zahl der Kolonisten, die vorher in Russisch-Polen, im Großherzogtum Warschau, ansässig gewesen waren. Auch unter ihnen gab es Schwaben, doch überwiegend waren es Ost- und Westpreußen, Brandenburger, Uckermärker, Mecklenburger und andere Norddeutsche. Dazu waren in manche der meist gegen Ende des Jahrhunderts entstandenen deutschen Kolonien Sachsen, Deutschböhmen und Schlesier herangezogen worden, um Industrien im Lande zu schaffen. Diese nach Polen verschlagenen Deutschen hatten den Hauptanteil an der Besiedlung Bessarabiens, so daß die dort von 1814—1818 angelegten Niederlassungen schlechthin

---

[1]) Beheim-Schwarzbach, M., Hohenzollernsche Colonisation. Leipzig 1874. S. 430 ff. u. 626.

[2]) Busch, E. H., Materialien zur Geschichte und Statistik des Kirchen- und Schulwesens der evang.-luth. Gemeinden in Rußland. St. Petersburg 1862, S. 138. — Bienemann, Dr. Friedrich. Werden und Wachsen einer deutschen Kolonie in Südrußland. Gesch. der evang.-luth. Gemeinde zu Odessa. 1893. S. 80.

[3]) Beheim-Schwarzbach, M. Friedrich der Große als Gründer deutscher Kolonien in den im Jahre 1772 neuerworbenen Landen. Berlin 1864. S. 88.

[4]) Koeppen, P. v. Ueber die Deutschen im St. Petersburgischen Gouvernement. St. Petersburg 1850. S. 11.

die „Warschauer Kolonien" genannt wurden. In ihnen zeigt sich besonders, wie der Zwischenaufenthalt auf anderem Boden auch auf die Zusammensetzung der einzelnen Gemeinden von Einfluß gewesen ist. Alle Ansiedlungen, die mit unmittelbar aus ihrer deutschen Heimat kommenden Einwanderern angelegt wurden, tragen ihrer Stammesangehörigkeit nach in der Regel einen ziemlich einheitlichen Charakter. Die einzelnen Stämme hielten sich nach Möglichkeit zusammen und siedelten sich in gesonderten Dörfern an. Das gilt sowohl von den älteren Kolonien in den Gouvernements Cherson und Taurien, wie auch von den später in Bessarabien gegründeten, wie Sarata, Gnadenthal, Lichtenthal. Von den Warschauer Kolonien dagegen wiesen die meisten von Anfang an eine starke Mischung der Stämme auf. Da gerade aus ihnen ein wesentlicher Teil der Dobrudschadeutschen hervorgegangen ist, seien darüber einige Angaben wiedergegeben, die uns ein zeitgenössischer Bericht überliefert hat.[1]) In der Kolonie Leipzig gab es 17 Familien Württemberger, 60 Preußen, 2 Sachsen, 1 Schweizer, 72 Polen; in Beresina: 81 Württemberger, 15 Preußen, 2 Sachsen, 53 Polen, 11 Mecklenburger; in Borodino: 78 Württemberger, 31 Preußen, 2 Sachsen, 14 Bayern, 1 Ungar, 1 Pole, 11 Franzosen; in Krassnoi: 35 Württemberger, 53 Preußen, 2 Bayern, 15 Böhmen, 3 Ungarn, 1 Schweden, 54 Polen, 7 Franzosen; in Fère Champenoise: 47 Württemberger, 32 Preußen, 4 Sachsen, 1 Oesterreicher, 1 Schweden, 68 Polen; in Klöstitz (Kljastzii): 68 Württemberger, 46 Preußen, 1 Sachse, 34 Polen, 1 Franzose. Unter Polen sind dabei offenbar Deutsche zu verstehen, die bereits polnische Pässe hatten, ebenso wie unter Franzosen Elsässer und Rheinpfälzer mit französischen Pässen und unter Schweden Pommern.

Auch aus den deutschen Kolonien in Wolhynien fand ein beträchtlicher Abzug nach dem Süden statt. Aber damit ist der Kreis der Einwanderer, der gewissermaßen aus zweiter Hand geworben wurde, noch keineswegs abgeschlossen. Eine nicht unbedeutende Zahl von Schwaben hatte die Fremde und das Kolonistenleben schon Jahrzehnte lang in Südungarn kennen gelernt. Sie selbst oder ihre Eltern und Voreltern waren dereinst an die Donau und Theiß gezogen, in das Banat und die Batschka. Die geschichtlichen Ermittlungen, die im Jahre 1848 die deutschen Schulzenämter auf Anordnung des Vorsitzenden

---

[1]) Statistische Nachrichten über die im eigentlichen Bessarabien oder Budshak angesiedelten Warschanischen Kolonien. St. Petersburgische Zeitschrift. Herausgegeb. von August Oldekop. 12. Bd. St. Petersburg 1823. S. 50/72.

des Fürsorgekomitäts der ausländischen Ansiedler in Südrußland, des Staatsrats von Hahn, über ihre Kolonien anstellen mußten, geben uns darüber mehrfache Hinweise, obwohl sie bisher nur von einem kleinen, beschränkten Koloniegebiet, dem Großlieben=thaler Bezirk im Gouvernement Cherson, veröffentlicht sind.[1]) So kamen die Gründer von Petersthal 1805 in Abteilungen von 10 bis 12 Familien aus Südungarn. Daß es sich dabei um das „Batscher Banat" handelte, geht aus der Herkunftsbestimmung einer Familie hervor. In der Kolonie Freudenthal ließen sich 80 Familien aus Ungarn nieder, in Alexandershilf waren es 21, und von Neuburg wird berichtet, daß 1807 29 Familien aus Ungarn angesiedelt wurden, die dort bereits „25 Jahre in sumpfigen Gegenden gewohnt hatten". Andere mochten noch viel länger von ihrer deutschen Heimat entfernt gewesen zu sein, denn die Besiedlung des Banats mit Schwaben hat schon 1728 begonnen. Die ersten 13 Familien der Kolonie Franzfeld kamen 1805 und 1806 aus Temesvar und Kula.[2])

Eine weitere Anzahl von den Einwanderern hatte sich zu-vor in den von Josef II. in Galizien angelegten deutschen Kolonien aufgehalten. Hier waren es neben Württembergern und Badenern hauptsächlich Rheinpfälzer und Hessen. Die deutschen Ansiedlungen in Galizien haben für das Deutschtum in der Dobrudscha noch in neuerer Zeit dadurch besondere Bedeutung erhalten, daß es aus ihnen in den sechziger Jahren des vorigen Jahrhunderts auch einen direkten Zuwachs erhielt.

Ferner haben auch die alten deutschen Kolonien in der Bukowina zur Besiedlung Neurußlands beigetragen, wie aus verschiedenen Herkunftsangaben zu schließen ist, die ich in der Dobrudscha bekam.

So erhalten wir, wenn wir der Vergangenheit des Deutsch=tums in der Dobrudscha näher nachgehen, keineswegs nur das geradlinige Bild einer Auswanderung aus Deutschland nach Süd=

---

[1]) Diese wichtigen Berichte werden im Archiv der Reichsdomänenverwaltung fürs Chersonsche und Bessarabische Gouvernement in Odessa aufbewahrt. Sie sind für die evang. Siedlungen des obengenannten Gebiets v. J. Stach (Die deutschen Kolonien in Südrußland. 1. Teil, Prischib o. J., S. 134 ff.) wiedergegeben. Ihre vollständige Bearbeitung und Herausgabe wäre für die Erforschung der südrussischen Kolonien außerordentlich erwünscht und eine verdienstliche Aufgabe.

[2]) Keller, P. Konrad. Die deutschen Kolonien in Südrußland. Odessa 1905. S. 254. — Das Kolonistenverzeichnis von Güldendorf (Stach, S. 161 ff.) führt ein paar Familien auf, die 1817 aus Franzfeld bei Neusatz in Ungarn ein-gewandert sind. Der Liebenthaler Kolonienname Franzfeld dürfte daher auf den gleichnamigen im Bezirk Panscova zurückgehen.

rußland und von da wieder nach der Dobrudscha. Der erste Teil dieser Wanderung umfaßt eine lange Zeit und mancherlei weite Umwege, und wir werden sehen, daß auch der zweite nicht ein gerader Zug von der Niederlassung in der südrussischen Steppe zu der späteren im Donauwinkel war. Von dem Verlassen der deutschen Heimat bis zu der Zeit, da die ersten Kolonisten auf türkischem Boden anlangten, war für die Mehrzahl von ihnen ein volles Menschenalter, für viele schon zwei und mehr vergangen. Ihr Aufenthalt in Südrußland hatte zwei bis vier Jahrzehnte gewährt. Hier hatten sie sich ausgebreitet und vermehrt und in weitem Ausmaß die Steppe fruchtbar gemacht. Wo es noch im Jahre 1800 nicht mehr als 13 Kolonien mit 2700 Seelen gab, da zählte man schon 1826 nicht weniger als 172 Dörfer mit 54772 deutschen Bewohnern, die einen Grundbesitz von 666964 Deßjatinen ihr eigen nannten.[1)]

Aus diesen an Zahl und Ausdehnung rasch wachsenden Dörfern kamen also die Bauern, die einen Zweig des deutschen Volkes auch in die öde Dobrudscha verpflanzt haben. Und nur bis zu ihnen reicht im allgemeinen ihre Erinnerung zurück. Mit wenig Ausnahmen weiß da heute noch fast jeder Einzelne, aus welcher der russischen Gemeinden seine Eltern gekommen sind.

Es waren dies weitüberwiegend die Kolonien in den Gouvernements Bessarabien und Cherson. Von den bessarabischen stellte ich als Herkunftsorte fest: Leipzig, Kulm, Katzbach, Klöstitz, Alt- und Neu-Arcis, Borodino, Beresina, Tarutino, Brienne, Paris, Teplitz, Malojaroslawetz, Sarata, Plotzk, Ismail, Altelst, Friedensthal, Krassna, Mannsburg, Lichtenthal, Postthal, Mintschuna, Neu-Württemberg, Gnadenthal und Belgrad. Von den Ansiedlungen im Gouvernement Cherson: Worms, Rohrbach, Landau, Speyer, Katharinenthal, Sulz, Karlsruhe, München, Rastatt, Neudorf, Mannheim, Neuburg, Glücksthal, Hoffnungsthal, Neu-Danzig, Johannisthal, Groß- und Kleinliebenthal, Petersthal, Güldendorf, Elsaß, Josefsthal, Waterloo, Franzfeld, Neusatz und Wossnessenski. Die Kolonien in den übrigen südrussischen Gouvernements treten dagegen zurück. Von den Siedlungen in Taurien wurden mir nur Hochstädt und Wasserau, von denen im Gouvernement Jekaterinoslaw nur Ludwigsthal genannt. Als Herkunftsorte in Wolhynien sind zu verzeichnen:

[1)] Vergl.: Historisch-Statistische Bemerkungen über die im südlichen Rußland gegründeten Kolonien (Aus dem Journal des Ministeriums des Innern) in: Annalen der Erd-, Völker- und Staatenkunde. Herausg. von Heinrich Berghaus, III. Reihe, 7. Bd., S. 170—179. Berlin 1839.

Berditschew, Burtschak, Neudorf und Slobota; in Russisch=
Polen: Lodz, Czyzemin bei Pabianice, Laskowitz, Grünthal,
Turek, Petrikau; in Kurland: Libau. Vereinzelter Zuzug ist
auch aus den deutschen Kolonien im Kaukasus und an der
Wolga gekommen.

Von den deutschen Siedlungsgebieten außerhalb Rußlands
kommt in erster Linie Galizien in Betracht. Von hier fand,
wie noch näher berichtet werden wird, eine gemeinsame, in der
Dobrudscha endende Abwanderung aus den von Josef II. ge=
gründeten Kolonien Brigidau, Neudorf, Josefsberg, Ugartsberg,
Falkenstein und Padew statt. Ferner saßen Dobrudschafamilien
vorher in Boleschow (Neu=Babilon), einer noch von den polnischen
Königen für die Juden gegründeten Kolonie, in die dann 1767
Württemberger gerufen wurden;[1]) in Zaleszczyki, einer Siedlung,
die 1750 von August Poniatowski mit meist aus Elbing und
Breslau stammenden Deutschen am Dnjestr angelegt wurde; in
Augustdorf bei Sniatyn, Stryj, Stadlau, Dolina und Tsesowitz (?).
In der Bukowina: Radautz, Alt=Frattautz und Terebleftie;
in Ungarn: Budapest, Neu=Banovce, Dorschau (?) und Semlin.

Wesentlich schwieriger ist es, wenn man von den Bauern
erkunden will, wo dereinst in Deutschland die Wiege ihrer Vor=
fahren gestanden hat. Da hört ihr Wissen auf oder geht nicht
über ganz allgemeine Angaben, wie Württemberg oder Preußen,
hinaus. Es ist dieses Vergessen nicht erst bei dem jetzt lebenden
Geschlecht in der Dobrudscha eingetreten. Schon die zweite
Generation in Rußland hat meist nichts mehr gewußt oder
keinen Wert darauf gelegt zu behalten, was ihnen darüber Vater
und Mutter erzählten. Diese Gleichgültigkeit bei Leuten, die im
übrigen mit einem Gefühl überlegenen Stolzes sich ihres Volks=
tums bewußt waren und zäh daran festgehalten haben, ist eine
auffallende Erscheinung, mag sie auch bis zu einem gewissen
Grade durch die vollständige, jeder lebendigen Beziehung zur alten
Heimat entbehrende Loslösung erklärt werden. Sie ist auch
von anderer Seite beobachtet worden. So von Wilhelm Hamm
auf seinen Reisen in den Jahren 1858 und 1859: „Deutschland
ist von diesen Leuten ganz vergessen, sie wissen nichts mehr da=
von und wollen nichts mehr davon wissen."[2]) Auch von den
schwäbischen Kolonisten in Westpreußen berichtet Beheim=Schwarz=

---

[1]) Das Deutschtum in Galizien. Lemberg 1914. S. 81.
[2]) Hamm, Dr. Wilh. Südöstliche Steppen und Städte. Frankfurt a. M.
1862. S. 57.

bach, daß sie ihre Heimatsortschaften nicht mehr anzugeben wissen.[1] Und dasselbe bezeugt Bischof Zottmann von den Wolgadeutschen: „Die Kolonisten selbst wissen nicht, aus welcher deutschen Gegend sie sind. Die Einwanderer sind tot, und die Nachkommen haben es vergessen."[2]

Die Verschiedenheit der Herkunft hat bei den Kolonisten nur zu einer scharfen Unterscheidung geführt, die sie auch in der Dobrudscha heute noch genau beobachten, zu der Scheidung in Süd= deutsche und Norddeutsche oder, wie sie selbst sagen, in „Schwaben", die schwäbisch, und „Kaschuben" oder „Platte", die platt, d. h. norddeutschen Dialekt sprechen. In diesen beiden Gruppen haben sich für ihr Bewußtsein weitere Unterschiede der Abstammung fast ganz verloren. Der Name Schwaben schließt Elsässer, Badener, Pfälzer, Hessen, Rheinländer und selbst Bayern ein. In einem Dorfe der Dobrudscha, in dem sich insbesondere manche elsässischen Eigentümlichkeiten erhalten haben, versicherte man mir: „Wir sind lauter Schwaben", und erzählte gleichzeitig, daß die meisten aus dem Elsaß, aus Lothringen und Baden stammen.

Von den beiden Gruppen haben die Schwaben das aus= geprägtere Stammesgefühl. Sie dünken sich entschieden was Besseres, wie es ja auch bei unseren Schwaben im Reiche der Fall ist.[3] Wo sie, wie vielfach in den bessarabischen Kolonien, mit Kaschuben zusammen in einer Gemeinde leben, da „wissen sie immer die Oberhand zu gewinnen",[4] und gewöhnlich lernen da die Kinder der Norddeutschen schwäbisch schwätzen, aber selten ist das Umgekehrte der Fall. In früherer Zeit war der Gegensatz stark genug, um auch Eheschließungen zwischen beiden zu ver= hindern. Das Bewußtsein der Überlegenheit hatte bei der ersten Generation wohl auch tatsächlich eine gewisse Berechtigung. Der schwäbische Kolonist stand in der Regel kulturell höher und brachte eine bessere Schulbildung mit. In den westpreußischen Kolonien konnten 1798 von 10 Schwaben immer 8—9 ihren Namen säuberlich schreiben, von 10 einheimischen Bauern dagegen machten immer 7 ein Kreuz.[5] In der Dobrudscha habe ich von

---

[1] Friedrich der Große als Gründer deutscher Kolonien. 1864. S. 55.
[2] Zottmann, Franz X. von, Züge katholischen und deutschen Lebens aus Rußland. München 1904.
[3] „Der Schiller und der Hegel, Die sind bei uns die Regel."
[4] Matthäi, Friedrich, Die deutschen Ansiedlungen in Rußland. Ihre Ge= schichte und ihre volkswirtschaftliche Bedeutung für die Vergangenheit und Zukunft. Berlin 1866. S. 47.
[5] Oncken, W., Friedrich des Großen Wirtschaftspolitik und die schwäbischen Colonien in Westpreußen. Preuß. Jahrbücher, 19. Bd., 1867, S. 714.

einem inneren Gegensatz zwischen beiden Gruppen nichts mehr bemerkt, doch wird auch hier die verschiedene Abstammung in einzelnen Kolonien noch so lebendig im Gedächtnis behalten, daß man mir in schwäbischen Dörfern die 5 oder 6 Familien norddeutscher Herkunft stets geläufig aufzählen konnte, selbst wenn diese schon seit Bestehen der Siedlung darin wohnten und sich auch im Dialekt nicht mehr unterschieden.

Über die engere deutsche Heimat und die einzelnen Herkunftsorte sichere Feststellungen zu machen, stößt also auf große Schwierigkeiten. In den weitaus meisten Familien ist jede Überlieferung erloschen. Ein unmittelbares Band, noch erhaltene Beziehungen zu zurückgebliebenen Verwandten gibt es nicht mehr. Es ist eine Ausnahme, wenn in einem Falle ein Dobrudschabauer die weite Reise nach dem Schwarzwald machte, um einmal das Heimatdorf seiner Vorfahren zu sehen und dort nach Verwandten zu suchen. Nur hier und da hat ein Familienmitglied den deutschen Ortsnamen behalten, den es einst von den Großeltern gehört hat. Noch weniger kann man auf schriftliche Aufzeichnungen rechnen. Was etwa an alten Familienpapieren und Ausweisen noch vorhanden gewesen ist, das hat dieser Krieg für immer vernichtet. Nach dem Anschluß Rumäniens an die Entente wurden die deutschen Bauern sogleich aufs feindseligste behandelt. Sie waren an erster Stelle den Verfolgungen und Plünderungen durch die Rumänen und Russen ausgesetzt, und voll Angst wurde in den Häusern alles verbrannt und vernichtet, was deutsch Geschriebenes und Gedrucktes vorhanden war. So habe ich trotz ständiger Nachforschungen in den Familien nur wenig urkundliches Material auffinden können, das älteste davon bei dem schwäbischen Bauer Speitel in Tariverde, einen Extractus des Taufbuches von Osterdingen in Württemberg über die Kinder des 1757 dort geborenen Jacob Speitel. Dieses Schriftstück war vergraben und dadurch gerettet worden. Es ist am 27. April 1804 ausgestellt und von dem Pfarrer M. Gerok gezeichnet. Die ältesten evangelischen und katholischen Kirchenbücher, von denen ich gerade die der drei ersten Niederlassungen noch vorfand, machen leider bei ihren Eintragungen keine Angaben über die Geburtsorte. Dagegen erhielt ich darüber eine Reihe wertvoller Aufschlüsse durch die Gemeindelisten der Baptistensekte.

Auch eine andere Quelle, aus der man sonst schöpfen kann, versagt in der Dobrudscha: die Friedhöfe. In den alten deutschen Kolonien Polens, in denen im übrigen in bezug auf die Familienüberlieferungen die Verhältnisse ähnlich liegen, kann man fast auf jedem Kirchhof noch einige alte Steine finden, die mit dem Geburtsjahr des Beerdigten auch dessen deutschen Geburtsort verzeichnen. In den Dörfern der Dobrudscha wird man vergeblich suchen. Ihre Begräbnisstätten sind meist auffallend schlecht gehalten, ohne Sorgfalt und Pflege, ohne Stimmung und Weihe, den Eindruck der Pietätlosigkeit erweckend. Die Hauptursache dafür dürfte wohl der äußerliche Umstand sein, daß es im Lande an Steinen mangelt. Die einfachen Holzkreuze, die man als Grabmäler errichtet, sind selbst fast ebenso schnell dem Verderben ausgesetzt wie ihre nicht wetterfesten Aufschriften.

Ein Anhalt über die Herkunft, wenn auch nicht mit genauer Festlegung einer bestimmten Ortschaft für eine bestimmte Familie, ist in manchen Fällen durch die Kenntnis der südrussischen Siedelung gegeben, aus der eine Familie nach der Dobrudscha weiterwanderte. Wenigstens von einer Reihe dieser Kolonien sind uns zuverlässige Angaben über die Heimat ihrer Gründer überliefert. So wissen wir, daß in Großliebenthal 40 Familien aus Schwaikheim untergebracht wurden,[1]) daß die bayerischen Kolonisten in Sarata aus Burgau, Günzburg, Lauingen, Dillingen, Werthingen, Landsberg, Friedberg und Eichen stammten, die Württemberger aus Heidenheim, Schorndorf, Waiblingen und Brackenheim; daß sich in Gnadenthal Württemberger Familien aus Schorndorf, Waiblingen, Cannstatt, Ludwigsburg und Marbach niederließen.[2]) Dank der obenerwähnten Ermittlungen des Fürsorgekomitäts sind uns von einigen evangelischen Kolonien wie Helenenthal und Güldendorf vollständige Verzeichnisse der angesiedelten Familien mit Angabe der Heimatsorte und des mitgebrachten Vermögens überkommen.[3]) Eine Anzahl dieser Namen ist heute auch in der Dobrudscha vertreten, und bei verschiedenen ließen sich die Zusammenhänge nachweisen. Ergiebiger noch ist das schon erwähnte Buch des Paters Konrad Keller. Der 2. Band gibt von den katholischen Beresaner Kolonien Landau, Speyer, Sulz, Karlsruhe, Katharinenthal, Rastatt und München genaue Ansiedlerverzeichnisse mit Angabe der Herkunft und Aufzählung aller Familienmitglieder. Es stammen diese Listen zufällig alle aus den der ersten Abwanderung nach der Dobrudscha voraus-

---

[1]) Bienemann, S. 31.
[2]) Baisch, K. Kurzgefaßte geschichtliche Übersicht der Gründung und des Bestehens der Colonien des Sarataer Bezirks. Archiv für wissenschaftliche Kunde von Rußland. Herausg. von A. Erman. 12. Bd., S. 487/56. Berlin 1835.
[3]) Stach, S. 157 ff. — Ein Verzeichnis der von 1803—1812 in Odessa eingewanderten Handwerkerfamilien, teilweise mit den Heimatsortschaften, gibt auch Bienemann als Beilage IV.

gehenden Jahren 1839 und 1840, so daß sie nicht bloß im allgemeinen über die deutschen Ursprungsortschaften vieler Familien Aufschluß geben, sondern auch ermöglichen, durch Vergleichung mit den ältesten kirchlichen Aufzeichnungen in der Dobrudscha verschiedene derer[s]ten Einwanderer noch in ihrem russischen Wohnsitz zu identifizieren.

Die von mir unmittelbar in der Dobrudscha durch persönliche Auskünfte oder durch urkundliche Belege ermittelten Herkunftsorte erfassen infolge der geschilderten Schwierigkeiten nur einen verhältnismäßig geringen Teil der Familien, immerhin ergeben sie ein lehrreiches Bild darüber, aus welchen Stammeselementen dieses an Zahl kleine Stückchen Auslandsdeutschtum entstanden ist, auf welch breiter Grundlage es sich aufbaut. Sie geben zugleich Aufschluß über die angedeuteten mannigfachen Wanderungen und Zwischenstationen und zeigen, daß es sich mit den tatsächlichen Verhältnissen nicht verträgt, schlechthin von den „Schwaben der Dobrudscha" zu sprechen. Es wäre das eine kühne Übertragung des Namens auf fast alle deutsche Stämme.

Folgende Zusammenstellung der im einzelnen nachgewiesenen Ortschaften mag das belegen.

Württemberg: Cannstatt, Marbach, Beilstein, Ofterdingen, Poppenweiler, Rielingshausen, Hergsten (?), Winterbach, Kaltenwesten (?), Bietigheim, Neuburg, Kirchberg, Neubulach, Althausen. Baden: Donaueschingen, Heidelberg, Speckbach, Offenbach, Elchesheim, Freiburg, Flehingen, Bietigheim, Elsenz, Kirchardt, Langenbrücken, Lohrbach, Rohrbach, Sennsheim, Hechingen. Rheinpfalz: Leimersheim, Mörlheim, Kandel, Oberosterbach, Nußdorf, Albersweiler, Kapsweyer, Schweighofen, Birkenhördt, Völkersweiler, Herxheim, Hatzenbühl, Schönau, Eschbach, Rülzheim, Bergzabern, Dernbach, Bindersbach, Neupfotz, Knittelsheim, Hördt, Kuhardt, Althausen, Offenbach, Landau, Speyer. Elsaß: Riedselz, Selz, Reimersweiler, Klimbach, Röschwoog, Walburg, Siegen, Oberseebach, Schweighof, Hüttenheim, Wanzenau, Salmbach, Obersteinbach. Hessen: Lorch, Gelnhausen. Bayern: Hindelang, Neumarkt. Preußen und Preußisch-Polen: Berlin, Landsberg a. d. W., Danzig, Templin, Sonnenburg, Kulm, Kulmsee, Posen, Graudenz, Thorn, Kreuz, Dirschau, Briesen, Insterburg, Jaunchendorf, Curau, Vorderkampe bei Elbing, Wehburg, Purvel (?), Krossin, Deichholländer bei Gnesen, Nadiß. Sachsen: Grimma, Dittersbach, Reichenbach. Mecklenburg: Strelitz, Wollbach. Ohne nähere Ortsnamen wurden außerdem angegeben: **Pommern**, **Schlesien**, **Hannover**, **Reuß**. Von deutschen Sprachgebieten außerhalb des Reiches: **Schweiz** (Oberglatt), **Böhmen** (Grunau), **Steiermark** (Lembach, Dörfel in der Pfarrei Ilz), **Siebenbürgen** (Hermannstadt).

3.

Die erste deutsche Abwanderung aus Rußland

Die erste deutsche Einwanderung in die Dobrudscha war nicht, wie einst die nach Rußland, durch eine staatliche Kolonisations=
politik veranlaßt, und keine behördliche Fürsorge leitete sie und wachte darüber. Aus eigenem Antrieb und auf eigene Hand ver=
ließen die deutschen Bauern ihre südrussischen Heimstätten, um anderswo neues Land und ihr Glück zu suchen. Dabei haben sie, als sie abzogen, noch keineswegs schon an die Dobrudscha gedacht. Die ersten Niederlassungen waren gewissermaßen wilde Gründungen, über die man in den türkischen Staatsarchiven nach Aktenbündeln vergeblich suchen dürfte. Ihre Bewohner waren sich selbst überlassen, nur mühseliger Arbeit und der Sorge um das Nötigste zum Leben hingegeben. Vielfach vergingen Jahre, ehe Lehrer und Pfarrer zu ihnen kamen, Gemeindelisten geführt und standesamtliche Aufzeichnungen gemacht wurden. Niemand kümmerte sich um sie und wußte von ihnen. Sie selbst waren Bauern, und sie sind es bis heute geblieben, ohne aus sich heraus eine höher geschulte Schicht oder auch nur das bescheidenste Schrifttum zu entwickeln.

So kommt es, daß ihnen fast ein halbes Jahrhundert lang kein Chronist entstanden ist. Während die deutschen Siedlungen in Südrußland von Anfang an mit regem Interesse verfolgt wurden, berichtet über die Dobrudscha lange Zeit nicht eine einzige literarische Erscheinung, wenn man von den paar gelegent=
lichen, von Niemand beachteten Bemerkungen der wenigen Reisen=
den absieht, die in diesen abseits liegenden Winkel kamen und zufällig ein deutsches Dorf berührten. Soweit meine Ermitelungen reichen, ist zuerst im Jahre 1883 etwas über das damals schon ansehnlich entwickelte Deutschtum in der Dobrudscha veröffentlicht worden. Den Anstoß dazu gab ein Hilferuf des Pfarrers der deutschen evangelischen Gemeinde in Bukarest, des verdienstvollen

Willibald Stefan Teutschländer[1]), der dienstlich ein paar Kolonien besucht und für die bejammernswerte Lage der einen die werktätige Teilnahme der Volksgenossen in Rumänien und im Reich durch einen Bericht in der „Bukarester Zeitung" wachzurufen versucht hatte. Die deutsche Presse brachte kurze Notizen und die Deutsche Kolonialzeitung eine Wiedergabe des Berichts.[2]) Der Herausgeber der „Weltpost", Richard Lesser, bemühte sich nun, nähere Nachrichten über die unbekannten deutschen Ansiedlungen aus der Dobrudscha selbst zu erhalten. Er konnte daraufhin in seiner Zeitschrift noch im gleichen Jahre 1883 eine Übersicht über die Kolonien mit Angaben über die Zahl der Bewohner und mehrere kurze Mitteilungen bringen,[3]) und im folgenden Jahre einen weiteren Artikel in der „Deutschen Kolonialzeitung".[4]) Dazu kam noch ein Bericht von Dr. Hans Kraus in der „Frankfurter Zeitung".[5]) 1886 erschien dann die erste größere den verschollenen Volksgenossen in der Dobrudscha gewidmete Schrift. Der Pfarrer Bernhard Schwarz hatte im Anschluß an eine rumänische Reise in flüchtiger Weise einige Dörfer besucht und sich daraufhin gedrungen gefühlt, ein 130 Seiten umfassendes, unerträglich geschwätziges Buch herauszugeben[6]). Was er darin Sachliches von den Kolonien und ihren Bewohnern zu berichten weiß, ist ebenso dürftig wie oberflächlich. Im folgenden Jahre berichtete Pfarrer Rode über einige Kolonien auf der Diaspora-Konferenz zu Dessau.[7]) 1891 gab sodann Teutschländer in seiner Geschichte der evangelischen Gemeinden in Rumänien auch einen kurzen Bericht über 9 in der Dobrudscha befindliche; er ist jedoch in seinen Angaben über deren Gründungsjahre meist unzutreffend.[8]) Auch weiterhin kann man von einer Literatur über

---

[1]) Wir verdanken ihm die „Geschichte der evangelischen Kirchen-Gemeinde in Bukarest", Bukarest 1869, die er dann zu einer „Geschichte der Evang. Gemeinden in Rumänien mit besonderer Berücksichtigung des Deutschtums" erweiterte, erschienen Bukarest 1891.

[2]) 1. Jahrg., Frankfurt a. M. 1884, S. 41: Von den deutschen Bauern in der Dobrudscha.

[3]) Weltpost, 3. Bd., S. 188/90, 221 und 273/4.

[4]) „Ein Stück moderner deutscher Völkerwanderung", 1. Bd., Frankfurt a. M. 1884, S. 433/35.

[5]) Nr. vom 11. Okt. 1884.

[6]) Vom deutschen Exil im Skythenlande. Erlebnisse, Klagen und Aufklärungen aus der Dobrudscha. Leipzig 1886. 8.

[7]) Protokoll über die am 5. und 6. Okt. 1887 zu Dessau abgehaltene Jahresversammlung der Diaspora-Konferenz. Leipzig 1888, S. 3 ff.

[8]) Bukarest 1891, S. 235/43.

die Deutschen in der Dobrudscha kaum sprechen.[1]) Die einzige Arbeit von Wert, die eingehender berichtet und auch die Entstehungsgeschichte berücksichtigt, sind die die Gemeinden in der Dobrudscha behandelnden Abschnitte des 1901 erschienenen Werkes über die Diaspora der deutschen evangelischen Kirche in Rumänien, Serbien und Bulgarien von dem ehemaligen Pfarrer in Braila und Bukarest H. Meyer.[2]) Es beschränkt sich ausschließlich auf die evangelischen Gemeinden, erfaßt jedoch auch diese nicht vollständig. Doch hat Meyer für seine Darstellung kirchliche Akten benutzt, so daß diese auch über die ältere Zeit trotz mancher Irrtümer wertvolle Hinweise gibt. Kleine Berichte über eine Anzahl der Kolonien von Seite ihrer Lehrer oder Pfarrer brachten die drei Jahrbücher des Deutschen Volksbildungsvereins in Rumänien.[3]) Im Jahrgang 1911 wird auch der Versuch einer Statistik gemacht. In neuerer Zeit, vornehmlich nach dem Einmarsch unserer Truppen, sind mancherlei Aufsätze in Zeitschriften und Zeitungen erschienen, die aber für die Forschung wenig Bedeutung haben.[4])

Aus älterer Zeit stehen literarische Quellen nicht zur Verfügung und für die Jahre bis zur Entwicklung eines geordneten kirchlichen Gemeindelebens auch keine schriftlichen Urkunden. Man ist also dafür fast ausschließlich auf die mündliche Überlieferung und die Erzählungen alter Leute angewiesen, deren Jugend noch in die Anfänge der einzelnen Niederlassungen zurückreicht. Hin und wieder gibt dazu die Angabe eines Geburtsortes in späteren standesamtlichen Aufzeichnungen eine Handhabe zur Nachprüfung sowie Hinweise auf längst verschwundene und verschollene Ansiedlungen und Aufenthalte. Das reichhaltigste und mannigfaltigste Urkundenmaterial, nicht bloß an Einwohnerlisten, Geburts-, Tauf- und Sterberegistern, sondern auch an Akten über Gemeindeverhandlungen, alten Briefen und dergleichen fand ich in der

---

[1]) Erwähnt sei aus jenen Jahren noch eine Übersicht über die evangelischen Kolonien bei: Kobbelt, Rud. Die deutsche evang. Diaspora, II. Heft, Gotha 1893, S. 82/86. — Ferner ein mancherlei irrtümliche Angaben enthaltender Aufsatz des damaligen Direktors der deutschen Realschule in Bukarest, Franz Schmidt: Ein Stück untergehenden Deutschtums. In: Die deutsche Schule im Auslande. 1. Jahrgang (1902), S. 603/610.
[2]) Potsdam 1901.
[3]) Ersch. im Selbstverlag des Vereins, Bukarest 1910, 1911 und 1913.
[4]) Eine Übersicht über die Kolonien, die jedoch weder vollständig noch frei von Irrtümern ist, gab der um die Geschichte des Deutschtums in Rumänien sehr verdiente Bukarester Forscher Emil Fischer in der Temesvarer Zeitschrift „Von der Heide", VII, Heft 1—3.

von Russen ausgeraubten Kirche von Atmagea. Auch die Aktenmappen und Schriftstücke waren von ihnen durchwühlt und durcheinandergeworfen, aber es schien davon wenigstens nichts vernichtet worden zu sein.

Im Sommer oder Herbst 1841 haben die ersten deutschen Bauern die Dobrudscha betreten. Es scheint nur eine kleinere Anzahl von Familien gewesen zu sein, die aus Beresina, Leipzig und wohl auch aus anderen der Warschauer Kolonien stammten und auf ziemlich geradem Wege nach Macin gekommen waren. Hier blieben sie den Winter über und ließen sich im folgenden Jahre in dem von Türken bewohnten, etwa 30 km südöstlich an der Straße nach Babadag gelegenen Dorfe Akpunar nieder. Das dürfte somit die erste deutsche Ansiedlung in der Dobrudscha gewesen sein.

Diese Familien waren aber nur ein kleiner Teil der ansehnlichen Menge, die in jenem Jahre, vielleicht auch schon etwas früher, aus den deutschen Kolonien Neurußlands abgezogen ist. Weitaus die Mehrzahl der Abwanderer hat erst nach langem Umherirren und Herumsuchen, nach mehrfachen Aufenthalten in weit von einander entfernten Plätzen, schließlich den Weg in die Dobrudscha gefunden. Aus ihren Erzählungen ergibt sich, daß sie zuvor da und dort in der Moldau und Walachei und selbst auf dem bulgarischen Donauufer kürzere oder längere Zeit geweilt haben. Mit Überraschung erfährt man, daß um das Jahr 1840 in den genannten Ländern eine ganze Reihe deutscher Ansiedlungen entstanden war, von denen heute nichts mehr übrig und keine Kunde zu uns gelangt ist. In der Moldau wurden mir Botoșani, Baja und Vasluiu genannt oder als Geburtsorte in Schriftstücken angegeben. In der Walachei saß eine Gruppe ein Jahr lang bei Ploesti, darauf ungefähr zwei Jahre hindurch an der Donau in Bordusani, etwa 12 km nördlich von Fetesci. Eine größere Abteilung katholischer Familien aus dem Gouvernement Cherson hatte sich in den Jahren 1841—42 bei Calarasi niedergelassen. Andere wieder überschritten nach vergeblichem Suchen in der Walachei die Donau und schlugen ihre Wohnsitze zwischen Bulgaren in der Gegend von Silistria auf. Ueber diese verdanken wir einer zufälligen Begegnung einen gleichzeitigen literarischen Beleg. Als im Sommer 1843 der deutsche Reisende Professor Karl Koch sich auf der Durchfahrt nach Konstanza in Cernavoda aufhielt, sah er einige kleine deutsche Wagen und dabei Männer in blauen Leinwandjacken und blauen Beinkleidern, Schwaben aus Bessarabien. Sie erzählten, daß sich gegen 300

Familien mit der Bitte um Land an die türkische Regierung gewandt hätten und zunächst willens gewesen seien, die leere Steppe Dobrudscha anzubauen, allein die törichte türkische Regierung erteilte ihnen, blind für eigene Vorteile, eine abschlägige Antwort. „So ziehen denn die armen Deutschen herum und suchen sich durch Fuhren und Händearbeit kümmerliches Brot zu verdienen. Der größte Teil befindet sich in der Walachei und nur 11 Familien war es gelungen, in Silistria ein Unterkommen zu finden."[1]) Diesen scheinen noch andere gefolgt zu sein, und ihr Aufenthalt in und bei Silistria hat wenigstens mehrere Jahre gedauert. Als Geburtsorte von Bewohnern Atmageas und Katalois fand ich 2 Dörfer bei Silistria angegeben: Holtenski Kischta(?) mit dem Geburtsjahr 1845 und Ostrof (Ostrow?). Einige der bessarabischen Kolonisten haben ihre Wanderungen damals selbst bis Ungarn ausgedehnt, um dann wieder in die Walachei zurückzukehren und endlich in der Dobrudscha Zuflucht zu finden.

Nur eine der um jene Zeit in der Walachei entstandenen deutschen Ansiedlungen hat sich bis auf unsere Tage erhalten. Sie hat Jahrzehnte lang eine wichtige Durchgangsstation nach der Dobrudscha gebildet und ist dadurch von größerer Bedeutung für die Geschichte ihrer deutschen Dörfer geworden. Es ist das die etwa 6 km nördlich von Braila gelegene **Kolonie Jacobsonsthal**, oder Satul Nemtesc, wie die Rumänen sie nennen. Infolge der Nähe und der Zugehörigkeit zur evangelischen Gemeinde von Braila ist sie mehrfach geschildert worden und auch in Deutschland nicht ganz unbekannt geblieben.[2]) 1844 von bessarabischen Kolonisten, die sich vorher eine zeitlang bei Ploesti und in Braila aufgehalten hatten, entgegen bringenden Warnungen unmittelbar an der Donau angelegt, wurde das Dorf mehrmals vollständig überschwemmt und zerstört. Trotzdem ließen sich die Bewohner nicht abschrecken, jedesmal zurückzukehren und ihre Häuser wieder aufzubauen. Es ist das um so verwunderlicher, als keiner der Kolonisten Besitzer des von ihm bebauten Bodens, nicht einmal seines Hausplatzes war, sondern alle nur auf Pachtland arbeiteten. Im Weltkrieg fiel nach der Einnahme von Braila der Ort in die Feuerzone zwischen den deutschen und den russisch-rumänischen Truppen und mußte geräumt werden. Die Bewohner, zuletzt

---

[1]) Wanderungen im Orient während der Jahre 1843 und 1844. Weimar 1846. Bd. I, S. 108.

[2]) Im Ueberschwemmungsgebiet der unteren Donau. Von Pastor Winkler, früher in Braila. Heft 26 der Sammlung: Gut Deutsch und Evangelisch Allewege, Potsdam o. J. — Meyer, H., Die Diaspora, S. 328 ff.

38 Familien, wurden etwa 10 km donauaufwärts im Dorfe Chiscani untergebracht. Hier besuchte ich sie im Sommer 1917. Sie erklärten mir alle entschieden, nunmehr nicht länger in Rumänien bleiben zu wollen. Nach dem Bukarester Frieden aber waren sie doch wieder an ihren alten Platz zurückgegangen und hatten sich an den Wiederaufbau gemacht. Als ich sie dort im Oktober 1918 nochmals aufsuchte, stand schon wieder ein Teil der Häuser. Doch war etwa die Hälfte der Familien abgezogen, um sich in Kurland eine neue Heimat zu suchen, und die übrigen wollten nur die ersten Nachrichten von jenen abwarten und dann folgen. So schien nun wirklich nach wechselvollen Schicksalen das Ende dieser zähen deutschen Siedelung gekommen zu sein. Da erfolgte der plötzliche Rückzug unseres Heeres, der Abtransport der deutschen Bauern war nicht mehr möglich, und Jacobsonsthal dürfte nochmals erstehen und weiter bestehen bleiben.

Die Abwanderung aus Rußland um das Jahr 1840 scheint fast gleichzeitig sowohl in den Warschauer Kolonien Bessarabiens wie in den älteren Niederlassungen im Gouvernement Cherson eingesetzt zu haben. Es handelte sich dabei um eine nicht unbeträchtliche Zahl. Was hat diese deutschen Bauern um jene Zeit plötzlich angetrieben, ihre Dörfer, die nach allen Berichten sich gut entwickelt und einen gewissen Wohlstand erreicht hatten, zu verlassen und ins Ungewisse hinein wieder zum Wanderstabe zu greifen? Während sich für die späteren Perioden des Abzugs aus Rußland und der Einwanderung in die Dobrudscha fast immer ein bestimmter Anstoß erkennen läßt, ist die Frage für die damalige erste Abwanderung nicht so leicht und klar zu beantworten. Wie auch die bereits angezogenen Schriften und Aufsätze zur Genüge beweisen, ist die Literatur über die deutschen Kolonien in Südrußland schon in älterer Zeit nicht bloß ziemlich umfangreich, sondern auch sachlich überraschend gehaltvoll und gut, ganz im Gegensatz zu der gewöhnlichen Art von Literatur über das Auslanddeutschtum. Es ist auffallend, daß in ihr über diese Abwanderungen nicht die geringste Angabe zu finden ist. Äußere Ereignisse, eingreifende politische oder gesetzgeberische Maßregeln der russischen Regierung, wie sie in der Folge mehrmals Anlaß zur Auswanderung gaben, lagen damals nicht vor. Daß die Kolonisten das russische Reich verließen, bloß „weil es ihnen dort nicht mehr behagte", wie H. Meyer meint,[1] kann man wohl kaum als ernsthafte Erklärung gelten lassen.

---

[1] Diaspora, S. 329.

Mir wurde wiederholt als Grund angegeben, sowohl von Leuten, die aus den bessarabischen Kolonien stammten, wie von solchen aus der Gegend von Odessa, man sei weggegangen, um Land zu suchen. Man habe keins gehabt und es sei dort knapp gewesen. Das klingt zunächst befremdend und nicht recht verständlich. In diesen unendlichen Gebieten, in die man kaum erst Menschen aus weiter Ferne herbeigerufen hatte, um sie zu bevölkern, sollte es schon an Platz gemangelt haben? Wir wissen auch, daß die russische Regierung bei der Zumessung von Land an die fremden Einwanderer durchaus nicht engherzig gewesen ist. In den Warschauer Kolonien kamen auf die Familie nicht unter 57 Deßjatinen, in einzelnen sogar 78 (Töplitz), 80 (Krassna) bis 104 (Brienne). Dazu war es ein guter, seinem Bearbeiter dankbarer Boden. Und doch hatte sich in der Tat in manchen Kolonien bereits ein Landmangel eingestellt.

Es hing dies mit gewissen Bestimmungen zusammen, die schon Katharina II. in ihrem Kolonisationsgesetz vom 19. März 1764 getroffen hatte und die mit einigen Einschränkungen auch für die Kolonien in Neurußland in Geltung geblieben waren. Die den Kolonistenfamilien angewiesenen Landanteile durften von den Wirten oder ihren Erben nicht verkauft oder versetzt und nicht geteilt werden. Durch Erbrecht fiel der Wirtschaftshof stets an den jüngsten Sohn. Falls nur die Witwe und Töchter hinterblieben, so erhielt das Recht, den Anteil auf immer zu besitzen, der erste Mann, der durch Verehelichung in das Haus kam. Alle älteren Söhne eines Kolonisten waren also vom väterlichen Landbesitz ausgeschlossen. Um jedoch auch ihnen die Möglichkeit zu geben, Wirt zu werden, hatte das Gesetz bestimmt, daß bei der Anlage einer Kolonie der 6. Teil des Landes und der Bauernhöfe für die künftige Vermehrung der Einwohner frei zu lassen sei, oder es sollte den Kolonien für diesen Zweck ein Stück Vorratsland zugeschnitten werden. Diese fürsorgenden Anordnungen waren einerseits nicht überall befolgt worden, andererseits reichte auch das Sechstel oder das Vorratsland nicht weit für den Kinderreichtum der deutschen Bauern. Es blieb somit den in der Mutterkolonie von eigenem Besitz ausgeschlossenen Söhnen nur übrig, sich außerhalb gelegenes Land durch Kauf oder Pacht zu suchen. Das führte teilweise schon nach dem Heranwachsen der ersten Generation zu Gründungen von Tochterkolonien. Kinder der Freudenthaler Kolonisten gründeten 1828 auf dem Lande eines Gutsbesitzers Neufreudenthal, Familien aus Petersthal und anderen Dörfern 1838 Helenenthal. Aber auch zum Erwerb außerhalb gelegener Ländereien gehörten Mittel, die besonders in den jüngeren Siedlungen die Eltern ihren Söhnen meist noch nicht zur Verfügung stellen konnten, und die steigende Nachfrage erhöhte bald auch die Pacht- und Kaufpreise. Das führte dazu, daß es in der Tat schon nach ein paar Jahrzehnten in vielen Kolonien eine immer zunehmende Zahl von landlosen Familien gab. Wie rasch diese wuchs, wie groß sie in manchen Gegenden insbesondere schon am Ende der dreißiger Jahre, also zur Zeit der ersten Abwanderung, war, läßt sich aus den Verhältnissen im Molotschnaer Bezirk schließen, in dem 1841 auf 1033 Wirte bereits über 1700 landlose Familien und Anwohner kamen. Im Laufe der fünfziger Jahre liefen bei der Regierung Bittschriften der südrussischen Kolonistengemeinden um neue Landanweisungen in großer Menge ein.[1])

Es ist demnach nicht zu bezweifeln, daß es schon um 1840 in den deutschen Ansiedlungen und ihrer Umgebung an Land fehlte. Immerhin vollzieht sich eine derartige Entwicklung nur allmählich und macht es nicht ganz verständlich, daß gerade in einem bestimmten Jahre oder wenigstens in einem engbegrenzten Zeitraum in verschiedenen Gegenden gleichzeitig eine so beträchtliche Abwanderung einsetzt. Man muß wohl annehmen, daß zu der allgemeinen Entwicklung noch ein besonderer Anstoß gekommen ist. Die Leute, die Karl Koch bei Cernavoda traf, sagten aus, daß „mehrjähriger Mißwachs" sie zum Weggehen veranlaßt habe. Mir ist dieser Grund niemals angegeben worden. Doch finden sich mehrfache Belege, daß tatsächlich das vierte Jahrzehnt den deutschen Bauern eine Reihe von Unglücksjahren brachte. In den Kolonien bei Odessa gab es 1833 eine gänzliche Mißernte, Armut und Stockung der Gewerbe, 1837 brach die Pest aus.[2]) Nach einem Bericht über den Liebenthaler Bezirk waren 1835 und 1843 Jahre einer völligen Mißernte.[3]) Die bessarabischen Kolonien im Sarataer Bezirk litten 1835 bis 1836 sehr unter Viehseuchen, 1836 durch Heuschrecken.[4]) Aus dem Jahre 1838 erzählen alle Berichte von einem heftigen Erdbeben, das die Bauern in größte Angst versetzte.

Es mag wohl sein, daß auch diese trüben Erfahrungen mit dahin gewirkt haben, das Vertrauen vieler Kolonisten auf ein gedeihliches Fortkommen zu erschüttern und eine Stimmung der Unzu-

---

[1]) Klaus S. 267.
[2]) Bienemann, S. 153, 163.
[3]) Stach, S. 168.
[4]) Archiv f. wiss. Kunde von Rußland 1853, S. 437 ff.

friedenheit wachzurufen, die in den Dörfern Unruhe und Wünsche nach Veränderung erzeugte. Noch waren sie mit dem Boden nicht verwachsen, und es bedurfte nicht viel, die kaum eingeschlummerte Wanderlust wieder zu erwecken. So bepackten denn ungefähr zu gleicher Zeit katholische Schwaben aus den etwas älteren Kolonien bei Odessa wie Kaschuben aus den nach den Freiheitskriegen entstandenen Siedlungen in Bessarabien ihre Karren mit dem Hausrat und zogen südwestwärts dem Sereth und der Donau zu, ohne ein anderes festes Ziel als das, Land zu suchen.

4.

Die erste Periode der deutschen Einwanderung in die Dobrudscha bis zum Krimkrieg

Die Ansiedlung in dem türkischen Dorfe **Akpunar** im Jahre 1842 dürfte, wie gesagt, die erste deutsche in der Dobrudscha gewesen sein, wenigstens die erste, die es zu einigem Umfang und längerem Bestand gebracht hat. Übereinstimmend wurde mir von getrennten Seiten angegeben, daß die ersten Ankömmlinge in Akpunar sechs Jahre geblieben seien. Sie hatten zu einer Gruppe von Familien gehört, die sich den vorhergehenden Winter über in Macin aufgehalten hatte. Ein Teil von ihnen dürfte unmittelbar oder kurze Zeit darauf weiter nach Süden gewandert sein und Wohnsitze in Dekelia bei Harsova genommen haben. Sie sind hier eine ganze Reihe von Jahren geblieben. Dann scheinen sie sich in die später gegründeten nördlichen Kolonien verzogen zu haben, besonders nach Kataloi, wo ich in einer Einwohnerliste mehrfach Dekelia als Geburtsort angegeben fand, und zwar noch mit dem Geburtsjahr 1853. Heute gibt es in Dekelia keine Deutschen mehr, nur in Harsova selbst lebte 1917 noch einer.

Die kleine deutsche Gemeinschaft in Akpunar bekam 1848 stärkeren Zuzug aus Jacobsonsthal, der oben genannten Ansiedlung bei Braila. Darunter befand sich ein Mann, dem eine gewisse historische Bedeutung für das Dobrudscha=Deutschtum zukommt, der Vater Adam Kühn. Ich werde später näher auf ihn zurückkommen. Im Hause eines seiner Enkel wurde mir seine alte Bibel gebracht, auf deren Deckelseiten und Vorsatzblättern er nach guter alter Sitte und in patriarchalischem Stil die Geburts= und Todesjahre seiner Kinder eingetragen hat. Das gibt wertvolle, zuverlässige Hinweise über seine eigenen Wanderungen und die der mit ihm ziehenden Familien. Bis zum Juni 1842 sind ihm 6 Kinder geboren, bei denen der Ort als selbstverständlich nicht besonders verzeichnet ist. Diese Geburten haben demnach noch in seinem bessarabischen Wohnsitz Tarutino stattgefunden. Die Abwanderung Kühns von dort scheint also erst nach dem Sommer 1842 erfolgt zu sein. Im November 1844 stirbt ihm ein Sohn an der Donau im Dorfe „Vordoschan". Die nächste Eintragung lautet: „Meine Tochter Wilhelmina ist geboren 18. Okt. am Donnerstag morgen um 6 Uhr im Zeichen des Scorpion im Jahre 1845 bei Breila im Dorf Jacobsonsthal". Hier hat er nach einer kirchlichen Urkunde noch am 21. Febr. 1846 eine Nottaufe vollzogen. Im Herbst dieses Jahres finden wir ihn in Akpunar. Wie er vordem der Führer seiner Wander= gefährten gewesen war, so ist er nun auch hier ihr „Schulze". Woran in anderen Kolonien in den ersten Jahren kaum gedacht worden ist, dafür sorgt sofort sein lebhafter Sinn für Ordnung und Verwaltung. Er legt ein Dokument an, das sicher die erste von Deutschen in deutscher Sprache handelnde Urkunde in der Dobrudscha ist:

Tauf und Kirchen Buch
über
Die neü gebohrnen Kinder welche
der Provintz Bulgary in Mertsch. Kim
kasa im Dorf Acponar Gebohren sind

Dorf Acponar den 8ten February
1847

„Tauf= und Kirchen=Buch über Die Neugebohrene Kinder welche in der Provens Bulgary im Mertschiner Kasa im Dorf Acponar gebohren sind. Dorf Acponar den 8ten February 1847."

Die Liste beginnt aber schon am 1. Sept. 1846 mit einem Knaben. Bis zum 4. Juli 1848 sind 15 Kinder geboren. Dann ist zwischen den liniierten Fächern der Vermerk eingeschoben: „Abmadza den 9ten October 1848". In den dazwischen liegen= den Monaten geschah es also, daß alle deutschen Bauern Akpunar verließen, womit diese Ansiedlung für immer beendet war. „Man konnte es mit den Türken zusammen nicht mehr aushalten", er=

klärte mir eine alte Frau, die als junges Mädchen noch in Akpunar gelebt und den Auszug selbst mitgemacht hatte.

Während diese bessarabischen evangelischen Kolonisten sich nach ihrem Eintritt in die Dobrudscha von Macin aus nach Süden gewandt hatten, sind andere ungefähr zur selben Zeit oder wenig später, der Donau folgend, nach Osten gezogen. Sie haben ihren ersten Aufenthalt zwischen Jsaccea und Tulcea in einem Dorfe Kischla genommen, das ich als Geburtsort späterer Kolonisten von Kataloi angegeben fand. Ein Ortsname dieser Form ist heute auf keiner Karte zu finden, es dürfte aber der Beschreibung der Lage nach das unweit Tulcea gelegene Casla gemeint sein.

Die „Deutsche Straße" in Tulcea

Auch nach Tulcea hat um jene Zeit die erste größere Einwanderung von Deutschen stattgefunden. Bei einem, Konrad Stumpf, ermittelte ich noch ein Dokument, durch das das Jahr des Abzugs aus Rußland authentisch belegt wird. Es ist ein vom Schulzenamt der Kolonie Speyer im Beresaner Bezirk ausgestelltes Zeugnis, das dem Kolonisten Jakob Stumpf bescheinigt, daß er sich „seit seiner Ansiedlung in hiesiger Kolonie als vom 1809 bis zum 1842ten Jahr den 27ten April bei seiner Auswanderung ehrlich und getreu sittsam und bescheiden verhalten hat, stehts willich gegen die Ordnung der Regierung war, so daß man an seinem unstraflichen, und untadelhaften Betragen ein sattsames Vergnügen geschöpft, ihn auch gerne noch länger als Kolonist und Mitbürger in unserer Gemeindemitte behalten hätte."

Vereinzelte Deutsche dürften allerdings schon früher als Handwerker und als Arbeiter und Angestellte bei der Schiffahrt und der Donau-Kommission in diesen wichtigen, betriebsamen Donauhafen verschlagen worden sein, der schon damals die gemischteste Bevölkerung aller Dobrudschaplätze aufwies. Nicht weniger als neun verschiedene Bekenntnisse haben hier gegenwärtig zum Teil prächtige Kirchen. Die ersten deutschrussischen Kolonisten, die als geschlossene Gruppe nach Tulcea kamen, haben zu einem Zuge katholischer Schwaben gehört, von dem der größere

Deutsche katholische Schule und Kirche in Tulcea

Teil alsbald weiter ostwärts gezogen ist und die Kolonie Malcoci gegründet hat. Die Katholiken bildeten auch in der Folgezeit die Mehrheit der Deutschen Tulceas, deren Zahl rasch gewachsen ist. Die lange, breite Straße, in der sie zusammen wohnten, hieß schlechtweg die „Deutsche Straße" und hat diesen Namen bis heute bewahrt, obwohl sie jetzt offiziell Strada Mircea Voda getauft ist und ihre deutsche Bewohnerzahl größtenteils verloren hat. In ihr liegt die hübsche, 1872 erbaute deutsch-katholische Kirche mit dem Schul- und Pfarrhaus. Der Franzose C. Allard schätzte 1856 die Gesamtzahl der Deutschen in Tulcea und Umgebung auf etwa 100 Familien.[1]) Als Wilhelm Hamm im Sommer 1858 nach Tulcea kam, konnte er in einem deutschen Gasthaus absteigen. Es wurde von einem Tiroler gehalten, der

---

[1]) Souvenirs d' Orient. La Bulgarie orientale. Paris 1864. S. 105.

mit einer Siebenbürger Sächsin verheiratet war. Die „Deutsche Mahala" hat ihm allerdings keinen patriotisch erhebenden Eindruck gemacht. Einstöckige, aus Erde zusammengeknetete, schilfbedeckte Hütten mit möglichst kleinen Fenstern waren die Wohnungen der Deutschen, denen es aber dank ihrem Fleiß im Landbau recht gut ging.[1]) Es waren nach Hamm hauptsächlich Schwaben und Bayern. Bei genauerem Nachforschen würde er gefunden haben, daß diese „Schwaben" meist aus dem Elsaß und der Rheinpfalz stammten. Die älteste, über 80 Jahre alte deutsche Frau Tulceas, die seit ihren Kinderjahren hier lebt, ist in der Kolonie „Elsaß" im Gouvernement Cherson geboren. Der in dem oben erwähnten Zeugnis genannte Jakab Stumpf ist in dem von Konrad Keller mitgeteilten Ansiedler-Verzeichnis der Kolonie Speyer aus den Jahren 1839 und 1840 als 108. Wirt aufgeführt. Als seine Heimat wird Niedsels im Elsaß angegeben, als die seiner Frau, einer Tochter Johann Schardts, Leimersheim in der Rheinpfalz.[2]) Die katholische Gemeinde umfaßte 1916 51 Familien mit 222 Seelen. Zu dem ursprünglichen deutschen Stamm mit Namen wie Schiller[3]), Strasser, Stumpf, Flaum, Fix, Kreil, Streile, Weidemann, Brandt, Zehrer, Anker, Schröder, Frank, Becker, Matzke, Frohn, Martin, Staub, Hennenvogel hat sich im Laufe der Jahre eine Reihe Gemeindemitglieder slavischer oder gemischter Abkunft gesellt.

Evangelische Deutsche scheinen sich erst später nach und nach durch Einzelzuwanderung eingefunden zu haben. Sie gehörten meist Berufen von geringerer Seßhaftigkeit an, so daß ihre Zahl sehr großen Schwankungen unterlag. Am 13. September 1857 vereinigten sie sich zu einer Kirchengemeinde, die sich im folgenden Jahre an Atmagea als Filialgemeinde anschloß. Bei der Gründung zählte sie über 60 Seelen. 1863 gibt L. Biscovich die Gesamtzahl der Deutschen in Tulcea auf 400 an. 1868 gab es 12 evangelische Familien, und eine Liste von 1872 zählt deren 18 mit 44 Seelen. Darunter waren je 3 Schmiede und Schuster, 2 Bäcker, je 1 Stellmacher, Fuhrmann, Maurermeister, Metzger, Töpfer, Tapezierer, die übrigen Angestellte und Arbeiter der Donau-Kommission, aber nicht ein einziger Landwirt. Sie

---

[1]) Südöstliche Steppen und Städte. Frankfurt a. M. 1862. S. 48.
[2]) Die deutschen Kolonien in Südrußland, II. Band. S. 139.
[3]) Oder „Schüler", wie Keller eine Familie in der Kolonie Karlsruhe verzeichnet, aus Mörlheim in der Rheinpfalz stammend. Nach Keller gab es Familien Fix in Kolonie Sulz aus Albersweiler (Rheinpfalz); Schröder in Kolonie Speyer aus Bietigheim in Baden; Frank in den Kolonien Speyer und Landau aus Kapsweyer (Rheinpfalz).

stammten, soweit Angaben darüber gemacht sind, aus Polen, Posen, der Rheinprovinz, Sachsen-Reuß, Österreich, Schweiz, 2 Familen waren aus Württemberg. Gegen Ende des Jahrhunderts hat sich die evangelische Gemeinde aufgelöst, teils infolge von Abwanderung, teils durch Anschluß an die Baptisten. Der Zusammenhang war schon in den sechziger Jahren einmal sehr gelockert, als sich ein Methodisten-Missionar süddeutscher Abkunft namens Flocken, der aus Odessa gekommen war, in Tulcea niedergelassen und in 2 gut gebauten Häuschen mit Hof und Turngerät auch eine Schule errichtet hatte, in deren oberen Klassen deutsch die Unterrichtssprache war.[1]) Vor Kriegsausbruch mag die Zahl der Deutschen in Tulcea ungefähr 270—280 Seelen betragen haben. In den Tagen meines Aufenthaltes, Anfang Juni 1917, wurde die Stadt gerade von der Zivilbevölkerung geräumt, und es ist anzunehmen, daß ein Teil der Deutschen nicht wieder zurückgekehrt ist.

Über Tulcea sind auch die Gründer der ältesten von den jetzt noch bestehenden deutschen Ansiedlungen gekommen, der **Kolonie Malcoci**. Sie liegt 6 bis 7 Kilometer weiter nach Osten auf den etwa 50 Meter hohen Kalksteinterrassen, die das Sumpfgebiet des St. Georg-Arms begrenzen, mehrere Kilometer von dessen Wasserlauf entfernt. Die Straße von Tulcea stößt ungefähr auf die Mitte der Hauptstraße des Dorfes, die sich in der Sohle eines langen, schmalen Taleinschnitts hinzieht, der von ziemlich steil aufsteigenden Höhen gebildet wird. Parallel der unteren Straße läuft etwas höher gelegen eine zweite.

1843 trafen hier die ersten 20 bis 25 deutschen Familien ein. Sie kamen aus den katholischen Kolonien des Gouvernements Cherson, aus Josephsthal, Mannheim, Elsaß, Landau, Katharinenthal, „im ganzen aus 10 verschiedenen Dörfern". Diese hatten sie 2 Jahre früher verlassen, weil dort das Land knapp war und nur die Hälfte der Deutschen eigenes besaß. Ihr Weg hatte sie durch Bessarabien und die Moldau nach Focsani und von da durch die Walachei bis Calarasi geführt. In der Nähe dieser Stadt hatten sie sich in einem Dorf Dschuroi (?) niedergelassen und es dort eineinhalb Jahr ausgehalten. Dann zogen sie wieder ab und gelangten über Galatz in die Dobrudscha. Den Platz für ihre Ansiedlung mußten sie sich durch schwere und ungewohnte Arbeiten erkämpfen. Es war alles Wald, und jeder mußte erst

---

[1]) K. F. Peters, Reisebriefe eines deutschen Naturforschers aus der Dobrudscha. II. Abt. Österreich. Revue. Wien 1866. S. 234.

roden und reinigen, um für Haus und Hof und Acker Boden zu gewinnen. Aber alles, was ihm urbar zu machen gelang, gehörte ihm auch ohne Kosten und Einschränkungen. Der Absatz des geschlagenen Holzes verschaffte ihnen zugleich in dieser mühevollen Anfangszeit die Mittel zum Lebensunterhalt.

Es waren „lauter Schwaben". In Wirklichkeit stammten die meisten aus dem Elsaß, ein Teil aus Baden und der Pfalz. An ihre elsässische Heimat erinnert noch heute eine eigentümliche Sitte: sie verwenden im mündlichen Gebrauch vielfach für die Vor- und Rufnamen die französische Form. Der Georg wird Georges, der Karl Ludwig Charles Louis gerufen. Im übrigen gibt es in ihrem „Schwäbisch" durchaus nichts Französisches.

In den ersten vier Jahren sind die Bauern in ihrer Waldeinsamkeit sich selbst überlassen geblieben. Am 1. November 1847 ist das erste Kirchenbuch angelegt und zum erstenmal eine Liste der Einwohner aufgezeichnet worden. Das Buch reicht bis zum Jahre 1861. Es ist in lateinischer Sprache geführt mit italienischen Rubriken und Überschriften. So kurz diese sachlich nüchternen Eintragungen über Taufen, Firmelungen, Eheschließungen und Todesfälle sind, sie gewähren doch durch die Unbestimmtheit und Allgemeinheit der persönlichen Angaben, durch die verdorbenen Namensformen und anderes in vieler Hinsicht einen lebendigen Einblick in die Verhältnisse, unter denen die deutschen Bauern damals lebten, und in ihre geistige Verfassung. Nach Jahren schwerer körperlicher Arbeit und kaum anderer als materieller Interessen erhalten sie endlich wieder geistliche Hirten. Aber das sind Männer fremden Volkes, die ihre Sprache nicht verstehen, erst Italiener, dann ein Franzose. Mit wenig Ausnahmen scheinen die Kolonisten Papiere und Ausweise nicht mehr gehabt zu haben. Die Pfarrer haben die ihnen unverständlichen Namen offenbar nur nach dem Gehör aufgeschrieben und ihnen dabei die verschiedensten Formen gegeben, so daß sie oft kaum erkennbar sind und nur durch spätere Eintragungen deutlich werden. Der Name Baumstark erscheint als Bamsctargh, Baumstergk, -stak, aus Angkart wird später Anker, wir lesen Klaaen (Klein), Baidaman (Weidemann), Scmit, Screders, Vook (Fock), und besondere Schwierigkeiten hat Haispelader, Aspelader, Aspelaider, Aschbeleider gemacht. Die deutsche Heimat ist den Bauern entschwunden, oder sie tritt wenigstens hinter Rußland zurück. Als locus originis ist in den meisten Fällen Russia angegeben, häufiger Alsatia oder Francia. Ein Udalrichus Waibl stammt aus Bavaria, und ein Anton Führer aus Hindelang in Bayern.

Württemberg fehlt vollständig. Nur ganz vereinzelt ist ein bestimmter Ort angegeben. Ein Kolonist Tuchscheerer ist in Mannheim (Colonia Russia) geboren und dann Schmied in Belgrad in Bessarabien gewesen. Als Staatsangehörigkeit ist bei den meisten die ottomanische angegeben, wohl nur auf Grund des Umstandes, daß sie jetzt auf türkischem Boden lebten und andere bestimmte Unterlagen fehlten. Eine kleinere Anzahl untersteht jedoch der jurisdictio gallica. Diese besaßen offenbar noch die französischen Ausweise ihrer elsässischen Heimat. Daß manche Familien bei ihrer Ankunft noch französische Pässe gehabt hätten, wurde mir auch im Dorfe erzählt. Die bayerische Familie Waibl stand unter österreichischer Protektion.

Der erste Catalogo dello stato dell'anime esistenti in Malkoc 1847, 1. novembre, führt 28 Familien mit 134 Seelen an. Sie tragen folgende Namen: Heret (Ehret), Kunzler, Mak (Mach, Mack), Hittl, Baumstergk (Baumstark), Anghat (Ankert), Hek (Heck), Kres (Gres, Greß), Rifll (Riffel), Kooset (Kost), Hoffart, Klaaen (Klain, Klein), Prendel, Frank, Kiffer (Kiefer), Vaidaman (Weidemann), Drescher, Kokert (Gugert), Book, Scmit (Schmidt), Bruker (Brucker), Haispelader. Weitere Einwohnerlisten aus den folgenden Jahren finden sich nicht im Buche. Doch erkennen wir aus den übrigen Eintragungen, wie das Dorf bis 1861 allmählich durch frischen Zuzug gewachsen ist. Neben den alten Familiennamen erscheinen neue: Bahner, Screder (Schroeder), Brand, Krieger, Führer, Martin, Weiß, Sießler (Schüßler), Türk, Mehle (Melle), Keim, Geiß, Tuchserer (Tuchscheerer), Hink, Waibl u. a., auch ein polonista Bukalovski (Bobolovski).

Auch von den in der ersten Seelenliste von Malcoci aufgeführten Ansiedlern finden wir verschiedene in Kellers Verzeichnissen noch als russische Kolonisten. So in der Kolonie Landau Michael und Anton Greß aus Reimersweil i. Els., Heinrich Greß mit seiner Frau Katharina, geb. Stein aus Klimbach i. Els. und Matthias Greß mit seiner Frau Klara, geb. Baumstark aus Quien(?) in Baden. Ferner Martin Kiefer aus Schweighofen in der Rheinpfalz mit Frau Elisabeth aus Offenbach. In der Kolonie Speyer: Johanna Appenleiter aus Birckenhördt (Rheinpf.) mit Frau Johanna, geb. Heck aus Elchesheim in Baden. In der Kolonie Sulz: Johannes Brucker aus Offenbach mit Frau Margarethe; Joseph Schmidt aus Röschwoog i. Els. mit Frau Barbara geb. Brucker aus Offenbach. In der Kolonie Karlsruhe: Andreas Drescher aus Freiburg mit Frau Theresia, geb. Milius aus Walburg i. Els. Die meisten anderen Kolonisten lassen sich zwar nicht selbst in den russischen Dörfern identifizieren, wohl aber die Familien ihres Namens und deren Herkunft verfolgen. Manche von ihnen sind in verschiedenen russischen Kolonien vertreten und auch aus verschiedenen deutschen Ortschaften gekommen. Dies läßt erkennen, wie sich dereinst oft ganze Familiensippen zu gemeinsamer Auswanderung aus ihrem deutschen Verbreitungsgebiet entschlossen haben. Familien des Namens Martin gab es in den Kolonien Landau und Speyer, die aus Kandel in der Rheinpfalz stammten, in der Kolonie Karlsruhe aus Nußdorf (Rheinpf.) und Kandel, und in der Kolonie Rastatt aus Sulz i. Els. und Oberosterbach (Rheinpfalz). Von der Familie Klein waren Zweige in der Kolonie Karlsruhe aus Rülzheim (Rheinpf.), in Katharinenthal aus Elsenz und Kirchhard in Baden, in Kolonie Rastatt aus Bergzabern (Rheinpf.) und Langenbrücken in Baden. Familien Heck hatten sich in den Kolonien Speyer, Karlsruhe und München niedergelassen, in Deutschland waren sie in Dörnbach (Rheinpfalz) und in Bietigheim und Lohrbach in Baden zu Hause. Die Familien Weiß in den Kolonien Landau, Sulz und Rastatt waren aus Waldhambach i. Els., Aschbach in der Pfalz und Neumarkt in Bayern gekommen. Familien Geiß gab es in den Kolonien Speyer und Karlsruhe aus Wanzenau im Elsaß und Rohrbach in Baden. Ferner sind festzustellen: in der Kolonie Speyer: Ehret aus Salmbach i. Els., Frank aus Kapsweyer (Rheinpf.), Schroeder aus Bietigheim i. Baden. In der Kolonie Karlsruhe Gugert aus Lorch in Hessen.

Die Eheschließungen zeigen, daß diese Familien fast ausschließlich unter sich heiraten. Nur in ganz wenig Fällen hat das Mädchen einen nicht einheimischen Namen, aber doch einen deutschen, und es ist bezeichnend, daß dann mehrfach die Braut eine „Lutherana" war. Der Bursche hat sie aus einer der benachbarten evangelischen Kolonien, Kataloi oder Atmagea, geholt. Es herrscht Zucht und Sitte im Dorfe. Nur einmal ist eine uneheliche Geburt verzeichnet.

Nach dem sechsten Jahrzehnt hat so gut wie keine Zuwanderung mehr stattgefunden. Die Kolonie wächst im wesentlichen nur durch die natürliche Vermehrung. Seit der ersten Einwohnerliste ist die Zahl der Familien etwa um das sechsfache gestiegen, aber kaum ein halbes Dutzend neuer Namen ist hinzugekommen. Nach Verlauf von 2 Generationen, im Jahre 1906, verzeichnet das Kirchenbuch 135 Familien und 784 Seelen. Das letzte Kirchensteuerbuch zählte 182 Familien, so daß es im Dorfe vor Kriegsausbruch rund 1000 Deutsche gab.

Der Boden der Kolonie ist gut. Man baute hauptsächlich Weizen und Hafer, trieb dabei Viehzucht und hatte auch Weingärten angelegt, die einen sehr guten Wein lieferten. Auch Karl Peters[1]) bezeugt 1864, daß das Dorf guten Feldbau hatte und vom Krimkrieg ungestört blieb. Man wäre gut vorwärtsgekommen, wenn sich nicht sehr bald der Mangel an Land fühlbar gemacht hätte. Die Rumänen haben kurz nach der Besitznahme der Dobrudscha eine neue Verteilung vorgenommen. Jeder 30 Jahre alte Familienvater erhielt 10 ha. Die übrigen und die später nachgeborenen Söhne blieben von eigenem Besitz ausgeschlossen. Heute sind ungefähr 80 Familien landlos oder haben nur ihren Hofplatz. Sie haben Land auf Halbscheid gepachtet oder arbeiten auch gegen Lohn. Unter diesen Verhältnissen ist eine nicht unbeträchtliche Anzahl von Familien abgewandert, zum Teil, etwa 20, nach Canada und Dakota, zum Teil in die jüngeren katholischen Kolonien der Dobrudscha. Vor dem Kriege hatten viele den Plan gefaßt, in die alte Heimat Deutschland zurückzukehren, und schon Schritte zur Ausführung unternommen. Bei meiner Anwesenheit erhoffte es der größte Teil der Bauern nach dem Frieden.

Die Dorfstraße von Malcoci zeigt nicht das geschlossene Bild mit der gleichmäßigen Anlage der Gehöfte und Häuser, wie wir es in den meisten späteren Ansiedlungen antreffen. Es fehlen die Mauern, die die Hofplätze von der Straße abschließen und ihr die gerade schöne Linie geben. Es fehlt ihr auch die Reihe hoher alter Bäume. Die Zahl der deutschen Gehöfte beträgt 144, ein Teil ist also von mehreren Familien bewohnt. Vor etwa 15 Jahren hat die rumänische Regierung auch hier Veteranen aus dem russisch-türkischen Krieg angesiedelt, 11 Familien, die, ebenso wie 3 russische, abgesondert für sich wohnen. Die Häuser haben noch zum größten Teil Rohrdächer. Doch macht auch dies Dorf, dem es im ganzen nicht besonders gut gegangen ist, einen sauberen und ordentlichen Eindruck. Es besitzt auch etwas, was in fast allen andern deutschen Kolonien streng verpönt ist, ein stattliches Wirtshaus, und daneben auch noch ein Kaffee. Die steinerne Kirche mit langem Schiff und hohem, schlankem Turm, in etwas höherer Lage, ist in diesem Kriege durch Beschießung bös zugerichtet worden. Drei Treffer haben die Mauern und das Dach durchschlagen, und das Innere ist verwüstet. Ein Teil der gewölbten Decke mit dem Leuchter ist abgestürzt, und die

---

[1]) Grundlinien zur Geographie, S. 64.

Altäre sind umgeworfen. Den deutschen Pfarrer hatten die Rumänen als Geisel weggeschleppt. Die alte deutsche Schule, ein einfaches, rohrgedecktes Haus, ist durch eine neue rumänische außer Dienst gesetzt. So lange die Türken Herren des Landes waren, hatte die Gemeinde ihre deutsche Schule, wenn sie in ihren Leistungen auch nicht gerade sehr hoch gestanden haben mag. In älterer Zeit unterrichteten Leute aus dem Dorfe selbst, später wurden auch deutsche Lehrer angestellt. Als 1899 der rumänische Unterricht aufgenötigt wurde, trat zunächst eine noch erträgliche Teilung ein: die Schule war vormittags deutsch und nachmittags rumänisch. Seit 1900 gab es nur noch einen rumänischen Lehrer,

Deutsche Kirche in Malcoci

der Deutsch überhaupt nicht verstand, und die deutschen Kinder wären ohne jeden Unterricht in der Muttersprache aufgewachsen, wenn nicht der Pfarrer im Vorraum der Kirche täglich eine Stunde Deutsch gelehrt hätte.

Die nächstälteste der noch bestehenden Kolonien ist **Atmagea**, die in den Monaten August und September 1848 von bis dahin in Akpunar ansässigen Bauern gegründet wurde. Sie liegt 10 km südöstlich davon, etwa 24 km westlich von Babadag, ungefähr 250 m hoch inmitten des Waldgebirges im Auswaschungstale der Slava. Hier wurde den Ankömmlingen von Akpunar eine Stätte zur Niederlassung angewiesen, als sie sich zu diesem Zweck an den Kaimakam von Babadag wandten, von dem sie gehört hatten, daß er Deutsche ansiedeln wolle. Es war dies ein Grieche, der in Berlin studiert und dabei wohl deutsche Tüchtigkeit schätzen gelernt hatte. Das Siedlungsland war ein Platz von landschaft=

licher Schönheit, rings von eng herantretenden, schützenden Höhen umschlossen, die im Westen der breite Rücken des „Goldbergs" überragt. Ziemlich auf der von einem Bach durchflossenen Sohle des Kessels befindet sich der geräumige Dorfplatz mit der Kirche, von dem aus nach allen Seiten die Straßen mit den anliegenden Gehöften ansteigen. Als die deutschen Bauern ankamen, war noch alles mit dichtem Wald bedeckt. Nur ein alter Schäfer hauste da, der sich einen Brunnen gegraben hatte. Und doch steht Atmagea auf uraltem Kulturboden.

Mein erster Weg durchs Dorf zum Friedhof bereitete mir eine eigene Überraschung. In der durch die Ausschachtung der Gräber aufgeworfenen Erde, und ebenso auf dem benachbarten

Atmagea mit dem Goldberg und Friedhof

Acker, fiel mir die Menge kleiner Topfscherbenstücke ins Auge, die zweifellos römischer Herkunft waren. Bei weiteren Nachforschungen erfuhr ich dann, daß „ganz Atmagea auf alten Friedhöfen stände". Fast in allen Dorfteilen stößt man bei Grabungen auf alte Kulturreste und Skelette. Große und kleine Töpfe, darunter auch die riesigen Vorratsgefäße, die in der Walachei und der Dobrudscha besonders beliebt gewesen sind, hat man in Menge gefunden, sie leider aber immer zerschlagen und verworfen. Auch antike Münzen; was man mir davon zeigen konnte, war fast alles römisches Kaisergeld. Es lag hier offenbar eine nicht unbedeutende römische Ansiedlung, die bisher unbekannt geblieben ist.[1]) Und die Funde beweisen, daß sie sich lange, durch die stürmischen Jahrhunderte des ersten Jahrtausends hindurch, erhalten hat. Ein Bauer brachte mir auch byzantinische

---

[1]) Auch Jakob Weiß, der in seinem Buche: Die Dobrudscha im Altertum (Sarajevo 1911), die vollständigste Zusammenstellung der römischen Stationen und Siedlungen gibt, ist in dieser Gegend keine bekannt.

Münzen, die er beim Ausschachten eines Kellers auf seinem Hofe zusammen mit silbernen Ringen gefunden hatte. Erst im Mittelalter scheint die alte Ortschaft verschwunden zu sein, und ihre Spuren wurden allmählich gänzlich von Wald überwuchert.

Es waren zuerst nur 4 Familien von Akpunar gekommen: Ludwig Kalk, Jakob Dörmann, Christian und Georg Kraus. Adam Kühn, der gewöhnlich der Gründer von Atmagea genannt wird, kam erst einige Wochen später mit den übrigen. Die deutsche Kolonie in dem kleinen Türkendorf Akpunar war durch die Zuwanderung aus Jacobsonsthal und wohl auch durch anderen Zuzug allmählich auf etwa 35 Familien angewachsen. Es war also ein ganz stattlicher Stamm, mit dem Atmagea begründet wurde. Das von Adam Kühn angelegte Taufbuch verzeichnet vom September 1846 bis Dezember 1849 27 verschiedene Familien, denen Kinder geboren wurden. 6 weitere Familiennamen ergeben sich aus den aufgeführten männlichen und weiblichen Taufzeugen. Außer den obengenannten sind folgende Namen vertreten: Adam, Schielke, Kant, Martin, Fechner, Kühn, Rode, Sperr, Kirchhöbel, Berkholz, Hinz, Brandenburger, Blumhagen, Fahndrich, Beglau, Schmidt, Look, Ruf, Liebelt, Markus, Krüger, Schweitz, Pied, Prieß (Prinz). Dazu sind unter den Mädchennamen der Mütter noch einige, die in späteren Listen unter den Wirten Atmageas wiederkehren, so daß anzunehmen ist, daß auch diese Familien damals schon da waren: Rust (Rost), Bruneski, Berndt.

Die Kindseltern waren überwiegend junge Ehepaare, die zwischen 1816 und 1827 schon in Rußland geboren wurden. Es ist danach anzunehmen, daß es wohl meist ältere, dort vom väterlichen Besitz ausgeschlossene und deshalb abgewanderte Söhne waren. Soweit sich feststellen ließ, hatten nur drei noch in Deutschland das Licht der Welt erblickt, darunter der im Dezember 1807 in Deichholländer bei Gnesen geborene Vater Kühn. Die Stammesheimat der meisten war Westpreußen und Posen. Daneben werden Polen, Pommern, Mecklenburg-Schwerin, die Provinzen Brandenburg und Sachsen, Berlin und in einem Falle auch Württemberg genannt. Wohl in keinem anderen Dorfe der Dobrudscha hat sich der heimatliche Dialekt so ausgesprochen und unverfälscht erhalten wie das breite, etwas singende Platt in Atmagea. Auf Westpreußen weist auch der große Name Kant, der von Anfang an durch mehrere Familien vertreten ist. Karl Peters, der 1864 durch Atmagea kam, gibt als Herkunftsgebiet neben der Mark Brandenburg auch das Hannöverische Geestland an. Übrigens machte auch er damals schon die Beobachtung, daß viele nicht mehr wissen, woher ihre Groß- oder Urgroßeltern stammten.[1]) Es waren ausschließlich evangelische Familien, und die Gemeinde hat, wie mir der Schulze mit Stolz versicherte, bis heute immer darauf gesehen, daß keine fremden Elemente ins Dorf kämen. Die Eheschließungen verzeichnet das Kirchenbuch von 1849 an. Bei der dritten ist der Bräutigam ein Russe von der Sekte der Molokanen, und da findet sich im Kirchenbuch der bezeichnende Vermerk beigefügt: „Nach dem Versprechen des Bräutigams und dessen Vater sollen die Kinder dieser Ehe evangelisch werden."

Die ersten Jahre waren eine sehr trübselige Zeit, erzählte mir die älteste Frau, die sie mit durchgemacht hatte. Schwere Arbeit und viel Entbehrungen. Zuerst wohnten sie in Rohrhütten, dann in den Erdbuden (bordee), wie sie in der Dobrudscha noch jetzt zahlreich in Gebrauch sind, bei denen der Wohnraum ganz oder zur Hälfte in der Erde steckt und nur das Dach über den Boden hervorragt. Um Ackerland zu gewinnen, mußte der Wald ausgerodet werden. Die Kolonisten brannten Holzkohle und brachten sie 6 bis 7 Stunden weit über die Berge bis zur Donau nach Pecineaga, um dort dafür Mehl einzutauschen. Die Ausbeutung der Wälder ist viele Jahre hindurch ihre Hauptbeschäftigung geblieben, die sich in der Folge durch Lieferung von Stämmen für die Dammbauten in Sulina erträglich erwies. Karl Peters entrüstet sich noch 1864 wiederholt über die arge Waldverwüstung[2]) der deutschen Bauern und die „traurige Art von Holznutzung, die zur Ausrottung der großen Wälder des Altgebirges führen müßte, wenn die Beschränktheit des Absatzes der Verwüstung nicht Grenzen setzte."[3]) In der Tat ist jetzt in der Umgebung des Dorfes nur noch auf einer Seite Wald vorhanden.

Wie in Malcoci wurde jeder zum Eigentümer von soviel Land, als er sich freilegte und in Bebauung nahm. Er erhielt darüber von der türkischen Regierung „Tapy-Zettel".[4]) Diese wurden auch bei der Neuordnung der Grundbesitzverhältnisse durch die rumänische Regierung anerkannt. Die Inhaber erhielten dafür vollgültige rumänische Besitztitel. Diese Neuordnung ging

---

[1]) Reisebriefe eines deutschen Naturforschers, Oesterr. Revue, 1866. Heft 8, S. 234.
[2]) Grundlinien, S. 27 und 54.
[3]) Reisebriefe, S. 235 ff.
[4]) Tapu senedi oder schlechthin tapu, tapy war nach dem früheren Feudalsystem die amtliche Bescheinigung zu Recht bestehenden Grundbesitzes. Vgl. Zenker, Jules Theodore, Dict. Turc-Arabe-Persan, t. I. Leipzig 1866 und Radloff, W., Versuch eines Wörterbuchs der Türk-Dialekte. 3. Bd. St. Petersburg 1905.

davon aus, jeder Familie mindestens 10 ha Land zu überlassen. Wer nur 1 ha Tapy=Land hatte, bekam 9 ha hinzu, wer aus türkischer Zeit jedoch mehr als 10 ha besaß, durfte diese behalten. Diese Stammlose sind im Laufe der Zeit auch in Atmagea häufig geteilt worden, sodaß heute viele Familien nur 2, 3 oder 4 ha und etwa 14 überhaupt kein Land besitzen. Diese hatten Re= gierungsland gepachtet, für das sie zuletzt 25 Lei für den Hektar zu zahlen hatten.

Es verdient hervorgehoben zu werden, daß das einsame, mühereiche Waldleben der ersten Jahre nicht zur Verwilderung der sich selbst überlassenen Bauern geführt hat. Mehr als in anderen, älteren Niederlassungen herrschte in Atmagea von An= fang an ein gewisser guter Geist, ein lebhafter Ordnungs= und Gemeinsinn. Die Entwicklung und Pflege dieses gesunden Geistes und geordneter Verhältnisse ist zum nicht geringen Teil das Verdienst des schon mehrfach erwähnten Adam Kühn, den seine Gemeinde den „Vater" nannte und der unter diesem Namen noch heute bei allen Deutschen der Dobrudscha eine einzigartige Volkstümlichkeit besitzt. Er war ein Bauer wie die übrigen, aber seine Dorfgenossen offenbar überragend durch Begabung und Charakter, eine Persönlichkeit von ausgeprägtem Führertalente. Als siebenjähriger Knabe hatte er mit seinen Eltern das deutsche Heimatdorf bei Gnesen verlassen und war nach Bessarabien ge= wandert. Als fünfunddreißigjähriger Mann zog er mit Frau und 5 Kindern von Tarutino wieder ab. Er sucht da und dort in der Walachei Fuß zu fassen und führt schließlich seine Wander= gefährten in ein Türkendorf der Dobrudscha. Er ist hier ihr Schulze, vollzieht die Nottaufen und sorgt für ihre ordnungs= gemäße Eintragung und Bestätigung. Er ist dann in Atmagea seiner Gemeinde fast zwei Menschenalter hindurch in allen Dingen Berater und willig anerkannter Führer. Er sorgt in ihr für Bedürfnisse, die unter dem Drucke der materiellen Tagessorgen kaum von allen empfunden wurden. Er bringt darauf, daß die Jugend nicht ohne Schule aufwächst, und betreibt, daß ein Pfarrer kommt und eine Kirche gebaut wird. Aus den dürftigen Ur= kunden und mehr noch aus den Erzählungen der Leute sieht und fühlt man überall sein kluges und tatkräftiges Wirken. Ein starkes Familienbewußtsein spricht aus der gewichtigen Art, wie er seiner Kinder Geburt und Tot in die Bibel einträgt. Eine tiefe Religiosität verbindet sich in ihm mit einer philosophischen Neigung, die Dinge tiefer und in ihrer allgemeinen Bedeutung zu erfassen. Als die Kolonisten, wie wir noch sehen werden,

wieder ans Abziehen denken und ihr Pfarrer sie mit Verstandes=
gründen zur Vorsicht mahnt und sie zurückzuhalten sucht, da weist
er auf das Vergebliche dieses Bemühens mit der Betrachtung:
„Herr Pastor, wenn der deutsche Mensch erst einmal gewandert
ist, so hat er nirgends mehr lange Ruhe." ¹) Und mit lächelndem
Gesicht erklärt er: „Wir Deutschen sind so: Wenn wir Brot haben,
dann wollen wir Semmel haben." Wie ein überaus frischer und
schalkhafter alter Recke erscheint der Achtzigjährige bei Bernhard
Schwarz. ²) Und mit 94 ist er „an Körper und Geist noch ein
jugendfrischer Greis." ³) Als er ein paar Jahre später stirbt,
hinterläßt er eine große, weitverzweigte Nachkommenschaft. Auch
in dieser Beziehung kann Vater Kühn als ein Vorbild und Muster
eines deutschen Volksmannes dienen. Von 1829 bis 1856 hat
er 11 Kinder gezeugt, und wir werden noch darauf zurückkommen,
wie sich von dem einen Stamme kräftige, deutsche Zweige weit=
hin verrankt haben, über die ganze Dobrudscha, nach Amerika
und auch nach der preußischen Heimat zurück.

Lohnt es sich, eines einfachen Bauernführers der Dobrudscha
so ausführlich zu gedenken? Als die Großen und Tüchtigen eines
Volkes, die sein Selbstbewußtsein nähren, seinen Stolz heben und
zur Nacheiferung erziehen sollen, dürfen nicht allein die gelten,
die ein größerer Wirkungskreis oder auch nur das laute Echo
eines gefälligen Schrifttums ins volle Licht gerückt hat, sondern
auch so manche, die nur einem bescheidenen Teil unserer Volks=
genossen Führer waren und sich in dessen Erinnern einen festen
Platz erobert haben. Das gilt von Adam Kühn und den deutschen
Bauern in der Dobrudscha, und so gebührt ihm auch hier ein
kleines Denkmal.

Bei dieser Gelegenheit sei zugleich noch eines zweiten Mannes
gedacht, der in der Geschichte der älteren deutschen Siedlungen
in der Dobrudscha eine bedeutende Rolle gespielt hat. Es war
dies ein aus Magdeburg gebürtiger, ehemaliger preußischer Offizier,
der Großherrliche Oberst Ritter von Malinowsky in Tulcea.
Als preußischer Instrukteur nach der Türkei gekommen, hatte er
sich besonders um das Befestigungswesen in Rumelien und Klein=
asien große Verdienste erworben und wurde dann zum Kommissar
der Pforte bei der Donauregulierung ernannt. Ein etwas be=
leibter, graublonder Herr, so beschreibt ihn W. Hamm, dem man

---

¹) Meyer, S. 351.
²) Vom deutschen Exil, S. 89.
³) Meyer, S. 340.

trotz der türkischen Uniform und des nach hinten gerückten Fes sofort ansah, daß gutes deutsches Blut in seinen Adern floß. Ein Mann mit vielseitigen Interessen, dessen Karl Peters als Caleopterensammlers gedenkt, und ausgezeichnet durch hohe geistige und Charaktereigenschaften. In den Kirchenakten von Atmagea findet sich eine große Anzahl Briefe und Berichte von seiner Hand, die beweisen, wie warmherzig und unermüdlich dieser Offizier für das geistige und körperliche Fortkommen der gleich ihm in die Dobrudscha verschlagenen deutschen Bauern besorgt und tätig war. Als ihr Berater und als Vertreter ihrer Interessen bei den türkischen Behörden sowohl wie bei den preußischen diplomatischen und kirchlichen in Konstantinopel, Galatz und Berlin.

Schule war schon in Akpunar gehalten worden. Man lernte gut lesen, aber nicht schreiben, sagte mir die kluge, geistesfrische Alte. Lehrer war einer der Kolonisten. So blieb es bis Anfang der siebziger Jahre auch in Atmagea. „Ein Lehrer, Sohn eines Lehrers, aber doch Bauer, unterrichtet die Kinder notdürftig im Lesen, Schreiben und Rechnen", berichtet Malinowsky 1857 an den Gustav-Adolf-Verein. Das Amt des Schulmeisters war durchaus keine beneidenswerte Pfründe, und seine Übernahme durch einen Kolonisten setzte einen gewissen Idealismus voraus. 1863 erhielt der Lehrer in Atmagea jährlich von jedem Wirt 2 Maß Getreide und von jedem schuljährigen Kinde 3 Piaster. Bei 40 Wirten belief sich sein Einkommen auf etwa 1000 Piaster. Ein langjähriger Lehrer ist der Kolonist August Kant, „der als Vorbild in der Gemeinde dasteht".[1] Erst 1873 erhält die Gemeinde ihren ersten in Deutschland vorgebildeten Lehrer aus dem Rauhen Hause in Horn bei Hamburg. Nach dem Übergang der Dobrudscha in rumänischen Besitz wiederholte sich auch in Atmagea wie in allen Kolonien derselbe Vorgang. Die rumänische Regierung suchte den deutschen Unterricht möglichst ganz zu unterdrücken und drängte auch den reindeutschen Gemeinden einen rumänischen Lehrer auf. Die Bauern von Atmagea haben ihre Entrüstung darüber diesem auch persönlich fühlen lassen und jeden Verkehr mit ihm in schroffer Weise zurückgewiesen.[2] Zunächst durfte noch an zwei Nachmittagen deutscher Unterricht erteilt werden, außerdem täglich eine Stunde. In der Zeit vor dem Kriege war er auf 2 Stunden täglich beschränkt, vormittags erhielten die

---

[1] Pfarrerbericht vom 18. Juni 1871.
[2] Vergl. Schwarz, S. 89.

größeren Kinder eine Stunde, nachmittags die kleinen. Was aber für die Erhaltung des deutschen Charakters der Jugend nicht minder gefährlich war, ist die von Seite der Regierung erfolgte Errichtung einer Kleinkinderschule, in welche die Kinder vom 5. Jahre an aufgenommen und natürlich ausschließlich rumänisch belehrt wurden. Da lernten sie rumänische Gedichte früher als deutsche singen, und so kommt es, daß man heute hin und wieder einen flachshaarigen Knirps ein rumänisches Lied trällern hört.

Einen eigenen Pfarrer erhielt Atmagea bereits im Mai 1849. Er kam aus der bessarabischen Kolonie Rohrbach, wo er 24 Jahre amtiert hatte, mußte sein Amt aber schon nach 3 Jahren wieder aufgeben, weil er das Mißfallen des Kaimakams von Babadag erregt hatte. Das Fehlen eines Seelsorgers hat die Gemeinde tief bedrückt. Schließlich wendet sich ihr Vorstand an Oberst von Malinowsky mit der Bitte, ihr einen Pfarrer zu verschaffen, sicher ohne irgend eine Vorstellung, wie gerade er ihr helfen könne. Doch ihr Vertrauen wird nicht getäuscht. Malinowsky schreibt am 8. September 1857 an den Gustav-Adolf-Verein und schildert mit eindringlicher Wärme die bange Sorge der Bauern, daß sie einer Verwilderung entgegengehen und dem Christentum entfremdet würden, wenn ihrer geistlichen Not nicht Abhilfe geschähe. Das Schreiben gibt ihre Zahl auf 50 Familien und 8 Insassen, etwa 250 Seelen, an. In der Aufstellung der für den erbetenen Pfarrer gezeichneten jährlichen Geldbeiträge sind 57 Namen aufgeführt, an ihrer Spitze Adam Kühn. Die materiellen Schwierigkeiten, die sich entgegenstellten, wurden dadurch behoben, daß sich außer der neugegründeten Gemeinde in Tulcea auch die evangelischen Deutschen anschlossen, die sich zu jener Zeit noch an verschiedenen anderen Plätzen im Norden der Dobrudscha eingefunden hatten. Malinowsky berichtet, daß sich in Ciucurova 6, in Macin 4 Familien befinden sollen. Auch in Ismail hatte sich eine evangelische Gemeinde gebildet, die am 22. April 1858 den Beschluß faßte, sich als Filiale von Atmagea zu betrachten. Im August 1858 kam der vom Oberkirchenrat in Berlin entsandte Pfarrer, der zufällig auch den Namen Kühn trug.

Die nächste Sorge der Gemeinde war nun der Bau einer Kirche. Auch da muß Oberst von Malinowsky wieder helfen. Schon im Herbst 1859 geht das Gesuch um Bewilligung eines Kirchenbaues an den Vekil der Protestanten in Konstantinopel und am 9. August 1860 kommt vom preußischen Gesandten bei der Pforte, von der Goltz, die Nachricht, daß der die Kirche gestattende Ferman des

Sultans ausgefertigt sei. Er ist gegeben Ende Juli 1860.[1]) Auch diese interessante Urkunde befand sich noch unter den Kirchenakten, leider nicht in sorgfältiger Bewahrung und infolgedessen in einem ziemlich schlechten Zustand.[2]) Nach dem Ferman soll die Kirche 24 Ellen lang, 15 Ellen breit und 8 Ellen hoch werden. Der mit dem Maurermeister Garlotto Dominico in Galatz geschlossene Vertrag vom 28. Mai 1861 sieht vor, daß die Kirche noch im Sommer soweit vollendet sein soll, daß sie eingedeckt werden kann. Zu den Kosten trugen auch die Mutterkolonien in Bessarabien ihr Schärflein bei, so Beresina 25 Rubel 20 Kopeken.

Kirche in Atmagea
Nach einer Zeichnung v. R. Canisius

Der sehnlichste Wunsch der Gemeinde war somit erfüllt, und man sollte meinen, daß sie nun mit neuer, doppelter Freude an ihrem Dorf gehangen hätte, in dem es ihnen auch, wie Hamm bezeugt, im ganzen gut ging. Allein gerade zu diesem Zeitpunkt trat jenes schon oben angedeutete Ereignis ein: die Abwanderung nahezu aller Kolonisten. Der äußere Anstoß hing mit der eingangs geschilderten Kolonisationspolitik zusammen, die die Türkei nach dem Krimkrieg in Angriff nahm und die die Völkerschaften am Schwarzen Meer und an der Donau wieder einmal in Be-

---

[1]) Im Anfang des Monats Moharrem 1277. Der Monat Moharrem umfaßt nach unserer Rechnung die Zeit vom 20. Juli bis 18. August.
[2]) Abgebildet in: Bilder aus der Dobrudscha, S. 152 und bei Meyer mit beigefügter deutscher Übersetzung, S. 348—49.

wegung setzte. Zu den Bauern von Atmagea war die Kunde gekommen, daß man in der Moldau gutes Land ohne Verpflichtung zum Militärdienst in den Dörfern der Bulgaren bekomme, die diese verlassen hatten, um in der Krim die weiten Ländereien der nach der Dobrudscha gewanderten Tataren einzunehmen. Dazu hieß es auch, daß in der Nachbarschaft Atmageas den gefürchteten Tscherkessen Wohnsitze angewiesen werden sollten. Den inneren, tieferen Grund der plötzlich in die Bauern gefahrenen Abzugsgedanken dürfte Adam Kühn wohl richtig erkannt haben: „Wenn der deutsche Mensch erst einmal gewandert ist, so hat er nirgends mehr lange Ruhe". Malinowsky, der Pfarrer und auch der preußische Konsul in Galatz Blücher, der sich ihrer schon mehrmals angenommen hatte und bei ihnen in großem Ansehen stand,[1]) suchten sie zurückzuhalten; aber vergeblich. Bis auf 3 oder 4 Familien zogen alle ab. Auch meine greise Erzählerin war dabei, ihre Familie blieb aber nur einen Sommer fort, dann kehrte sie zurück, da dort auch die Bulgaren wiedergekommen waren. Sie nannte als ihren Aufenthaltsort in der Moldau Tripoplo (?). Schon im August 1862 berichtet Malinowsky, daß die Bauern von Atmagea voll Reue zurückgekehrt seien. „Sie können von Glück sagen, daß sie in ihre Häuser wieder einziehen konnten. Der Gouverneur hatte noch nicht anderweitig darüber verfügt." Im November schreibt er dem Oberkirchenrat, daß die Gemeinde noch immer nicht wieder ganz vollzählig sei.

Den Zurückgekehrten standen aber nun in ihrem alten Dorfe, in dem sie bei harter Arbeit, doch ohne äußere Störungen vorwärts gekommen waren, Prüfungen und Leiden bevor, die sie vorher nicht gekannt hatten. Es beginnt für die Kolonisten eine Periode der Unruhe und sehr böser Erfahrungen. Die gefürchteten Tscherkessen wurden in der Tat ihre Nachbarn, und sie machten sich ihnen bald in lästigster Weise bemerkbar.

Auch dieses Volk gehörte zum Programm der türkischen Kolonisationspolitik. Ungefähr 20000 wurden im Sommer 1864 im Paschalik von Tulcea untergebracht. Zum Teil noch ohne feste Wohnsitze, lebten sie in der Hauptsache von Raubzügen und waren der Schrecken der arbeitsamen seßhaften Bevölkerung. Etwa 10 km südöstlich von Atmagea, in der Fortsetzung des Slava=Tales, hatten sie ein Dorf bezogen, das noch heute den Namen Slava Chercheza führt. Die beiden deutschen Kolonien Atmagea und Ciucurova, in denen immer etwas zu holen war, waren ihnen

---

[1]) Vergl. Hamm, S. 58.

sehr willkommene Nachbarn. Diese lebten von nun an in ständiger Unsicherheit und wurden wieder und wieder von Überfällen und Plünderungen heimgesucht, die erst aufhörten, als der russisch-türkische Krieg die wilden Gesellen wieder aus der Dobrudscha vertrieb. Klagen und Beschwerden bei den türkischen Behörden halfen so gut wie nichts oder höchstens einmal auf kurze Zeit, wie Ende 1871 und 1872, als der Gouverneur von Tulcea „alles verdächtige Gesindel in Gewahrsam brachte und das Casargericht in Bababag mit streng gesetzlichen Männern besetzte".[1]) Die Tscherkessen selbst betrachteten ihre Räubereien durchaus als ihr gutes Recht. Einen köstlichen Beleg dafür liefert ein Bericht des Pfarrers Hachmeister in Atmagea: „Sie sind wirklich ein recht naives Volk, diese Tscherkessen. Sie sprechen sich öfters darüber aus. So sagen sie unter anderem, es sei ja auch so in der Natur, daß man einem Bienenvölkchen nur deshalb eine Zeitlang erlaube einzutragen, daß man ihnen nachher um so gewisser etwas abnehmen könne. Ihre Nachbarn seien aber die Bienen und sie die Herren, die dann das Wegnehmen zu besorgen hätten. Das wird denn wirklich auch recht brav von ihnen besorgt. Zu vier, sechs Mann streifen sie umher. Jacken, Mäntel, Pelzwerk, Schuhe, Axt und Beil muß abgeliefert werden."

Auch die Fertigstellung des durch die Abwanderung unterbrochenen Kirchenbaus erlitt durch die Tscherkessen eine neue Störung. Sie fanden, daß sie das bereitliegende Baumaterial auch gut gebrauchen könnten, um sich in ihrem Dorfe eine Moschee zu bauen, und so zwangen sie die Bauern, es dorthin zu bringen. Im Hause der Enkelfamilie Adam Kühns fand ich auch ein inhaltreiches Schreibbuch, in dem verschiedene Schulzen Eintragungen mannigfacher Art gemacht haben. Darunter befindet sich ein vom Schulzengericht am 6. August 1877 bestätigtes „Verzeichnis der von den Tscherkessen am 1. Mai, am 8., 10., 12., 15., 16. und 23. Juni in Atmatscha geraubten Gegenstände", das 10 vollgeschriebene Großfolioseiten umfaßt. Es zeigt, wie gründlich die kaukasischen Gäste bei ihren Besuchen aufräumten. Nicht ein Haus ist vergessen worden, die Zahl der 70 angeführten Geschädigten entspricht genau der Zahl der damals vorhandenen Wirte, so daß die Liste zugleich ein vollständiges Familienverzeichnis darstellt. Und ebenso restlos scheint alles, was zum Besitz eines deutschen Bauern gehört, auch ihr Wohlgefallen ge-

---

[1]) Bericht des Pfarrers Hachmeister vom 29. 7. 72.

funden zu haben. In erster Linie hatten sie es offenbar auf Pferde mit Geschirren und Sätteln abgesehen. Wenn sie davon in den beiden Monaten nicht weniger als 297 erbeuten konnten, bei einzelnen Bauern 10 bis 14, so läßt das auch einen Schluß zu auf den ansehnlichen Wohlstand der deutschen Wirtschaften. Dann waren es Wagen, Gewehre, Handwerkszeug, Geräte, Wasserfässer, Mehl, natürlich auch bares Geld. Aber auch sonst verschmähten sie nichts für Tscherkessen Brauchbares und Unbrauchbares. Außer Pelzen, Mänteln, Stiefeln auch Hosen, Westen und Mützen, Frauen- und Kinderkleider, Hemden, Strümpfe, Schürzen, Bettüberzüge, Federkissen, Fenstervorhänge, Leibbinden und alles mögliche andere. Es scheint danach wörtlich zuzutreffen, was der deutsche Reisende W. Brenneke, der 1868 die Gegend von Macin besuchte, von den Tscherkessen sagt: „Diebe und Meuchelmörder, nur Mühlsteine und glühendes Eisen lassen sie liegen.[1] Der Gesamtwert des Geraubten ist auf 242431 Piaster berechnet. Es ist begreiflich, daß derartige Erlebnisse das Vertrauen der Kolonisten auf ein gedeihliches Fortkommen erschütterten, und damit mag es wohl zusammengehangen haben, daß bei ihnen im Anfang der siebziger Jahre aufs neue Abzugsgedanken lebendig wurden. In einem Pfarrerbericht von 1872 heißt es: „Die Wanderlust ist wieder da. Ein Teil spricht von Amerika, was namentlich in Kataloi in den Vordergrund tritt, andere denken an die Donauinsel zwischen Kilia und Sulina-Donauarm, wieder andere an einen leeren Platz im — —."

Ein schwerer Schlag traf das Dorf während des russisch-türkischen Krieges durch eine schreckliche Plünderung, die eine allgemeine Verarmung zur Folge hatte. Die Enttäuschungen und die viele Jahre lang anhaltende verbitterte Stimmung, die die neue rumänische Herrschaft den Kolonisten brachte, werde ich später noch des näheren darzulegen haben. Um die Mitte der achtziger Jahre haben die Bauern von Atmagea einmal versucht, ihre Beschwerden unmittelbar dem König Carol vorzulegen, um durch ihn selbst Abhilfe zu erlangen. Sie sandten eine Abordnung nach Bukarest, die den König aber nicht antraf und unverrichteter Sache zurückkehrte. Ebenso vergeblich suchten sie Teilnahme und Beistand bei dem mächtigen Reiche, zu dessen Volk sie ja nach Blut und Sprache und Glauben immer noch

---

[1] Die Länder an der unteren Donau und Konstantinopel. Reise-Erinnerungen aus dem Herbst 1868. Hannover 1870.

gehörten. Sie haben durch ihren Pfarrer der kaiserlichen Ge=
sandtschaft in Rumänien die vielen Ungerechtigkeiten, die ihnen
durch manche Beamten widerfuhren, schildern lassen. Unter den
Akten befindet sich ein Bescheid der Gesandtschaft vom 3. Dezember
1887, daß „eine amtliche Intervention im Interesse der Kolonisten
nicht gewährt werden könne". Sie waren doch nicht mehr deutsche
Staatsangehörige. Dem schlichten Sinn und Gefühl der einfachen
Bauern wird diese kalte, staatsrechtliche Korrektheit kaum ver=
ständlich gewesen sein.

Sie selbst hatten rühmlicher Weise ihr Verhältnis zum
Mutterlande weniger formell aufgefaßt. Unter den Papieren in
der Kirche stieß ich auf ein Schreiben mit der großen, kräftigen
Unterschrift: Friedrich Wilhelm, Kronprinz. Es war ge=
schrieben im Hauptquartier Versailles, den 20. November 1870,
und dankte für 25 Napoleondors, die die Pfarrgemeinde von
Atmagea zugunsten der Kriegsinvaliden gesammelt hatte. Und
dabei heißt es: „Es erhöht den Wert dieser Zuwendung, daß fast
alle Angehörigen der Gemeinde zu der Spende beigetragen und
dadurch bezeugt haben, daß ihr Herz auch in der Ferne bei denen
ist, welche Gut und Blut für Deutschland einsetzen." Es ist
nicht das einzige Zeugnis für die Anteilnahme der Deutschen
Atmageas an den Vorgängen im Mutterlande. In dem er=
wähnten Schulzenbuch findet sich auch eine Aufstellung über 30 Bei=
träge, die im Juni 1879 für eine Gabe zur goldnen Hochzeit
Kaiser Wilhelms im Dorfe gesammelt wurden.

An dem deutschen Charakter Atmageas, den zu bewahren
die Bauern von Anfang an niemals außer Acht gelassen hatten,
haben auch die bald einsetzenden Rumänisierungsbestrebungen
nichts geändert. Es ist bis heute ein reindeutsches Dorf geblieben.
Von fremdem Stamm sind nur 2 Zigeunerfamilien, die als
Hirten im Dienste der Gemeinde stehen, und ein Russe, der ein
deutsches Mädchen geheiratet hat, aber selbst evangelisch geworden
ist und die Kinder deutsch erziehen läßt.

Es ist ein ungemein freundliches Dorf, in dem man sich
ganz in die deutsche Heimat versetzt glaubt. Wie es sich in dem
beschränkten Raum des Tales an die Höhen anschmiegt, Straßen
und Viertel bildend, wie es die Bodenverhältnisse ergaben, in
und um die stattlichen Gehöfte hohe Nuß= und Obstbäume, scheint
es seit Jahrhunderten so dazuliegen, aus kleinen Anfängen
natürlich entstanden und gewachsen, nicht eine von landsuchenden
Bauern planmäßig angelegte Kolonie. Es fehlt die strenge
Regelmäßigkeit der Anlage und die nach genau dem gleichen

Schema gebaute Form der Wohn- und Wirtschaftsgebäude, die den jüngeren deutschen Dörfern der Dobrudscha, so schön und blendend sie wirken, etwas Künstliches, fast möchte man sagen, stilisiertes geben. Es steht nicht jedes Haus im Hofe an derselben Stelle, nicht jedes mit der Giebelseite und im gleichen Abstand zur Straße. Die Dächer sind meist noch mit Rohr gedeckt. Die Giebelspitzen zieren vielfach zwei geschnitzte Pferdeköpfe, wie es einst die Voreltern in der preußischen Heimat, in Mecklenburg und Pommern liebten. Geflochtene Umzäunungen wechseln mit Staketen und Mauern. In der Mitte des Dorfes, am großen Platz, von allen Teilen aus sichtbar, liegt die helle Kirche mit

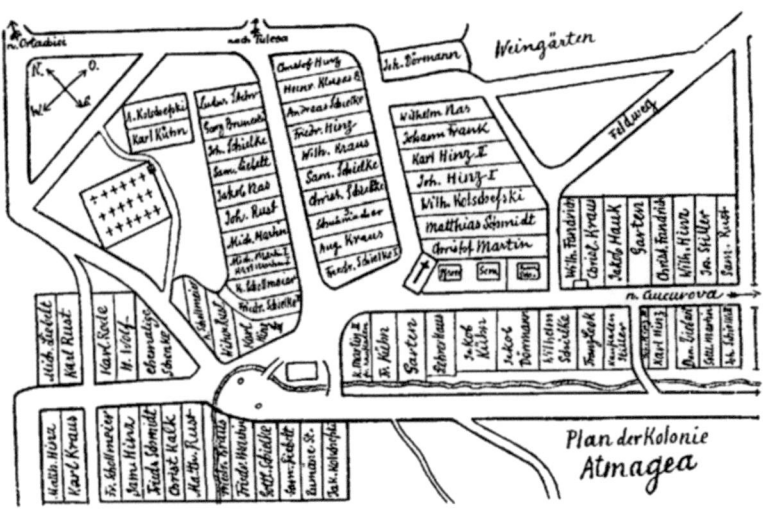

glattem Holzdach und viereckigem Turm. Breite Stufen führen zu ihrem Eingang und in das schlichte Innere. Die alte Bibel auf dem Altar trägt die handschriftliche Widmung des preußischen Theologen Ernst Hengstenberg, datiert Sonntag Exaudi 1858. Die Russen haben, als sie im Anfang des Krieges den Ort besetzt hatten, die Decken und Bekleidung des Altars sowie 5 Leuchter gestohlen. Im übrigen blieb das Dorf während des Weltkriegs vor schwereren Schäden bewahrt, trotzdem es nacheinander Russen und Rumänen, Türken und Bulgaren beherbergte. Natürlich wurden auch hier wie in allen deutschen Dörfern nach Kriegsausbruch alle Männer weggeschleppt, die nicht geflüchtet waren. Im Sommer 1917 fehlten noch 50, von deren Schicksal man nichts mehr gehört hatte. Dicht neben der Kirche liegt das kleine, freundliche Pfarrhäuschen, daran schließt sich das Gemeindehaus und die alte Schule. Früher war auch einmal ein Gasthaus im Dorfe, von einem Juden gehalten. Er gab es aber bald wieder auf und zog ab, da die Bauern nicht tranken. Vor dem Kriege war auch eine „Lavke", ein Krämerladen, vorhanden.

Wie das Äußere des Dorfes versetzen auch seine Bewohner den Beobachter in die deutsche Heimat. Der norddeutschen Herkunft entsprechen die fast ausnahmslos blonden und helläugigen Typen mit ovalen Gesichtern. Und es ist ein gesundes Geschlecht: Ein Schulze hat in der von ihm aufgestellten Seelenliste außer

Straße in Atmagea

den Rubriken über die Nationalität, Geburtsjahr und -monat noch eine weitere, einigermaßen überraschende eingeführt: körperliche Fehler. Er fand nur bei 15 von den 338 Personen etwas zu verzeichnen. Eine ist engbrüstig, eine andere hat Auszehrung, ein paar haben Brüche, sonst gibt es nur Lahmheit oder Steifheit eines Fußes oder Armes, Schwerhörigkeit der Greise und Kurzsichtigkeit. Auch auf meine Nachfragen erhielt ich die Versicherung, daß Krankheiten fast unbekannt seien, selbst die bei uns fast selbstverständlichen Kinderkrankheiten. Die Masern, „Griseln", kommen selten vor, und vom Scharlach hat man früher überhaupt nichts gewußt, erst 1916 soll er zum ersten Mal in größerem Maßstab aufgetreten sein. Zu diesen glänzenden Gesundheitsverhältnissen mag gewiß die günstige Höhenlage des Dorfes das ihre beigetragen haben, aber sicher nicht weniger auch die persönliche und in den Wohnungen beobachtete Reinlichkeit und die vernünftige Lebensführung der Bauern.

Ein sonniger Sonntag zeigt uns die Leute in ihrem Festputz. Die Mädchen in hellen Blusen und blauen Röcken, um den Kopf ein meist schwarzes Tuch. Die Burschen in schwarzen, offenen Jacken, die das buntgestickte Hemd sehen lassen, die engen schwarzen Hosen in ungeheuer langschäftigen Stiefeln, auf dem Kopfe die hohe, schwarze Pelzkappe, eine russische Erwerbung. Und wohl eine sehr junge, aber nicht schöne Mode ist es, daß sie sich mit vielem billigen modernen Schmuck behangen haben, selbst mit großen, blitzenden Frauenbroschen an der Mütze. In Gruppen ziehen Burschen und Mädchen auf die Berge und singen dort zusammen „Schelmenlieder". Es wird viel gesungen in Atmagea. Es gibt hier sogar einen Gesangverein, der einzige Fall in der

Gehöft in Atmagea

ganzen Dobrudscha, wo ich eine gesellige profane Vereinigung feststellte. In der Regel duldet man solche als etwas Weltliches, zu Trunk und Unsolidität Verführendes ebenso wenig wie Wirtshäuser.

Was die Kolonisten sich bis zur Zeit des Wechsels der Oberherrschaft erarbeitet hatten, darüber gibt Auskunft die einzigartige „Aufzeichnung über den Landbesitz in Atmagea, wieviel Ackerstücke und Dulim im ganzen jeder Wirt hat, wieviel bearbeitetes und nicht bearbeitetes, gutes und schlechtes Land, wieviel mit und ohne Tapy, wie groß die Hausplätze und Gärten. Aufgenommen den 25. und 26. Juli 1878 auf Anordnung und Leitung durch die russische Lokalbehörde von Babada." Diese Liste führt 63 Wirte auf. Die Zahl ihrer Ackerstücke, deren Größe sehr verschieden ist, schwankt zwischen 2 und 48, die meisten haben etwa 25 bis 35. Der Gesamtbesitz der Einzelnen in Dulim beträgt zwischen 2 und 418, doch haben nur 8 Wirte weniger als 100, die Mehrheit über 200. Davon ist ungefähr $^4/_5$ gutes Land.

Nicht bearbeitet sind nur winzige Bruchteile, erheblich dagegen ist bei vielen der Teil ohne Tapy, d. h. ohne rechtsgültigen Besitztitel. Einigen Kolonisten fehlen diese ganz, obwohl sie beträchtliche Flächen bearbeitet haben. Die Hausplätze sind verschieden groß, 2—4½ dulim.[1]) Der Weinbau scheint erst später in Aufnahme gekommen zu sein, nur 2 Bauern haben damals schon Weingärten angelegt. Er brachte dann gute Ergebnisse, bis er vor einer Reihe von Jahren durch die Phylloxera wieder vernichtet wurde. Angebaut werden in Atmagea hauptsächlich Weizen, Mais, Hafer und Gerste. Die Viehzucht ist von geringerer Bedeutung. Nach dem Zeugnis des Schulzen und anderer Bauern ist es ihnen wirtschaftlich im ganzen nicht schlecht ergangen. Es ließ sich offenbar, soweit es sich nur um die materiellen Lebensnotwendigkeiten handelte, vor dem Krieg in Atmagea gut und leicht leben, man brauchte dazu nicht einmal selbst Bauer zu sein. Die Preise der wichtigsten Lebensmittel waren ungefähr folgende: 3 Kilo Brot 50 Bani, 10 Eier 20 Bani, 1 Kilo bestes Fleisch 70 Bani, eine schwere Henne 80 Bani, eine fette Taube 20 Bani, eine Gans 1,60—2,00 Lei, eine Ente 1,20 Lei, ein Schaf 20 Lei, ein großes, fettes Schwein 50—80 Lei, eine Kuh 100—120 Lei.

Die Zahl der jährlichen Todesfälle wird nur auf 6 bis 8 angegeben. Bei dem großen Kinderreichtum der Familien bedeutet das einen sehr starken Geburtenüberschuß, der bei ungehinderter Entwicklung eine weit größere Vermehrung der Bewohner hätte ergeben müssen, als tatsächlich erfolgt ist. Die Zahlen darüber aus verschiedenen Jahrzehnten, soweit ich Angaben ermittelte, gewähren einen interessanten Einblick in die Bevölkerungsbewegung des Dorfes und ihre Beeinflussung durch äußere Ereignisse und Verhältnisse. Die Ehen werden auch in Atmagea fast nur zwischen Ortsangehörigen geschlossen. Hin und wieder holt sich ein Bursche ein Mädchen aus Ciucurova, selten aus Kataloi oder Cogealac. Die bei der Gründung vorhandenen etwa 35—40 Familien sind bis zum Jahre 1857 auf 50 Wirte und 8 Insassen angewachsen. Diese Zunahme erklärt sich zum größten Teil durch die Heiraten der inzwischen herangewachsenen Kinder der ersten Ankömmlinge, sie setzt nur einen geringen frischen Zuzug voraus. Durch den Abzug nach der Moldau wird die Kolonie

---

[1]) Dulim ist verdorben aus dönüm, wofür Ami Boué (Die europäische Türkei, Wien 1889, II Bd., S. 72) auch die Form dölum nennt. Ein dönüm war damals ein Quadrat von 40 pik Seitenlänge, 1 pik = 0,68 Meter.

fast vollständig aufgelöst. 1863 und ebenso 1868 werden 45 Familien gezählt. Von da an findet wieder eine rasche Vermehrung statt. Ende 1872 führt eine Liste 48 evangelische Familien mit 269 Seelen und 11 baptistische auf; vor dem russisch-türkischen Krieg, 1876 und Anfang 77, sind es 70 Wirte, 1879 einschließlich der reichsdeutschen Lehrerfamilie 74 mit 351 Seelen. Von den Namen der Gründungszeit fehlen 6, darunter die Familien Mehrer aus Württemberg, Schollmeier aus der Provinz Sachsen und Krüger aus Pommern. 1887 ist die Seelenzahl auf 382 gestiegen. Sie bleibt sich von nun an annähernd gleich (1892 = 389). Nach der neuen Landvermessung der rumänischen Regierung war der Kolonie die Möglichkeit einer weiteren Ausdehnung und einer Vermehrung ihrer besitzenden Familien genommen. Die natürliche Vermehrung wird in den folgenden Jahrzehnten vollständig ausgeglichen durch den Wegzug in andere Ansiedlungen der Dobrudscha und durch die Auswanderungen nach Amerika. Im Jahre 1917 zählte die Kolonie 73 Familien, genau die gleiche Zahl wie 1879, nur die Seelenzahl war weiter, auf 451, angewachsen.

Malcoci und Atmagea sind von den älteren Kolonien die bedeutendsten und interessantesten. Es war deshalb wohl berechtigt, ihre Entwicklung und die in ihnen herrschenden Verhältnisse etwas eingehender zu schildern. Naturgemäß zeigen die folgenden Ansiedlungen in vieler Beziehung die gleichen oder ähnliche Vorgänge, und ich kann mich bei ihnen kürzer fassen.

Bei Ausbruch des Krim=Krieges ist in die deutschen Dörfer Südrußlands, insbesondere in die Bessarabiens, aufs neue Unruhe und Bewegung gekommen. Die allgemeinen Aushebungen hatten in ihnen die Befürchtung entstehen lassen, daß sie trotz ihres verbrieften Vorrechtes der Freiheit vom Militärdienst doch zum Kriege eingezogen werden könnten. Dieser Grund wurde wenigstens Wilhelm Hamm von den Abwanderern jener Jahre selbst angegeben. Wieder zogen aus vielen Dörfern einzelne Gruppen ab, und sie wandten sich diesmal direkt in die Dobrudscha. Aber es war ihnen nicht vergönnt, hier in Ruhe an irgendeinem Orte festen Fuß fassen zu können. Die Dobrudscha wurde alsbald selbst zum Kriegsschauplatz. Die deutschen Bauern wurden hin und her getrieben, viele kehrten schließlich nach Rußland zurück. Es wurde ihnen jedoch nun auch dort der Aufenthalt verwehrt. Die Russen beförderten sie wieder nach der Dobrudscha, wo ihnen dann auch die türkische Regierung nach Friedensschluß bereitwillig Aufnahme gewährte und es ihnen freistellte wo sie sich ansiedeln wollten. Aber das lange Herumwandern hatte ihre Mittel aufgezehrt, und sie waren wieder arm, wie ihre Eltern, als sie in Bessarabien ankamen.

Sie haben in jenen Jahren an verschiedenen Plätzen ein Unterkommen gesucht, und es sind im Norden der Dobrudscha verschiedene kleinere deutsche Ansiedlungen entstanden, von denen nichts mehr zeugt als die Erinnerung alter Leute oder ein zufällig erhaltener urkundlicher Hinweis. So haben sich in jener Zeit nach einem mündlichen Bericht sogar schon vor der Gründung Atmageas Deutsche in dem Dorf **Omurlar** niedergelassen. Für eine weitere Siedlung finde ich nur den Franzosen Allard als Zeugen. Er nennt **Hamangea** unweit Ceamurli schlechtweg „colonie allemande".[1]) Der Ort scheint also allein oder doch überwiegend von Deutschen bewohnt gewesen zu sein. Es war das damals die südlichste Ansiedlung. Als 1857 Oberst von Malinowsky Umschau nach evangelischen Deutschen hält, die für die Gründung einer Kirchengemeinschaft und die Unterhaltung eines Pfarrers in Betracht kämen, erwähnt er außer Kataloi und Ciucurova Macin mit vier Familien und **Ismail**. Auch Deutsche in **Nalbant** beteiligten sich an den Zeichnungen. Die evangelische Gemeinde von Ismail beschloß am 22. April 1858, sich an Atmagea als Filiale anzuschließen, und blieb es, bis nach dem russisch-türkischen Krieg die Stadt wieder an Rußland fiel. Sie erhielt im Jahre 1866 vorübergehend einen größeren Zuzug von deutschen bäuerlichen Kolonisten aus Galizien, auf die ich später noch zurückkommen werde. Sonst handelte es sich hier meist um einzelne Personen mit bürgerlichen Berufen. Eine Seelenliste aus dem Jahre 1872 zählt nur 14 auf, je 2 Apotheker und Provisoren, einen Ingenieur, Agenten, Uhrmacher, Lehrer, Kapellmeister. Eine bunte Gruppe aus allen möglichen Ländern: Bayern, Königreich Sachsen, Elsaß, Schweiz, Siebenbürgen, Österreich, Galizien.

Nur zwei Ansiedlungen haben sich aus jener Zeit bis heute erhalten: Kataloi und Ciucurova, die ungefähr zur selben Zeit, aber unabhängig voneinander, entstanden sind.

Kataloi liegt in hügeligem Gelände 12 km südlich von Babadag, etwa 1 km westlich von der alten Heerstraße Konstanza—Tulcea. Nach langem Herumziehen, das sie, wie erwähnt, schon einmal nach der Dobrudscha, dann wieder zurück nach Rußland geführt hatte, ließen sich hier im Sommer 1857, vielleicht auch

---

[1]) Allard, S. 105.

schon etwas früher, die ersten deutschen Einwanderer nieder. 7 oder 8 Familien, als erster Thomas Lutz, dann mehrere Familien Seybold und Nitschke. Es waren bereits Rumänen und Tataren da, als die Deutschen ankamen. Gesondert von ihnen legten sie ihre Straße an. Im Protokoll der Gründungsversammlung der evangelischen Gemeinde in Tulcea vom 13. September 1857 wird ihrer zum ersten Male urkundlich gedacht. Als Wilhelm Hamm im Juni 1858 die Ansiedlung besuchte, zählte sie etliche 40 Kolonistenfamilien. In ihrer Straße hatten sich auch ein paar französische Familien festgesetzt, mit denen sie in lebhafter Feindschaft lebten.

Deutsche Straße von Kataloi

Die halb in der Erde steckenden Hütten, deren Lehmmauern höchstens eine Elle über den Boden hervorragten, sahen um nichts besser aus als die der Rumänen. Trotzdem erhält Hamm in jeder Hütte die Versicherung, daß es ihnen gut gehe, doch sehnen sich alle nach dem verlorenen Kanaan Rußland zurück. Sie hatten sich Land nehmen dürfen, wo und soviel jeder wollte, sobald es noch keinen Besitzer hatte oder wenn es der Krone gehörte. Sie bauten schon Mais, Kartoffeln, Gerste und Roggen, hatten gute Weide, Pferde und prächtige graue Rinder. Aber im ganzen ist es ein hartes Urteil, das Hamm über sie fällt: „Dumpf, stumpf und verkommen —, das ist der Eindruck, den diese armen Ableger meiner Nation auf mich machten". Hamm gibt an, daß die meisten Frauen aus Württemberg und Baden stammten, eine aus dem Amt Bietigheim, dagegen seien von den Männern nur einige wenige Deutsche aus der Umgegend von Graudenz, die übrigen lauter Ungarn und Polen.

Als nach der großen Überschwemmung im Jahre 1857 die Kolonisten von Jacobsonsthal auseinanderliefen, hat sich ein Teil auch nach Kataloi gewandt. Wenigstens wurde hierher das Inventar der Kirche, die vom Gustav=Adolph=Verein geschenkte Glocke, sowie Bibel und Altarkelch gebracht. Die Wiederabwanderungsbewegung des Jahres 1861, die wir schon in Atmagea kennen lernten, ergriff auch die Kolonisten von Kataloi. Vor ihrem Abzug übergaben sie ihre Glocke dem Obersten von Malinowsky, der dann im November 1862 berichtet, daß die Gemeinde zum größten Teil wieder beisammen sei und die Glocke zurückerhalten habe.

Deutsche Bauernhäuser in Kataloi

In diesem Jahre zählte die Kolonie wieder 24 Wirte. Eine Seelenliste zeigt, daß Kataloi der Sammelplatz vieler bis dahin in der Dobrudscha und anderwärts einzeln verstreuter Kolonisten geworden ist. Außer den bessarabischen Kolonien, aus denen die Mehrzahl gekommen ist (Tarutino, Leipzig, Beresina, Töplitz, Brienne Kulm, Katzbach, Paris), werden noch Baja in der Moldau, Harsova Dekelia, Silistria, Macin und Jacobsonsthal genannt. Die meisten Kolonisten waren norddeutscher Herkunft. Als Geburtsorte sind verzeichnet: Krossin und Sonnenburg in Preußen, Kulm und Alexandrowo in Preußisch=Polen, Laskowitz in Russisch=Polen, Woldach in Mecklenburg, Winterbach und Osterdingen in Württemberg, außerdem Neu=Banovce an der Donau, Budapest und Tzesowitz in Galizien.

In Kataloi hat den deutschen Bauern offenbar ein Führer wie Adam Kühn gefehlt. Die ruhelosen, ungebundenen Wanderjahre, die sie durchgemacht hatten, sind nicht ohne bösen Einfluß auf ihren Charakter geblieben, und das Urteil Hamms wird auch in der Folgezeit mehrmals bestätigt. „Die sittlichen Zustände in Kataloi sind wie früher. Viehische Dinge sind vorgekommen", heißt es in dem Bericht eines Pfarrers. Um die Mitte der 60er Jahre trat fast die ganze Gemeinde zu den Baptisten über, die seitdem hier ihren Hauptsitz in der Dobrudscha mit eigenem Pfarrer haben. Sie nahmen auch das bestehende evangelische Bethaus für sich in Anspruch, was zur Folge hatte, daß die Glocke von Jacobsonsthal, „die wandernde Glocke", nun nach Ciucurova gebracht wurde. Die evangelische Gemeinde ging bis 1872 auf 5 Familien mit 21 Seelen zurück, 1892 zählte die Kolonie 56 Evangelische, ca. 200 Baptisten und 60, die keiner Gemeinschaft angehörten, zum Teil überhaupt nicht getauft waren. Unter diesen Verhältnissen hat auch die deutsche Schulung der Kinder schwer gelitten. Erst in den 90er Jahren haben sich die Evangelischen wieder eine stimmungsvolle Kirche geschaffen aus einem einfachen, rohrgedeckten Bauernhaus, dem sie einen hölzernen Glockenturm angefügt haben. Zur Zeit meines Aufenthaltes wurde sie allerdings von den Bulgaren als Getreidespeicher benutzt.

1867 bekam die Kolonie einen Zuzug durch 7 oder 8 Familien aus Galizien, die sich vorher, wie oben erwähnt, kurze Zeit bei Ismail aufgehalten hatten. In den 80er Jahren traf ein großer Zug von Kolonisten aus Wolhynien ein. Dagegen hat die Auswanderung nach Amerika, hauptsächlich nach Nord-Dakota, in Kataloi schon sehr früh, 1884, eingesetzt und hier besonders großen Umfang angenommen. Mehr als die Hälfte der deutschen Familien hat die Kolonie wieder verlassen. Von den zuerst gekommenen ist nur noch eine da. Gegenwärtig zählt sie 67 Familien mit 336 Seelen in etwa 50 deutschen Häusern. 37 davon bekennen sich zum Baptismus. Es sind Platte und Schwaben gemischt, die letzteren wohl in der Mehrzahl. Neben diesen deutschen Bewohnern umfaßt das Dorf 40 rumänische, 35 bulgarische und dazu noch 85 italienische Familien, die anfangs der 80er Jahre angesiedelt worden sind. Alle Nationen wohnen für sich abgesondert. In der deutschen Straße, die vom rumänischen und bulgarischen Viertel durch eine Anhöhe getrennt ist, befinden sich auch einige rumänische Gehöfte. Sie ist verhältnismäßig schmal und nicht so sauber und gepflegt, wie es sonst in den deutschen Dörfern der Dobrudscha der Fall ist. Lehmhütten gibt es an ihren Seiten zwar nicht mehr, aber auch die durch

Lattenzäune abgeschlossenen Gehöfte und ihre Gebäude zeigen nicht die gewöhnliche peinliche Ordnung. Ungefähr die Hälfte der Deutschen hat keinen eigenen Grundbesitz. Sie haben sich hauptsächlich auf die Zucht von Schweinen, Gänsen und Hühnern verlegt, deren Produkte auf dem wöchentlich zweimal stattfindenden Markte in Tulcea zu guten Preisen abgesetzt werden. Auch eine Dampfmühle wird von einem Deutschen betrieben.

Ciucurova liegt im Slavatal, 7 km südöstlich von Atmagea. Es bestand bereits vor der Ankunft der Deutschen als Russendorf, in dem sich auch Türken und Angehörige des im ersten Kapitel erwähnten Kaukasusstammes der Lasen niedergelassen hatten. Diese „Lahser" waren „ein rauhes Volk", das die deutschen Bauern sehr fürchteten. Um 1860 haben sich auch noch Tataren eingefunden. Die ersten deutschen Kolonisten kamen 1857 an. Bis Ende dieses Jahres hatten sich nach einem Berichte des Obersten von Malinowsky 6 Familien angesiedelt, im folgenden Jahre[1]) trafen weitere 24 Familien aus der Kolonie Jacobsonsthal ein, die die große Überschwemmung von dort vertrieben hatte. Manche von ihnen hatten zu der Gruppe gehört, die mit Adam Kühn die bessarabischen Kolonien verlassen hatte. Es waren zum Teil dieselben Familiennamen wie in Atmagea. Gleich dieser Kolonie war und ist bis heute auch Ciucurova eine einheitlich „platte", wenn auch später einige Schwaben dazu gekommen sind Das den Ankömmlingen zugewiesene Land war auch hier dichter Wald, und noch heute bedecken schöne, dunkelgrüne Laubwälder einen Teil der umgebenden Höhen. Roden und Kohlenbrennen war die erste, schwere Arbeit, die den Kolonisten alsbald so unerträglich erschien, daß sie entschieden wieder fort wollten. Das bezeugt das folgende vom 29. Dez. 1858 datierte Dokument:

„**Klageschrift der Tschukurover**

an den Preißischen u. königl. Konzol Blücher: daß sie in Ciucurova nicht bleiben könnten, 1. daß Vieh sei bald alles zugrund gegangen, 2. ist's auch mit dem Feldbau garnichts. Wo noch ein ordentliches Stück Land ist, das haben die Russen in der Hand. Wir haben das Holzhauen oder Preterschneiden nicht gelernt und davon leben die ganzen Schukorover Leute. Wenn wir sollten noch ein Jahr in Schukorowo bleiben, so gehen wir ganz zu Grunt. Sie haben auch schon einen anderen

---

[1]) Nach dem „Colonisations-Reglement", das ihnen zur schriftlichen Anerkennung vorgelegt wurde, war es am 15. Haziran 1274, d. i. der 15. Juni 1858.

Flecken erfunden, Namens Murijol, eine Stunt unter Bestebe. Wenn sie jenes Land nicht bekommen, so giebt Schukrow auch nicht kein Torf. Alle laufen dann auseinander. Sonst in Zeit von einem halben Jahr 40—50 Familien.

Also verbleiben wir ihre Preißische Untertan."

Außer Oberst von Malinowsky und Konsul Blücher hatten die deutschen Einwanderer zu jener Zeit noch einen einflußreichen Freund, der sich lebhaft für sie interessierte. Es war dies der Präsident der Donaukommission in Galatz, Omer Pascha, der in Wien erzogen war und fertig deutsch sprach. An diesen hat Konsul Blücher die Klagen der unzufriedenen Tschukorower weitergeleitet, aber die Antwort erhalten, daß er nicht wisse, wo die Leute besser plaziert werden könnten, als sie es bei Tschukorow sind:

„Es hat ihnen vorm Jahr da nicht gut gegangen, das war die Strafe für das Fortlaufen aus Jakobsonsthal. Jetzt ist nun einmal das Laufen bei diesen Leuten eingerissen; nun haben sie keine Ruhe mehr, bis sie ganz verarmt sind, dann werden sie wieder ordentlich und arbeitssam."

Nach diesem Bescheid blieb ihnen nichts anderes übrig, als auszuharren, und schließlich haben deutscher Fleiß und deutsche Zähigkeit auch hier alle Schwierigkeiten überwunden. An solchen hat es auch in anderer Beziehung nicht gefehlt. Im Herbst 1862 war das Dorf monatelang durch einen Waldbrand eingeschlossen. Die Nachbarschaft der Tscherkessen bereitete ihm manche Not. Als Lehrer wirkte vom Beginn bis Ende des siebenten Jahrzehnts ein Schweizer, dann übernahmen auch hier Brüder des Rauhen Hauses die Schule. An die Stelle des alten hölzernen Bethauses trat 1893 eine hübsche, massive Kirche, in die natürlich auch „die wandernde Glocke" von Jacobsonsthal gebracht wurde. Bis vor wenigen Jahren noch rief sie die Gemeindeglieder zusammen, dann bekam sie einen Sprung und mußte umgegossen werden. Das Innere der Kirche wurde in diesem Kriege von Russen und Türken verwüstet, der Altar und alle Bänke verbrannt.

Bis 1864 war die Kolonie auf 35 Familien mit 146 Seelen angewachsen. Eine Liste vom Dezember 1872 führt 46 evangelische Familien mit 234 Seelen und 3 baptistische an. Als Herkunftsländer sind angegeben: Preußen und Westpreußen (Adam, Beyer, Kraus, Kählert, Ponto), Mecklenburg-Strelitz (Blumhagen), Pommern (Ziehl), Provinz Brandenburg (Rothe), Württemberg (Seybold, Maier, Nagel), Schweiz (Hoffmann). Die Baptisten haben in der Folge weitere Fortschritte gemacht: 1892 gab es 107

neben 241 Evangelischen. Gegenwärtig besteht die Kolonie aus
76 Familien mit 401 Seelen. Von den Baptisten sind die meisten
ausgewandert. Zum Dorf gehören ferner, für sich gesondert und
abseits der deutschen Straße wohnend, 55 Familien Russen,
16 Tataren, 5 Bulgaren, 4 Rumänen und eine jüdische. Von den
Deutschen besitzt etwa ein Drittel außer der Hofstelle nur 1—1 ½ ha
Land. Diesen ist es nicht am besten ergangen. Teils hatten sie
noch etwas Land vom Staat gepachtet, teils gingen sie auf Ver=
dienst. Ein weiteres Drittel hat etwa 7—10 ha, die übrigen bis
25 ha. Der Boden ist mittelmäßig. Gebaut werden Weizen,
Gerste, Hafer und auch ein gut Teil Kartoffeln, die hier im
Waldland gedeihen, im Gegensatz zum Steppenland der südlichen
Dobrudscha. Der Zentner wurde durchschnittlich mit 5 Lei be=
zahlt. Der Weinbau, der früher an 30 ha umfaßte, ist auch hier
durch die Reblaus zurückgegangen. Da von den tschukorower
Kolonistinnen viel gewoben wurde, baute man für den Haus=
gebrauch auch Flachs. Viehzucht wird ziemlich viel getrieben.
Solange man die umliegenden Wälder noch zur Weide benutzen
konnte, hielten die Bauern viel Schafe. Das hat nachgelassen,
seitdem die Regierung den Wald abgesperrt hat. Immerhin be=
saßen manche vor dem Kriege noch 80—200 Stück. Hühner gab
es auf einzelnen Höfen über 300. Wenn so die Bauern auch
kein Vermögen sammeln konnten, so hatte doch der größte Teil
genug zu einem behäbigen, zufriedenen Leben.

Der deutsche Dorfteil besteht aus einer langen, nicht ganz
geraden Straße, die sich auf der schmalen Talsohle zwischen
parallel laufenden Höhenzügen hinzieht. Sie ist mit schönen
hohen Laubbäumen bepflanzt, und gegen 80 sauber gehaltene
Gehöfte liegen dicht an ihren Seiten.

Mit Kataloi und Ciucurova ist die erste Periode deutscher
Koloniegründungen in der Dobrudscha abgeschlossen. Von ver=
einzelten Nachzüglern abgesehen, hat nach dem Krimkriege die
Abwanderung aus den russischen Dörfern fast zwei Jahrzehnte
lang aufgehört.

In diese Zeit fällt eine Wanderung, die in einem anderen
alten östlichen deutschen Koloniegebiet einsetzte und nach einem
Umweg über Bessarabien schließlich in ihren letzten Resten in
der Dobrudscha landete. Im Sommer 1866 war in den galizischen
deutschen Kolonien in der Gegend von Lemberg und Stryj eine
Bewegung zur Abwanderung entstanden, sei es, weil der alte
Wandertrieb wieder erwacht war, oder, wie mein Hauptgewährs=
mann, der als Knabe mit seinen Eltern an dem Zuge teil=

genommen hatte, angab, weil es dort an Land fehlte. Es waren Bauern vornehmlich aus folgenden sämtlich unter Joseph II. angelegten Ansiedlungen: Brigidau, 10 km von Stryj, 1782 mit Deutschen aus Hessen-Nassau gegründet, Neudorf bei Drohobycz mit Württembergern, Josefsberg, nördlich von Stryj, 1784 größtenteils von Pfälzern gegründet, Ugartsberg, 1785 mit Leuten aus der Umgebung von Heidelberg, Falkenstein, 1784 mit Badenern, Württembergern und Rheinpfälzern und Kolonie Padew 1784.[1])

Aus diesen Dörfern brachen 91 Familien in drei Gruppen auf, überwiegend hessischer Abkunft, meist vermögliche Leute. Sie hatten von der rumänischen Regierung die Zusicherung erhalten, daß sie in dem südlichen Teil Bessarabiens nördlich der Donau-Mündungen, den Rußland im Vertrag von Paris an Rumänien abgetreten hatte, Land erhalten sollten. Sie schickten drei Kundschafter voraus, die mit hoffnungsvollem Ergebnis zurückkehrten. Etwa 20 km nördlich von Ismail hatten sie Land auf einem Gute bei Karakurt gefunden, mit viel Wiesen und Heuschlag. Sie hatten es sofort gekauft und den größten Teil der Kaufsumme angezahlt. Die Wanderung sollte ihnen zum furchtbaren Erlebnis werden. Es brach die Cholera unter ihnen aus und forderte täglich Opfer; bei der Ankunft in Ismail aber erwartete sie ein neuer Schlag. Man erklärte ihnen, sie könnten das ihrer Ansicht nach von ihnen fest erworbene Land nicht erhalten. Sie müßten erst zehn Jahre im Lande sein, bevor sie kaufen könnten. Mit Verhandeln und Prozessieren verging die Zeit bis Weihnachten. Ungefähr die Hälfte der Familien hatte die Cholera weggerafft. Was noch lebte, entschloß sich zurückzukehren. In Jassy erreichte sie der Bescheid, daß sie das Land doch bekommen sollten. Jedoch die meisten hatten den Mut verloren, und nur 21 oder 22 Familien machten sich nochmals auf den Weg nach Ismail. Aber neue Enttäuschung. Man machte wieder Schwierigkeiten und verwehrte ihnen die Übernahme des Landes. Sie wandten sich gelegentlich eines Besuches des Fürsten Carol direkt an diesen. Sein Eingreifen verschaffte ihnen zwar nicht das Land bei Karakurt, aber man wies ihnen doch andere Ländereien an, die an der Tuzla lagen. Aber auch da fanden sie nicht die ersehnte Ruhe und ein Ende ihrer Leiden. Es war ein ungesundes, sumpfiges Gebiet. Inzwischen waren auch ihre Geldmittel er-

---

[1]) Das Deutschtum in Galizien. Seine geschichtliche Entwicklung und gegenwärtige Lage. Lemberg, 1914, S. 74 ff.

schöpft, und so begruben sie verzweifelt ihre Hoffnung auf eine neue gemeinsame Heimat und zerstreuten sich. Etwa acht Familien zogen über die Donauarme nach der Dobrudscha und ließen sich, wie schon erwähnt, in Kataloi nieder. Die übrigen verdingten sich auf verschiedenen Gütern. Nach einem Bericht unter den Akten von Atmagea hielten sich in den Jahren 1869 bis 1870 sechs Familien „von jenen Galiziern" in Novitroizki bei Kilia auf. Als dann nach dem Berliner Kongreß dieser Teil Bessarabiens wieder an Rußland fiel, wandten sich auch diese nach der Dobrudscha, wo sie in verschiedenen Kolonien, Cogealac, Tariverde, Sarighiol, endlich eine Heimstätte fanden und damit diese deutsche Bauern=Odyssee ihren Abschluß erreichte.

In das siebente Jahrzehnt dürften noch die Anfänge einer kleinen deutschen Gemeinde in **Sulina**, dem Mündungshafen des mittleren Donauarmes, fallen. Sie zählte 1873 nur sechs Familien, hat sich jedoch mit der steigenden Bedeutung der Stadt als Handelsplatz in neuerer Zeit wesentlich vermehrt. Eine weitere kleine deutsche Kolonie von zehn Familien mit 50 Seelen hatte sich um jene Zeit in **Achmadia** zusammengefunden.

5.

Die zweite Periode der deutschen Einwanderung
1873—1883

Das Jahr 1871 brachte den südrussischen Kolonien eine einschneidende Änderung ihre Lage. Das 1818 für die Angelegenheiten der Kolonien in den Gouvernements Cherson, Jekaterinoslaw, Taurien und Bessarabien als eigene und oberste Behörde eingesetzte Fürsorge-Comität wurde aufgehoben und die Kolonisten gleich den übrigen Untertanen des Reiches den allgemeinen Behörden unterstellt. Zu den Aufgaben des Comitäts hatte nach den Bestimmungen des Einführungserlasses nicht allein die Leitung der Ansiedlungen gehört, sondern auch ausdrücklich die Wahrung der den Kolonisten zustehenden Rechte, Freiheiten und Privilegien. Mit einem Schlage gingen sie nun aller der Vorrechte verlustig, die bereinst als Lockmittel den deutschen Einwanderern und ihren Nachkommen für ewige Zeiten zugesichert worden waren. Die Folgen der Verordnung in Bezug auf die Verwaltung der Gemeinden und ihrer kirchlichen und Schulverhältnisse haben sich nicht sofort in so schroffer Weise fühlbar gemacht, daß die Bauern darunter litten. Es war vor allem der Verlust eines Vorrechtes, der die deutschen Dörfer aufs tiefste erregte: das Ende ihrer Befreiung vom Militärdienst. Im Jahre 1873 wurden auch sie der allgemeinen Wehrpflicht unterworfen, und im nächsten Jahre fanden die ersten Aushebungen in den deutschen Ansiedlungen statt. Das gab den Anstoß zu einer neuen Abwanderungsbewegung, die einen ungleich größeren Umfang annahm als die früheren. In den Kolonien der Dobrudscha, die in den folgenden Jahren entstanden, wurde mir von den Bauern mit Einhelligkeit wieder und wieder als Grund ihres Wegzuges von Rußland angegeben, „weil sie hätten Soldat werden sollen".

Die Wege der Abziehenden gingen diesmal weit auseinander. Ein Teil wandte sich unmittelbar in die Dobrudscha. Ein anderer, wohl der zahlreichste, suchte wieder, wie vor 30 Jahren die ersten Auswanderer, in der Moldau und Walachei ein neues Heim. Wieder sind hier für kürzere oder längere Zeit verschiedene deutsche Niederlassungen entstanden, ohne daß eine Kunde von ihnen zu uns gelangt ist. Eine davon, heute restlos verschwunden wie die anderen, hat längeren Bestand gehabt und für die Entwicklung des Deutschtums der Dobrudscha eine ähnliche Rolle gespielt, wie in der ersten Einwanderungsperiode die Kolonie Jacobsonsthal. Es war dies eine Ansiedlung am Buzau, etwa 30 km von Braila entfernt, die ihre Gründer nach dem Namen ihres russischen Dorfes Plotzk, einer der bessarabischen Kolonien im Akkermanschen Kreis, Neu-Plotzki genannt hatten. Hier pachtete 1874 eine Gruppe Land von einem Großgrundbesitzer. Sie muß sich dabei eine zeitlang nicht übel gestanden haben, denn diese Niederlassung hat eine ziemliche Ausdehnung erreicht und sich bis in die Mitte der 80er Jahre erhalten. Die meisten ihrer Mitglieder sind schließlich nach der Dobrudscha gekommen. Auch Jacobsonsthal hat in jenen Jahren wieder einigen Zuzug aus Rußland bekommen. Weiter traf ich in der Dobrudscha auch mehrere Kolonisten, die zu einer Gruppe gehört hatten, die 1874 sogar nach Palästina, nach Rama bei Jaffa, gezogen war. Nach anderthalb Jahren kehrten sie aber wieder um, da ihnen dort das Klima zu heiß war.

Während dieser zweiten Periode deutscher Koloniegründungen ist eine Reihe der heute blühendsten Niederlassungen entstanden. Die Zuwanderung aus Rußland, mit oder ohne Zwischenaufenthalte, hat fast ohne Unterbrechung ein volles Jahrzehnt hindurch angehalten.

Im Sommer 1872 weilen Abgesandte aus den bessarabischen Kolonien in der Dobrudscha, um geeignetes Land zu suchen. Ihre Anwesenheit wird in einem Atmageaer Schriftstück vom 29. Juli erwähnt und dabei bemerkt, daß die deutsche Nation, da sie auch in ihrem Bauernstand die hiesigen Nationalitäten bei weitem überflügele, immer von den türkischen Behörden bevorzugt werde. Die Kundschafter haben offenbar freundliches Entgegenkommen gefunden und sind mit günstigen Nachrichten zurückgekehrt. Im Sommer des nächsten Jahres sind dann die ersten Einwandererzüge selbst eingetroffen.

Wie wir gesehen haben, liegen die älteren Kolonien alle im nördlichen Teil des Landes. Die neuen Ankömmlinge zogen weiter nach Süden. Ob auf Anweisung der türkischen Behörden oder aus eigener Wahl, läßt sich nicht entscheiden. Die von ihnen gegründeten Ansiedlungen befinden sich, wie auch fast sämtliche später noch entstehenden, in dem weiten, baumlosen

Steppenland der mittleren und südlichen Dobrudscha. Die harte Arbeit des Waldrodens blieb ihnen erspart, sie konnten sofort den Pflug einsetzen und alsbald vom Ertrag der Ernte leben. Die Ansiedlungsbedingungen waren die gleichgünstigen geblieben. Solange die Türken noch Herren des Landes waren, pflügte man, soviel man wollte oder konnte, und zahlte den Zehnten.

Die drei ersten Kolonien sind annähernd gleichzeitig entstanden. Die verschiedenen mündlichen Angaben, die ich über den Zeitpunkt der Ankunft der Gründerfamilien erhielt, stimmten nicht immer überein, und urkundliche Schriftstücke waren nirgends mehr vorhanden. Das Gedächtnis der Bauern wird in der Regel unsicher, wenn es bestimmte Zahlen oder Daten, und seien es selbst Jahreszahlen wichtiger Ereignisse des eigenen Lebens, angeben soll, sobald sie nicht mit einem feststehenden äußeren Vorgang oder Umstand verbunden sind. So läßt sich nicht mit unbedingter Sicherheit angeben, welcher dieser Kolonien dem genauen Alter nach der Vorrang gebührt.

Die **Kolonie Cogealac**, ziemlich in der Mitte zwischen Konstanza und Babadag, 3 km westlich der großen Heerstraße, ist wohl die ausgedehnteste und stattlichste aller deutschen Niederlassungen in der Dobrudscha. 1873, vielleicht auch erst im folgenden Jahre, sind die ersten 15 Familien eingetroffen, nachdem sie sich einige Zeit in Kataloi aufgehalten hatten. Sie kamen aus den bessarabischen Kolonien Mannsburg, Kulm, Katzbach, Beresina, Alte Elf. Bald darauf muß größerer Zuzug gefolgt sein, darunter auch aus Ansiedlungen des Gouvernements Cherson So war eine württembergische, aus dem Oberamt Marbach stammende Familie vorher in der Kolonie Neuburg ansässig. Die Familien Fix, Klaus und Bachmann gehörten zu den Gründern von Franzfeld, Klein-Liebenthal und Josephsthal. Schon ein Dutzend Jahre später zählte Cogealac 486 Seelen. Ihrer deutschen Herkunft nach waren die Einwanderer gemischt. Der Mehrzahl nach Schwaben, dann Polen und Preußen und einige Mecklenburger, ein Verhältnis, wie es etwa der Zusammensetzung entspricht, die die Kolonie Beresina bei ihrer Gründung aufwies.[1]) Heute gilt Cogealac ganz als schwäbisches Dorf. Es wird schwäbisch gesprochen, und alle Bewohner sollen oder wollen Schwaben sein bis auf wenige Platte.

Es zeigt sich hier die ausgleichende Entwicklung, die sich allmählich offenbar schon von der dritten Generation an in den

---

[1]) 81 württembergische Familien, 53 polnische, 15 preußische und 11 mecklenburgische. (St. Petersburgische Zeitschrift 1823, S. 57 ff.)

gemischten Kolonien vollzogen hat, und die wir in allen jüngeren
Ansiedlungen der Dobrudscha in gleicher Weise beobachten können.
Das süddeutsche Element hat sich dabei als das stärkere erwiesen,
die Kaschubenkinder haben schwäbeln gelernt. Bei genauerer
Prüfung stimmt der heute herrschende schwäbische Charakter
keineswegs mit den wirklichen Verhältnissen der Abstammung
überein. Das beweist schon der Umstand, daß wir auch in Co=
gealac eine Anzahl von Familiennamen wiederfinden, die uns
schon in den älteren, platten Kolonien Atmagea und Ciucurova
begegneten oder die nachweisbar norddeutscher oder polnischer
Herkunft sind wie Martin, Brandenburger, Blumhagen, Look,
Buchholz, Kraus, Ruf, Roth, Siebert, Ponto, Nuske, Lück, Wolff,
Wolschinski, Woloschko. Demgegenüber gibt es allerdings auch
eine Menge Familien, bei denen süddeutscher Ursprung zu
belegen oder anzunehmen ist: Burgemeister (aus Kaltenwesten
stammend), Hauser, Rauser, Straub, Stehr, Fix, Käfer, Stach,
Hoffmann, Romming, Sülzle, Heim und andere.

Schrecken und Elend brachte der jungen Niederlassung der
russisch=türkische Krieg. Die zurückweichenden Türken und Tscher=
kessen plünderten die Bauern bis aufs letzte aus, und viele Häuser
wurden zerstört. Dem vollständig verarmten Dorf wurden dann
von 1878 an drei Freijahre gewährt. Sie durften ohne jede
Abgabe und Pachtzahlung soviel Land bebauen, wie sie wollten.
Umso härter trieben allerdings die rumänischen Behörden nach
Ablauf dieser Zeit die Steuern ein. Als Bernhard Schwarz im
Frühjahr 1886 Cogealac flüchtig besuchte, traf er die Bauern in
trostlosester Verzweiflung. Doch erlebten sie gleich darauf eine
unerwartete freudige Überraschung. Die rumänische Landvermessung
dieses Jahres fiel für sie merkwürdigerweise ungleich vorteil=
hafter aus, als wir sie in den älteren Kolonien kennen lernten.
Wahrscheinlich aus keinem anderen Grunde, als weil hier eben
herrenloses Land im Überfluß zur Verfügung stand. Es wurden
zunächst die türkischen Besitztitel anerkannt, soweit sie in Ord=
nung waren. Sodann wurde der Besitz der Familie nicht, wie
in Atmagea, bloß auf 10 ha ergänzt, sondern es wurden 10 ha
pro Kopf zugeteilt, nur mit der Einschränkung, daß keine Familie
mehr als 50 ha erhielt. Von diesen 10 ha wurden immer 8 zum
Ackerbau und 2 zur Viehweide bestimmt. Außerdem erhielt jeder
einen Hofplatz, zuerst von 4000 qm, später von 2000 qm. Die
10 ha nannte oder nennt man noch heute im Dorf „das Seelen=
land". Es waren dafür 25 Jahre lang jährlich 48 Lei 75 Bani
zu zahlen. Während dieser Zeit hatte der Besitzer kein Verkaufs=

recht. Das Land fiel an den Staat zurück, wenn einer drei Jahre lang die Steuern nicht bezahlt hatte, ebenso das der Auswandernden. Auf diese Weise hat die Regierung im Laufe der Zeit über 1000 ha zurückerhalten, die sie an ihre Kriegsveteranen verteilte, sodaß sie nach und nach ungefähr 65 rumänische Familien in das vorher fast reindeutsche Dorf geschoben hat. Wer nach 1886 geboren wurde, hat kein Land mehr bekommen, doch gab es noch Gelegenheit zum Kaufen. So sind die Grundbesitzverhältnisse in Cogealac günstiger als in den meisten anderen Ansiedlungen. Einzelne Bauern haben bis 100 ha, und die Zahl der Landlosen ist nicht beträchtlich. Über 100 ha waren früher mit Wein bepflanzt, bis vor etwa 8 Jahren auch hier die Phylloxera auftrat.

Am Marktplatz von Cogealac

Cogealac hat sich zu einer blühenden deutschen Ortschaft entwickelt und dürfte die wohlhabendste in der Dobrudscha sein. Es ist Post=, Telegraphen= und Telephon=Station. An dem riesigen Marktplatz macht es mit den ansehnlichen Gebäuden der Primarie und des Gerichtes einen fast städtischen Eindruck. Hier fand vor dem Kriege an jedem Dienstag ein großer Markt statt, der von allen Dörfern der näheren und weiteren Umgebung besucht wurde. Von hier gehen mehrere große und schöne Straßen ab, unter denen besonders die lange und sehr breite, von Mauern begrenzte und von hohen Bäumen beschattete Toxof=Straße das typische Bild der deutschen Dorfstraße zeigt, wie wir es in allen folgenden deutschen Ansiedlungen sehen werden. In der Mitte des Marktplatzes steht, von einem Garten umgeben, die schöne Kirche, die man mit ihrem hohen quadratischen Turm und dem hellblauen Anstrich schon von weiter aus der grünen Masse der Gehöfte hervorleuchten sieht. Sie wurde an Stelle des alten, 1880 errichteten Bethauses nach einem in Deutschland ausgeführten Plan gebaut und 1908 geweiht. Auch die Baptisten, deren es etwa 15 Familien gibt, haben in Cogealac ein eigenes Bethaus. Deutsche Schule wurde vor der Erbauung der rumänischen im Gemeindehaus gehalten, und hier war sie auch während unserer Besetzung wieder eröffnet worden. Ein tüchtiger, aus dem Dorfe stammender Lehrer hatte nicht weniger als 190 Kinder zu unterrichten. Auch vor dem Krieg war es in Cogealac um die deutsche Schulung insofern etwas besser gestellt, als hier wenigstens erreicht worden war, daß täglich drei Stunden, für jedes Kind 1½, der Muttersprache vorbehalten waren; sogar eine kleine Gemeindebibliothek war geschaffen worden, die es auf annähernd 200 Bände gebracht hatte. Seit dem Jahre 1884 feiert Cogealac, ebenso wie die deutsche Nachbargemeinde Tariverde, am 31. Mai einen besonderen Buß- und Bettag zur Erinnerung an die Erlösung von einer langen Trockenheit.

Das Dorf zählt gegenwärtig 173 deutsche Familien mit 839 Seelen, darunter drei zum Katholizismus übergetretene Familien jüdischer Abstammung. Durch Auswanderung hat die Kolonie ungefähr 40 Familien verloren, von denen ein paar nach Deutschland gingen, die übrigen nach Nord- und Süd-Dakota. Es waren zum Teil junge Leute, die sich dem rumänischen Militärdienst entziehen wollten. Es gehören ferner zum Dorf gegen 70 Familien Rumänen, 8 Türken und 3 Bulgaren.

Von Cogealac 2½ km östlich, an die Heerstraße anstoßend, liegt die **Kolonie Tariverde**, die sowohl ihrer Zusammensetzung wie ihren Geschicken nach ein ganz ähnliches Bild gewährt. Auch hier sind die ersten Ansiedler nach der Aussage mancher von den Alten schon 1873 eingetroffen, nach anderen erst im nächsten Jahre. Das früheste noch vorhandene Kirchenbuch zeigt allerdings noch auf einem einzelnen losen Blatte erst am 7. Januar 1879 eine Eintragung. Doch beweist das nichts gegenüber den verschiedenen mündlichen Angaben, die nur zwischen jenen Jahren schwankten und dabei immer auf die Einführung der Militärpflicht in Rußland hinwiesen. Es kamen zugleich 44 Familien an, davon 12 aus Klöstiz, die anderen aus Kulm, Leipzig, Neu-Arcis, Beresina, Tarutino, Borodino. Es waren also ungefähr dieselben Elemente, wie sie auch die Grundlage von Cogealac bildeten. In Klöstitz war eine gemischte Ansiedlung von Württembergern, Preußen und Polen, in Borodino gab es auch Bayern, in Leipzig und Tarutino bildeten die Württemberger nur eine kleine Minderheit.[1]) Neu-Arcis und Kulm waren rein kaschubische

---

[1]) Leipzig: 72 polnische Familien, 60 preußische, 17 württembergische; Tarutino: 68 preußische, 54 polnische, 8 württembergische. (St. Petersburg. Zeitschr. 1823, S. 57 ff.).

Gründungen. Auch die jüngere bessarabische Kolonie Lichtenthal, 1834 von Württembergern im Bezirk Sarata gegründet,[1]) wurde mir genannt.

Trotz dieser ursprünglichen Mischungen hat sich gegenwärtig auch Tariverde ganz zu einer schwäbischen Kolonie entwickelt, und nur ein paar Familien gelten als platt. Aber wie in Cogealac deckt sich auch hier eine ganze Reihe von Namen mit solchen der älteren, rein platten Kolonien, oder sie weisen auf nicht schwäbische Herkunft hin, wie Kant, Adam, Fischer, Arndt, Hinz, Kraus, Martin, Fechner, Büttner, Krüger, Sommerfeld, Kubschinski, Schigurski und andere. Von schwäbischen seien erwähnt: Nagel, Ritter, Geckle, Stach, Heim, Speitel, Albrecht, Pfeifer, Meyer, Ehret und Baumstark (elsässisch). Insbesondere ließen sich als württembergische Heimatorte Osterdingen, Boppweiler und Weilstein feststellen. Von einer dieser schwäbischen Familien ließ sich der Weg über Polen verfolgen, mehrere hatten zu den unglücklichen Abwanderern aus Galizien gehört, darunter die Osterdinger Familie Speitel, von der von drei Brüdern noch einer dort geblieben war. Der nun nach Tariverde Verschlagene war vorher mit nach Palästina gegangen, dann wieder nach Beresina. Man muß an einzelnen bestimmten Fällen diese weiten Wanderungen sich vergegenwärtigen, um eine lebendige Vorstellung davon festzuhalten, welche wechselvollen Geschicke und Eindrücke auf manche dieser Bauernfamilien gewirkt haben. Tariverde zeigt auch ein Beispiel der vereinzelten Fälle einer Auswanderung aus Deutschland nach Südrußland in neuerer Zeit. Die Familie Ritter ist erst 1862 aus Weilstein im Oberamt Marbach nach der Krim gegangen, nach Ablauf von zehn Jahren auf kurze Zeit wieder nach Deutschland, um die Staatsangehörigkeit nicht zu verlieren, dann wieder in die Krim und schließlich in die Dobrudscha.

Die rumänische Landverteilung fand in gleicher Weise statt wie in Cogealac. Ohne eigenen Besitz sind zur Zeit etwa ein Dutzend Familien. Eine beträchtliche Zahl, seit 1890 gegen 30, ist nach Kanada und Dakota, auch nach Argentinien ausgewandert.

Wer Land hatte, dem ging es gut: „Wir waren die Herren. Der Bürgermeister war deutsch, wir waren geachtet." Von glücklichem Wohlstand und hoher Kultur zeugen die schönen Gehöfte an der langen, riesig breiten Hauptstraße: Sauber geweißte Straßenmauern und Häuser mit bemalter Giebelseite, hohe, massive

---

[1]) Archiv für wissenschaftliche Kunde von Rußland, 1853, S. 454.

Torbögen. In der Mitte die anheimelnde, malerische Kirche, im Grün der Bäume halb verborgen, schlicht, ein Bauernhaus mit Rohrdach, dem ein breiter Glockenturm angesetzt ist. Dieser alte Bau aus dem Jahre 1886 soll durch einen neuen ersetzt werden. Schon seit 1910 hat ein Teil der Wirte zu diesem Zweck je einen Hektar bebaut, dessen Reinertrag in den Baufonds kommt[1].) Neben der Kirche, im Gegensatz zu den Kolonistenhäusern mit der Längsseite zur Straße, steht ein Wirtshaus, das von einem Armenier gehalten wurde. Jahrelang war jedoch die Schenke von der Gemeinde aufgehoben worden, um nicht liederlichen Lebenswandel aufkommen zu lassen. An der Westseite des Dorfes fließt ein kleiner Bach, der auch im Sommer sein Wasser behält. Von deutschen Kolonisten werden 2 Dampfmühlen betrieben.

Mühle in Tariverde, gez. v. R. Cantsius

Rumänische Schule wurde der Gemeinde 1890 aufgenötigt, doch blieb bis 1902 der Unterricht noch zur Hälfte deutsch, dann beschränkte er sich auch hier auf die üblichen 2 Stunden täglich, für jedes Kind eine Stunde. Die Kosten für das rumänische Schulgebäude hatte natürlich die Gemeinde aufzubringen. Die Regierung hatte zwar einen Zuschuß von 4000 Lei versprochen, blieb ihn jedoch schuldig. Im Herbst 1917 wurde die Schule, zu dieser Zeit natürlich wieder reindeutsch, von 160 Kindern besucht. Ein prächtiger alter Lehrer, dessen Großeltern einst aus der Gegend von Dirschau nach Bessarabien gezogen waren, hat sich nicht bloß um das deutsche Schulwesen, sondern auch um das ganze übrige kulturelle Leben der Gemeinde große Verdienste

---

[1]) Bericht des Lehrers Fischer im Jahrbuch des Deutschen Volksbildungsvereins in Rumänien, Bukarest 1911, Seite 171.

erworben. Ein warmherziger, bewußter Deutscher. In einem kleinen Bericht für das Bukarester Jahrbuch hat er zwei Jahre vor dem Krieg mit schlichten, schönen Worten sein Bekenntnis zum deutschen Volkstum niedergelegt.¹) „Deutschland bleibt Deutschland, aber wir Deutsche im Auslande, ob hier oder anderswo, sollen auch deutsch denken und handeln, trotz treuer Untertanenschaft dem Lande, zu dem wir jetzt uns zählen." Die Verdienste des braven Bauernlehrers in der Dobrudscha wurden in diesem Fall wenigstens auch von der Heimat anerkannt. Er erhielt 1909 den Hohenzollernschen Hausorden.

Tariverde zählt in 122 deutschen Häusern 133 Familien mit 761 Seelen. Unter den Familiennamen befindet sich außer den schon genannten eine Reihe ziemlich ungewöhnlicher, in Deutschland vielleicht auf bestimmte Gebiete beschränkter, wie Hilius, Unterschütz, Raugust, Horning, Klatt, Buttau, Kling, Reitz, Schlenker, Auhorn, Possert, Weintz, Freimuth, Diete, Holzwart, Hirschkorn, Bender, Wallewein, Grieb, Bordt u. a.

Vor der deutschen Weihnacht 1873 sind die ersten Ansiedler in der **Kolonie Fachria**, etwa 12 km nördlich der Bahnstation Mircea Voda, angekommen. Ihre russische Heimat war die bessarabische Kolonie Paris, die 1816 von fast ausschließlich aus Polen und Preußen kommenden Familien gegründet wurde. Sie hatten sich vorher ein paar Monate in Kataloi aufgehalten. Im nächsten Jahre folgte weiterer Zuzug aus Kulm, Katzbach und Plotzk. Eine größere Anzahl der Bauern hatte sich zuerst nach der mehrfach erwähnten Niederlassung am Buzau, Neu-Plotzki, gewandt und dort längere Zeit, bis zu 6 Jahren, Aufenthalt genommen.

Auch von Fachria gilt, was von Cogealac und Tariverde gesagt wurde: das schwäbische Element unter den Einwanderern hat sich als das stärkere erwiesen und dem Ort seinen Charakter gegeben. Ursprünglich dürften die Süddeutschen nur wenig zahlreicher als die Kaschuben gewesen sein. Ein Teil der Familiennamen ist uns schon in den früheren Kolonien begegnet (Dörmann, Kraus, Buchholz, Heim, Zottnick, Bruneski, Schmidt, Klatt, Nagel, Schollmeyer, Stiller, Koch, Pohl, Sept), der größere jedoch ist neu, was darauf hinweist, daß die meisten der Fachrier aus anderen bessarabischen Ortschaften gekommen sind wie die Siedler von Atmagea, Kataloi, Cogealac usw. Wir finden die Namen: Knobel, Görke, Habermann, Neubauer, Hopp, Brenner, Reimann,

---

¹) Jahrg. 1913, S. 140.

Führer, Werner, Fein, Ernst, Seidler, Kercher, Fruck, Wiedner, Horst, Sommer, Mauck, Hausch, Hentschel, Rösner, Ellert, Furchert, Fiedler, Burlack. Der Großvater des Kolonisten Buchholz war von Lodz aus nach Bessarabien gekommen, dessen Großvater stammte aus Berlin. Die Familie Brenner gibt Bayern als Heimat an, ferner wurde mir Kirchberg in Württemberg genannt.

Einen interessanten Zuwachs bekam Fachria, wie auch verschiedene andere deutsche Dobrudschadörfer, aus besonderem Anlaß erst in neuerer Zeit. Wie erinnerlich, revoltierte vor einer Reihe von Jahren das russische Kriegsschiff der Schwarzmeerflotte „Potemkin" und flüchtete schließlich nach Konstanza. Unter seiner Besatzung befanden sich auch 22 Deutsche, die nach Ankunft in der Dobrudscha deutsche Ansiedlungen aufsuchten und hier blieben. Auch mehrere ihrer russischen Kameraden schlossen sich ihnen an, und einer hat nach seiner Verheiratung mit einem deutschen Mädchen sogar deren Namen angenommen. In Fachria haben sich drei dieser deutschen Potemkinleute niedergelassen und hier geheiratet. Zwei von ihnen stammen aus den Wolgakolonien und einer aus der Krim.

Die Entwicklung der Ansiedlung erhielt einen empfindlichen Rückschlag durch den russisch-türkischen Krieg. Nach dem Donauübergang der Russen bei Harsova unter General Zimmermann geriet sie mitten in die Kriegsereignisse, und ein großer Teil der Kolonisten verließ sie. Sie suchten Zuflucht in den nördlichen Kolonien, hauptsächlich in Cogealac, und kehrten erst 1884 zurück.

Auch Fachria hat sich zu einem schönen, blühenden Dorf entwickelt. Es liegt dicht am Rande der steilen Anhöhe, die den Sumpfboden des Karasu nach Norden abschließt. Von einem Bulgaren abgesehen, der ein deutsches Mädchen geheiratet hat, zählt es nur deutsche Bewohner: 67 Familien mit 330 Seelen. Nach Canada ausgewandert sind etwa 25 Familien. An der breiten Dorfstraße liegen 60 saubere Gehöfte, die Wohngebäude weiß und blau gestrichen, meist mit fester Bedachung, und die Giebelspitzen verziert mit Pferdeköpfen oder leyerförmiger Schnitzerei. Obwohl nur 28 Familien eigenen Grundbesitz außer der Hofstelle haben, herrschte ein ansehnlicher Wohlstand, und allen ging es gut. Man betrieb hauptsächlich Milchwirtschaft, deren Erzeugnisse in Cernavoda und Medgidia einen lohnenden Absatz fanden. „Aus jedem Hause brummt eine Zentrifuge," versicherte mir ein Kolonist. Sogar zu einer Motordreschmaschine hatte es das Dorf gebracht.

Für die Schule war so gut gesorgt, als die Verhältnisse es erlaubten. Die Gemeinde hielt einen deutschen Lehrer, und die erste Stunde am Vormittag und Nachmittag war dem deutschen Unterricht vorbehalten. Die rumänische Regierung hatte auch hier eine Kleinkinderschule eingeführt, aber ich habe von ihrem Einfluß bei der blonden Dorfjugend keine Spur bemerkt. Der Weltkrieg hat die Kolonie ziemlich schwer betroffen. Zuerst wurde sie von den Rumänen besetzt, die nahezu sämtliche männliche Personen, vom Knaben angefangen bis zu Leuten im Greisenalter, zum Militär einzogen oder wegschleppten. Dann kamen unsere türkischen und bulgarischen Verbündeten, die sich kaum weniger feindlich verhielten. Vom Klein- und Großvieh ließen

Kirche in Fachria

sie so gut wie nichts übrig, und auch das schlichte Bethaus verschonten sie nicht. Die aus Deutschland bezogene Orgel wurde zerhauen und verbrannt. Leuchter, Kruzifix, sowie die Kirchen- und Gemeindebücher hatten die Bauern vergraben, sie wurden jedoch aufgefunden und geraubt oder vernichtet.

Im Frühjar 1876 trafen in der Dobrudscha, in die sie vorher Kundschafter ausgesandt hatten, ungefähr 25—30 Familien aus der bessarabischen Kolonie Krasna ein. Diese war 1815 mit katholischen Einwanderern sehr verschiedener Herkunft angelegt worden. Es befanden sich darunter 35 Familien Württemberger, 54 aus Polen, 53 Preußen, 15 Böhmen, 7 Franzosen (d. h. Elsäßer u. Rheinländer), 3 Ungarn, 2 Bayern und je eine Familie aus Kurland und Pommern. Unter den Abwanderern waren sowohl Süd- wie Norddeutsche. Nach ihrer Ankunft in der Dobrudscha teilten sie sich. 7 Familien ließen sich in Caramurat nieder, die Mehrzahl ca. 10 km nordöstlich davon in dem Orte **Tasaul** an der Nordspitze des gleichnamigen Sees. Ihrer Ansiedlung hier war kein langer Bestand beschieden. Der im folgenden Jahr ausbrechende Krieg vertrieb sie wieder, und sie fanden Zuflucht in dem Dorfe **Caraibil** bei Sarinasuf, etwa 3 km vom Norduser des Razelm-Sees entfernt. Hier vereinigten sie sich wiederum mit den gleichfalls durch die Kriegsereignisse vertriebenen Caramurater Familien, so daß sich eine ziemlich ansehnliche deutsche Kolonie zusammenfand. Aber schon nach 2 bis 3 Jahren löste sie sich aus nicht erkennbaren Gründen auf, und es fand abermals eine Trennung statt. Ein Teil der Leute kehrte nach Caramurat zurück, der andere zog wieder nach Norden und siedelte sich in **Possta**, ungefähr 15 km südwestlich von Tulcea, an. Aber auch hier war ihres Bleibens nicht lange. Es war Waldland und, wie es scheint, sehr ungesundes. Sie hatten unter Fieber zu leiden, und die Arbeit des Rodens mag ihnen auch nicht behagt haben. Sie zogen nochmals weiter und fanden endlich eine Stätte dauernden Aufenthalts in Culelia.

Die **Kolonie Caramurat** liegt in weiter, glatter Ebene 8 km westlich vom Tasaul-See, 18 km von der Bahnstation Medgidia, 25 km von Konstanza entfernt. Es war ein großes Tatarendorf, das gegen 300 Familien gezählt haben soll, als die ersten Ankömmlinge aus Krassna eintrafen. Der Krieg zwang auch die Tataren zur Flucht, und nur ein Teil von ihnen, 70 Familien, stellte sich nach Friedensschluß wieder ein. Die deutschen Bauern dagegen kehrten anfangs der achtziger Jahre in verstärkter Zahl aus Caraibil zurück. An freiem Land war kein Mangel, und auch die rumänische Regierung zeigte sich 1883—1884 bei der Vermessung durchaus freigebig. Wer große Lose von mehr als 10 ha nahm, hatte jährlich 5 Lei für den Hektar zu zahlen, für die kleinen Lose von 10 ha 30 Jahre lang 30 Lei. Wer 3 Jahre hintereinander die Pacht schuldig blieb, ging seines Landes verlustig. Zum Hofplatz wurden zuerst 4000 qm, dann 2000 qm gegeben.

Aus Bessarabien traf alsbald Jahr für Jahr frischer Zuzug ein, der bis Ende des Jahrzehnts angehalten hat. Die nach 1884 Angekommenen haben jedoch kein Land mehr erhalten. Wenn sie nicht Gelegenheit zum Kaufen fanden, blieben sie auf Pachtland angewiesen. So haben auch von den älteren Kolonisten manche keinen eigenen Grundbesitz. Doch ist es allen wirtschaftlich sehr gut gegangen. Von Jahr zu Jahr kamen sie mehr in die

Höhe. Sie bauten Weizen, Mais, Hafer und Gerste. Auf der Gemeindeweide tummelten sich vor dem Krieg über 600 Kühe, und größer noch war der Besitz an Pferden. Die deutschen Bauern haben einen landwirtschaftlichen Bankverein gegründet. Ebenso eine Ziegelei mit Maschinen aus Deutschland, die Ziegel, Brunnentröge, Kornwalzen („Dreschsteine") und Friedhofsteine anfertigte.

Der Kolonistenstamm von Krassna hat im Laufe der Jahre, mittelbar oder unmittelbar, auch aus den katholischen Kolonien im Gouvernement Cherson beträchtlichen Zuzug erhalten. Unter den gegenwärtigen Familiennamen befindet sich eine ganze Reihe, die wir bereits in Malcoci kennen gelernt haben und die alle aus Süddeutschland, vornehmlich aus dem Elsaß, Baden und der Rheinpfalz, stammten. So die Namen Weidemann, Hoffarth, Tuchscheerer, Aspenleiter, Drescher, Baumstark, Schröder, Kunzler, Türk und Gugert. Von einer größeren Anzahl läßt sich sowohl der russische Herkunfts- wie der süddeutsche Heimatsort belegen. Aus der Rheinpfalz stammten die Familien Paul (aus Kapsweyer, in den Kolonien Landau und Karlsruhe angesiedelt), Schäfer (aus Völkersweiler und Gelnhausen in Hessen, in der Kolonie München angesiedelt, und aus Bietigheim in Baden, in Kolonie Speyer), Hirsch (Herxheim in der Kolonie Landau), Eberle (Blankerborn in der Kolonie Rastatt), Wagner (Hatzenbühl und Siegen i. Els. in der Kolonie Speyer), Dillmann (Schönau und Eschbach in den Kolonien Landau und Speyer). Aus dem Elsaß waren gekommen: Moser (Reimesweiler in der Kolonie Landau), Senn (Oberseebach in der Kolonie Speyer), Wolf (Schweighofen in der Kolonie Landau), Marthaler (Leimersheim in der Kolonie Speyer), Schnell (Hüttenheim in der Kolonie Landau). Die Familie Haag in Kolonie Rastatt stammte aus Flehingen in Baden. Die Familien Götz, Moser, Wagner und Wolf gehörten zu den ersten Ansiedlern der Kolonie Kleinliebenthal, und Schäfer, Bachmeier, Hirsch und Kunz zu den Gründern von Josephsthal.[1]) Auch von den übrigen Familien Caramurats dürfte noch ein gut Teil in Süddeutschland gesessen haben: Ternes, Kreiß, Speicher, Fürch, Menges, Streile, Barsch, Heidrich.

Auf der anderen Seite waren unter den Caramurater Ansiedlern nachweisbar auch nicht wenige Kaschuben. Soweit sich näheres feststellen ließ, waren diese fast alle in Russisch-Polen ansässig, und es waren darunter auch zweifellos wirkliche Polen. Zu den sieben Gründerfamilien gehörte der noch lebende Kolonist

---
[1]) Keller, Band I, S. 215.

Christian Fenrich. Sein Großvater hatte eine Polin zur Frau. Auch die Großeltern der Familie Müller haben polnisch gesprochen. Zu den Kaschuben dürften sicher auch die Nitsche, Ziebert, Kedak, Sarimbe, Rusch gehört haben, und eine Anzahl Namen lassen an der polnischen Herkunft keinen Zweifel: Politschki, Ruscheinski, Bogolowski, Wisosinski, Ploski, Rolowski. In einigen von diesen Familien ist das Polnische auch heute noch nicht ganz verschwunden.

Caramurat hat sich mir als das schönste aller deutscher Dobrudschadörfer eingeprägt. Das Bild, das seine Hauptstraße an einem Frühsommertag bietet, ist von unvergeßlichem Reiz. Eine 25 Meter breite Straße, schnurgerade und eben wie ein Tisch, von jeglichem Schmutz und Unkraut aufs peinlichste gesäubert. Etwa 1½ Meter hohe Mauern, blendend weiß getüncht, schließen die Gehöfte ab und bilden zwei lange, leuchtende Linien, über die sich die frischen Kronen der dahinter liegenden Akazien neigen. Monumentale Torbogen, von großen hellblauen Kugeln gekrönte Säulenpaare, führen ins Innere. Die hellen Wohngebäude, alle in gleichem Abstand, wenden der Straße rote und braune und violette Giebelfelder zu, mit grünen oder blauen Fensterbogen und Hausecken. Die Dächer sind vielfach aus verschiedenfarbigen Ziegeln gefügt. Gegenüber im Hofe schmucke, massive Sommerküchen und die hohen, gleichfalls weiß oder farbig gestrichenen Oberbaue der Keller. Zwischen den Ästen eines Baumes guckt ein hübsch geformtes und ebenfalls bunt bemaltes Taubenhäuschen hervor. Massiv und „geweißelt" sind meist auch die Ställe und Wirtschaftsgebäude im Hintergrunde. Überall Ordnung und Sauberkeit und lachende Farben. Ein Bild, das nicht bloß von Wohlstand und Lebensfreude der Bewohner zeugt, sondern auch von einem Kulturverlangen, wie man es gewiß nicht bei Bauern in der Dobrudscha suchen würde.

Mitte der achtziger Jahre wurde von der Regierung eine größere Menge siebenbürgischer Rumänen ins Dorf gebracht, die mit ihren Häusern das freie, die Deutschen von den Tataren trennende Land besetzten, so daß seitdem der rumänische Ortsteil vom deutschen nur durch eine Quergasse geschieden ist. Wer auf der Straße von Konstanza her nach Caramurat kommt, durchschreitet nun die Siedlungen dreier Nationen, ohne Zwischenraum die eine der anderen folgend, aber wie verschiedene Welten sich voneinander abhebend und wirkend.[1]) In der ersten bleibt die

---

[1]) Vergleiche die photographischen Abbildungen.

— 91 —

Straße noch so, wie sie vorher durch die Steppe führte. Kein Baum, kein Fußsteig bezeichnet ihre Grenzen. Näher oder ferner liegen rechts und links in regelloser Zerstreuung armselige Hütten mit niedrigen, grauen Lehmwänden und zersetzten Rohrdächern. Alles im Verfall und kahl, ohne Baum und ohne Zaun. Vor den Türen hocken buntbehofte Tatarenweiber und Kinder. Dann stehen plötzlich eng an der Straße ansehnlichere Häuser, mit weit

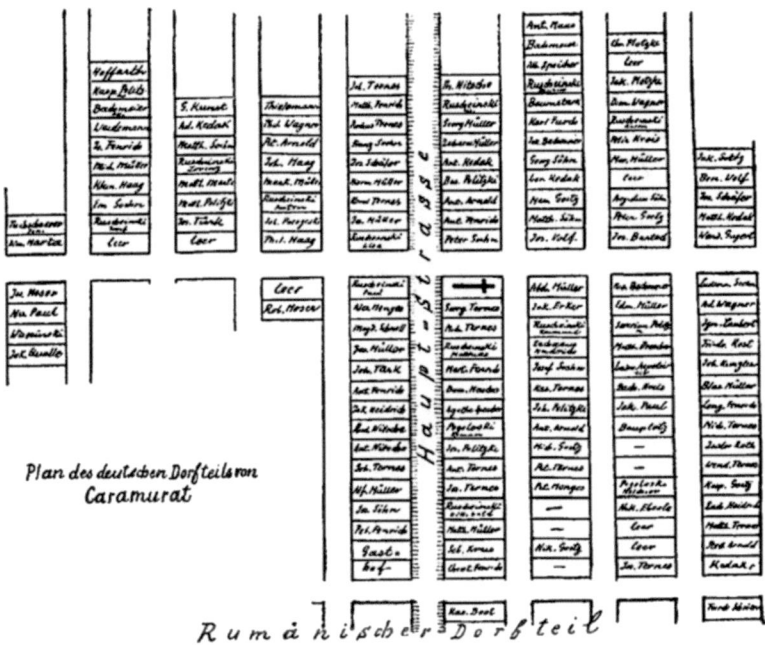

Plan des deutschen Dorfteils von Caramurat

vorragenden, von Säulen gestützten Dächern, aber ohne Sorgfalt gehalten, vielfach nur die Vorderseite gestrichen. Dazwischen stehen ein modernes Gebäude von städtischem Charakter, die rumänische Bank und eine jener großen Prunkkirchen, die die Rumänen auch in ihre ärmsten Dörfer zu setzen lieben. Die Straße zeigt in unregelmäßigen Abständen Bäume, die die Fuß= wege vom Fahrdamm trennen. Aber überall liegen Dreckhaufen und wuchert Unkraut. Da mit einem Male ist die Straße ganz breit und untadelig gepflegt. Wir sind im deutschen Dorfe, und jeder Blick offenbart uns planmäßige Anlage und höchste Ordnung und Sauberkeit.

Der deutsche Ortsteil hat auf jeder Seite der Hauptstraße noch je drei Parallelstraßen. Auf dem freien Felde vor dem Nordende des Dorfes haben die frommen Bauern ein Kreuz mit einer in versilbertem Metall ausgeführten Darstellung des Heilands errichtet. Die Figur hat in diesem Kriege, wohl durch Säbelhiebe, ein paar Löcher bekommen. Im übrigen ist das deutsche Dorf vor größeren Zerstörungen verschont geblieben, doch fehlten im Herbst 1917 noch 108 Männer, die als Soldaten eingezogen oder verschleppt worden waren. Außerdem hatten die Rumänen noch 9 Männer, darunter den Pfarrer, als Geiseln mitgenommen.

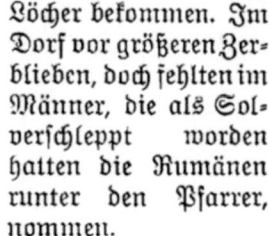

Caramurat besitzt auch von allen deutschen Dörfern die stattlichste Kirche. Sie wurde an Stelle eines schon 1881 entstandenen Bethauses in den Jahren 1897/98 erbaut und am 6. Dezember 1898 geweiht und eröffnet. Die Gemeinde hat dafür, ungerechnet die von ihr selbst hergestellten Ziegel und die Hilfsarbeiten der Bauern, 85000 Lei aufgebracht. Es ist ein schöner Bau aus hellgelben Verblendern, von denen sich weiße Fensterbogen, Kanten und Linien wirksam abheben. Das geräumige und reich ausgestattete Innere hat drei wertvolle Altäre mit viel figürlichem Schmuck, Werke des Tiroler Bildhauers Ferdinand Stuflesser in St. Ulrich. Der weite Kirchplatz umschließt auch das hübsche Pfarrhaus und die alte deutsche Schule. 1902 wurde diese geschlossen. Die deutschen Kinder waren nun auf den Besuch der rumänischen Schule angewiesen und der deutsche Unterricht auf 2 Stunden beschränkt, die der Pfarrer erteilte. In neuerer Zeit haben mehrere Bauernsöhne die Schule in Bukarest besucht, so daß wir in Caramurat die Anfänge der Entwicklung einer deutschen Intelligenz in der Dobrudscha beobachten können. Einer dieser jungen Leute, Emanuel Kreis, der in der Schweiz weiterstudierte, soll die Volkslieder seiner Heimat gesammelt haben und hat sich auch selbst als Dichter versucht.

Das Dorf hat insgesamt rund 1800 Einwohner. Knapp die Hälfte davon sind Deutsche: 155 Familien mit 867 Seelen. Die Rumänen zählen etwa 110 Familien mit 540 Seelen, die Tataren ca. 70 mit 400. Trotz ihres Wohlstandes hat auch diese blühende deutsche Kolonie Verluste durch Auswanderung gehabt.

Für die jüngere Generation ist es schwer geworden, eigenes Land durch Kauf zu erhalten, dazu kam das vielfach feindselige Verhalten der rumänischen Behörden. Es sind etwa 16 Familien teils nach Dakota, teils nach Argentinien gezogen. Hier haben sie sich in der Kolonie Colonel Suarez niedergelassen, wo auch viele Wolga-Deutsche ansässig sind.

Ein trüberes Bild bietet die schon erwähnte katholische **Kolonie Culelia**, ungefähr 28 km nördlich von Caramurat. Anfang der achtziger Jahre sind die ersten 8 deutschen Familien an-

Kirche in Caramurat

gekommen, von denen 6 aus der Kolonie Mannheim im Gouvernement Cherson stammten. Wie schon berichtet, ist ferner ein Teil der Familien aus Krassna von Caraibil hierher übergesiedelt, und weiterer Zuzug kam aus Malcoci. Diese Zusammensetzung erklärt es, daß unter den Namen der 57 Familien, die mit 283 Seelen die deutsche Kolonie bilden, bis auf 7 (Friedrich, Wüst, Weichelt, Johnert, Pfeifer, Hörner, Kosolowski) alle auch in Malcoci und Caramurat vertreten sind. Der Ort war vorher von Tataren bewohnt, die infolge des Krieges geflüchtet und nicht zurückgekehrt waren. Gegenwärtig gibt es im Dorf noch 13 später angesiedelte, rumänische Familien. Die Gegend von Culelia ist stark hügelig, und auch die lange typische Dorfstraße führt über sehr gewelltes Gelände. Ein kleiner, auch im Sommer nicht austrocknender Bach trieb früher 3 Mühlen. Jetzt war nur noch eine sehr malerische, aber auch recht primitive im Gang. Über dieser deutschen Niederlassung hat kein freundliches Geschick gewaltet. Der Boden ist schlecht und von Unkraut überwuchert. Mißernten infolge Dürre sollen in dieser Gegend alle paar Jahre regelmäßig wiederkehren. Dazu kommt, daß als Absatzmarkt nur das ferne Konstanza in Betracht kommt, so daß sich auch Butter und Eier nicht gut verwerten lassen. Der Landbesitz ist verhältnismäßig groß, 10—40 ha, ein Bauer hat sogar 129, viele jedoch sind landlos und arbeiten auf Pachtland. 15 Familien sind nach Amerika ausgewandert, zwei davon nach Argentinien. Doch trotz dieser ungünstigen Verhältnisse haben auch hier die Deutschen sich Haus und Hof stattlich und sauber hergerichtet, und der gute Eindruck des Dorfes wird, wie auch

Wassermühle in Culelia

Kirche in Culelia mit dem im Kriege niedergebrannten Pfarrhaus

der Bukarester Erzbischof Raimund Netzhammer bezeugt, nur durch einige elende, von einer anderen (d. h. rumänischen) Nationalität bewohnte Landhäuser am Nordende beeinträchtigt.[1]

---

[1] Netzhammer, Raymund, Aus Rumänien. 2. Aufl. Einsiedeln o. J. Seite 380.

Zur Zeit meiner Anwesenheit sah es allerdings überall traurig aus. Kein anderes der deutschen Dörfer hatte durch den Krieg derart gelitten wie Culelia. Eine Anzahl der Häuser war vollständig niedergebrannt, keins unbeschädigt geblieben. Auch das Pfarrhaus war eine Ruine. Russen, Türken und Bulgaren hatten nacheinander hier gewüstet und auch einige deutsche Mädchen vergewaltigt und verschleppt.

Ein paar Jahre nach dem Krieg, 1880, vielleicht auch erst 1881, ließen sich evangelische Familien aus den älteren Kolonien im Norden, insbesondere aus Atmagea und Ciucurova, in **Anadolchioi**, ca. 2 km nördlich von Konstanza, nieder. Es waren darunter allein 4 Enkel und 3 verheiratete Enkelinnen des Vaters Adam Kühn. Mit wenig Ausnahmen finden wir auch jetzt noch dieselben Namen, die in jenen Dörfern vorkommen. Es waren also durchweg platte Familien, zu denen sich später auch eine aus der Schweiz eingewanderte (Flicker) und eine siebenbürgisch-sächsische (Stroß) gesellt hat. Anadolchioi ist eine weithin verstreute, von Rumänen, Türken, Tataren, Griechen, Bulgaren und Zigeunern in bunter Mischung bewohnte Ortschaft. Das deutsche Element tritt darin nicht mehr besonders hervor, obwohl sich die vorhandenen 33 deutschen Familien mit 134 Seelen zum größten Teil noch in einer Straße beisammen gehalten haben. Durch den ständigen Verkehr mit der großen Nachbarstadt hat sich der konservative deutsch-bäuerliche Charakter, der sich sonst überall so treu geblieben ist, in mancher Beziehung abgeschwächt. Das beweist auch der Umstand, daß hier, in schroffem Gegensatz zu allen übrigen Kolonien, recht häufig Mischehen geschlossen worden sind. Außer den 33 reindeutschen Familien wurden mir noch 9 halbdeutsche aufgeführt, in denen die Mutter eine Deutsche war. Interessant ist, daß von Anadolchioi seit etwa 15 Jahren eine auffallend starke Rückwanderung nach Deutschland stattgefunden hat. Nicht weniger als 11 Familien haben sich wieder dort angesiedelt, von wo ihre Voreltern einst nach Rußland gezogen, in der Provinz Posen. Nach Amerika hat sich nur eine gewandt.

Das erste Jahrzehnt nach der Niederlassung brachte den Kolonisten viele Beschwerden und Enttäuschungen. Die Landvermessung wurde durch die rumänischen Behörden sehr verzögert und dann sehr zum Nachteil der deutschen Bauern gehandhabt. Und auch sonst scheinen sie hier, vielleicht infolge der unmittelbaren Nachbarschaft mit dem Hauptsitz der neuen Verwaltung, allerlei Plackereien ausgesetzt gewesen zu sein. Im Herbst 1887 wanderten 14 Familien, denen sich noch ein halbes Dutzend aus Cogealac anschloß, unter Führung des Lehrers in die Gegend von Brussa aus. Ein Bericht unter den Kirchenakten von Atmagea gibt als Hauptgrund dafür die große Ungerechtigkeit der Beamten an. Aber auch in Kleinasien war ihnen das Schicksal nicht hold. Um bittere Erfahrungen reicher kehrten sie drei Jahre später wieder zurück.

1883 schlossen sich die Kolonisten von Anadolchioi mit den evangelischen Landsleuten von **Konstanza** zu einer Gemeinde zusammen. Auch hier hatte sich unmittelbar nach Beendigung des

Deutsche evangelische Kirche in Konstanza

Krieges nach und nach eine kleine Schar Deutscher zusammengefunden: Handwerker, Ingenieure, Beamte an der Bahn, ein Kapellmeister. Reichsdeutsche, Österreicher und Schweizer. 1883 waren es ca. 15 Familien. Verdient um die junge Gemeinde machten sich besonders ein Aachener, H. W. Pastor, Depotchef der rumänischen Eisenbahn, und ein Braunschweiger, Franz Pleuß, Direktor des neuen, von den Engländern erbauten Hotels Carol I. In dem Waschhause dieses Hotels, einem luftigen Wellblechbau, wurden die Gottesdienste abgehalten. 1887 zählte die Gemeinde 210 Seelen. Sie wurde, allerdings nur wenige Male im Jahre, zuerst vom Pfarrer in Galatz, dann von dem in Atmagea besucht. 1892 erhielt sie einen eigenen Geistlichen, und in diesem Jahre wurde auch der Bau einer Kirche begonnen, zu dem ein in Konstanza beschäftigter Ingenieur aus Pommern, Maximilian Wegener, den Plan entworfen hat. Die großen Schwierigkeiten der Geldbeschaffung wurden durch die unermüdliche Tätigkeit des Pfarrers Jancke glücklich überwunden und das schöne Haus 1875 eingeweiht. Auch König Carol I. und die Königin bewiesen ihr Interesse für diese deutsche Kirche durch persönliche Beiträge. Die Anfänge einer deutschen Schule in Konstanza gehen gleichfalls auf das Jahr 1892 zurück. Sie kam 1901 zu einem dicht neben der Kirche liegenden stattlichen Heim, dank einer hochherzigen Stiftung der Frau Sophie E. Luther, Besitzerin der

Deutsche Schule in Konstanza

bekannten großen Brauerei in Bukarest, die mit dieser „Ehrhard Luther-Schule" ihrem verstorbenen Gatten ein würdiges Denkmal gesetzt hat.

Die evangelische Gemeinde umfaßte natürlich nur einen Teil, und zwar den kleineren, der Deutschen in Konstanza. Mit dem Aufblühen der Stadt in den Jahrzehnten vor dem Krieg hat sich ihre Zahl wesentlich vermehrt. Doch handelt es sich dabei, der Beschäftigung in Industrie und Handel entsprechend, vielfach um fluktuierende Elemente. 1917 waren ungefähr 260 deutschstämmige Personen vorhanden, vor dem Krieg mögen es etwas mehr gewesen sein.

Etwa 13 km nordwestlich von Konstanza liegt die Kolonie **Horoslar**. 1880 sind die ersten Deutschen in das von den Tataren verlassene Dorf gekommen, zum Teil direkt aus Bessarabien, zum Teil nach mehrjährigem Aufenthalt in Jacobsonsthal und Neu-

Plotzki. In der Familie Bachmann ist die Erinnerung an die württembergische Stammesheimat noch lebendig; schwäbischer Herkunft dürften auch die Haefle, Schulttheß, Metz und vielleicht noch einige andere sein, ein Teil jedoch ist sicher norddeutscher Abstammung. Die kleine Kolonie von 23 Familien mit 120 Seelen ist bis auf 4 tatarische reindeutsch und macht einen sehr vorteilhaften Eindruck, trotzdem nur vier der Bauern eigenes Land besitzen, alle anderen nur Pachtland bewirtschaften. Einer hat es allerdings zu außergewöhnlichem Wohlstand gebracht und sich zum Großgrundbesitzer aufgeschwungen. Sein Landbesitz wird auf 1700 Hektar angegeben, und er gilt als der reichste Deutsche der ganzen Dobrudscha. Die kleine Gemeinde kann sich auch rühmen, noch bis zum Krieg ihre deutsche Schule mit einem Lehrer aus Deutschland unterhalten zu haben.

1881 trafen in **Cogeala**, einem 15 km nördlich von Konstanza gelegenen, damals nur von Tataren bewohnten Dorfe, die ersten Deutschen ein. Im nächsten Jahre folgte ihnen ein größerer Trupp. Es waren schwäbische Familien aus den Kolonien Worms, Neudorf, Neusatz und anderen im Gouvernement Cherson. Zu diesem süddeutschen Stamm der Sieblung kamen später in größerer Anzahl Kolonisten aus den nördlichen Dörfern der Dobrudscha, die zum Teil aus Polen stammten. Von den vorhandenen Familiennamen ist uns etwa die Hälfte schon in Cogealac und Tariverde begegnet. Neu in der Dobrudscha und wohl fast alle süddeutscher Abkunft sind Waldbauer, Breckel, Geres, Ammon, Leyer, Bauer, Hüter, Mel, Faeser, Strom, Gabert, Ebel, Serr, Morhart. Die Familien Krieg aus Senßheim in Baden und Höpfer aus Neubulach in Württemberg finden sich unter den Kolonisten von Gyldendorf bei Odessa.[1]) Heute zählt die deutsche Gemeinde 60 Familien mit 306 Seelen. Über 20 hat sie durch die Auswanderung verloren, davon sind 8 nach Deutschland, in die Gegend von Pillau und Kamin in Westpreußen, zurückgekehrt. Vor dem Südende des deutschen Dorfes sind 1905 etwa 30 Familien rumänischer Veteranen angesiedelt worden, und am anderen Ende, in einiger Entfernung, liegt die alte Tataren-Niederlassung mit ungefähr 60—65 Familien. So hat man sowohl am Eingang wie am Ausgang den weiten Kulturabstand der beiden fremden Völker augenfällig vor sich.

Cogeala gehört zu den blühendsten deutschen Ansiedlungen der Dobrudscha. An der schönen, breiten Straße, die das deutsche

---

[1]) Stach, S. 162 und 166.

Dorf bildet, liegen hinter den weißen Mauern und kleinen Gärtchen über 50 Gehöfte, in denen alles auf Wohlstand und Ordnung hinweist. Die Häuser haben größtenteils Blech- oder Ziegeldächer und machen mit ihrem frischen Anstrich, den holzverkleideten farbigen Giebeln und den weißen Fenstervorhängen den freundlichsten Eindruck.

Es war nicht immer so. Die Anfangsjahre waren für die Kolonisten eine Zeit bitterer Enttäuschungen und schwerer Leiden, und zwar nicht infolge ungünstiger natürlicher Bedingungen, sondern nur infolge der Mißgunst und Schikanen der rumänischen Beamten. Als der Bukarester deutsche Pfarrer Teutschländer sie im Herbst 1883 besuchte, fand er sie im tiefsten Elend. Das versprochene Land war ihnen nicht zugeteilt worden. Fast die Hälfte ihrer Wohnungen war noch nicht fertig, ohne Türen und Fenster, ja selbst ohne Dach, weil der Primar den deutschen Einwanderern das Rohrschneiden verboten hatte, ebenso wie das Anlegen von Gemüse- und Weingärten und die Anpflanzung von Bäumen. Viele Kolonisten lagen schutz- und hilflos an typhösem Fieber darnieder. Teutschländer erließ, wie oben erwähnt, einen Hilferuf in der „Bukarester Zeitung", der von der in Frankfurt a. M. erscheinenden „Deutschen Kolonialzeitung" wiedergegeben wurde.[1]) Alsbald gingen auch aus Deutschland Geldsendungen zur Unterstützung der Kolonisten ein, unter anderem 300 Mark vom Fürsten von Neuwied. Im folgenden Jahre fand dann die Landverteilung statt, in großen und kleinen Losen, für die nach 20, beziehentlich 30 Jahren die Besitztitel ausgestellt wurden. Nun kam die Kolonie rasch vorwärts. Der Boden war gut, und die Nähe Konstanzas bot günstige Absatzmöglichkeit. Die ersten Ankömmlinge haben heute alle ihr Land eigentümlich, viele 30—60 Hektar, nur etwa 10 Familien sind landlos. Es fehlt im Dorf nicht an Mäh- und anderen landwirtschaftlichen Maschinen, und fast jeder Bauer hat seine Zentrifuge. Bereits 1890/91 schuf sich die Gemeinde eine Kirche. Sie wurde 1903 vergrößert, und gelegentlich der Einweihung dieses Weiterbaus stiftete Königin Elisabeth von Rumänien eine prächtige Bibel mit der schönen eigenhändigen Widmung: „Der kleinen Gemeinde steht Gott besonders nahe." Auch für einen deutschen Lehrer hat die Kolonie immer gesorgt.

Um 1883 entstand auch wieder im gebirgigen und bewaldeten Teil der Dobrudscha, 7 km nördlich von Atmagea, eine deutsche

---

[1]) 1. Jahrgang, 2. Heft.

Niederlassung: **Ortachioi**. Die Ansiedler stammten meist aus den bessarabischen Kolonien Paris, Arcis, Friedensthal und Töplitz, zum Teil waren sie vorher in Cogealac, Kataloi und Atmagea ansässig gewesen. Die früheren türkischen Bewohner des schön in einem breiten, fruchtbaren Tale gelegenen Dorfes hatten es bis auf einen kleinen Rest verlassen, und die deutschen Bauern waren zunächst fast ganz unter sich. Ein Aktenstück gibt ihre Zahl 1892 auf 171 Seelen an. Jede Familie hatte 10 Hektar Land bekommen und konnte sich noch hinzukaufen. Ihre Lage änderte sich aber und wurde schließlich unerträglich, als die Regierung in großer Menge Veteranen ins Dorf brachte, so daß allmählich die Rumänen die Mehrheit bildeten. Den Deutschen wurde nun das Bleiben durch allerlei Plackereien und Schikanen, wie es scheint, ganz systematisch verleidet. Sie entschlossen sich wieder zur Auswanderung. Die meisten gingen nach Amerika, einige nach Rußland zurück. Ihr Land fiel ohne Entschädigung an die Regierung zurück, und die hübschen Häuser der einst deutschen Hauptstraße sind jetzt von Rumänen bezogen oder verfallen. Bis vor etwa 10 Jahren gab es noch an 60 deutsche Familien im Dorfe, bei meinem Besuch waren es nur noch 5 mit 39 Seelen und ein paar mit Rumänen und Bulgaren verheiratete Frauen.

In den folgenden Jahren bis zum Ende des Jahrzehnts sind keine neuen Ansiedlungen festzustellen. Die Verhältnisse in der Dobrudscha hatten sich derart geändert, daß sie nicht geeignet waren, weiteren Zuzug aus den südrussischen Dörfern herbeizulocken.

Die Lage der deutschen Kolonisten, wenn sie im allgemeinen auch wirtschaftlich vorwärts kamen, war nach dem Uebergang der Dobrudscha in rumänische Hände von Jahr zu Jahr weniger angenehm geworden. Die türkischen Behörden hatten von den deutschen Ansiedlern die Abgaben eingetrieben, sich aber im übrigen wenig um sie gekümmert und sie schalten und walten lassen, wie es ihnen gefiel und sie selbst es für gut fanden. Der aus ihrer Mitte selbst gewählte „Schulze" leitete und regelte die Angelegenheiten des Dorfes. Niemand hatte von ihnen verlangt, daß ihre Kinder türkisch lernen sollten. Das rumänische Regiment trat mit ganz neuen und ungewohnten Anforderungen, Beschränkungen und Vorschriften auf, und die Türkenzeit wurde fortan für die deutschen Bauern die gute, alte. Ein „Primar" wurde ihnen zur Verwaltung der Gemeinde ins Dorf gesetzt, ohne daß sie gefragt wurden, ob er ihnen recht sei und ihr Vertrauen habe. Ein Mann, der ihre Sprache nicht verstand, der ihnen nach Fühlen und Denken fremd war, der in nicht wenigen Fällen nur auf seinen persönlichen Vorteil bedacht war und den ungewandten, geschäftsunkundigen Bauern das Leben schwer machte. Ihrem Schulzen blieben nur wenige wirtschaftliche Befugnisse. Vordem hatten sie sich einfach im Walde geholt, was sie an Holz benötigten; jetzt mußten sie jede Fuhre erbitten und bezahlen. Man zwang ihnen rumänische Schulen und Lehrer auf.

Eine tiefe Unzufriedenheit kehrte bei ihnen ein, ständig genährt und verschlimmert durch Erfahrung tatsächlicher oder vermeintlicher widerrechtlicher Behandlung und wirtschaftlicher Schädigungen. 1883 schreibt ein „unparteiischer Beobachter" aus der Dobrudscha: „Ich halte die Lage der deutschen Kolonisten, wenn sie allein auf sich angewiesen bleiben, ohne Rückhalt von Berlin aus, für äußerst trostlos. Unbekannt mit der neuen Landessprache und daher den Willkürlichkeiten resp. Ungerechtigkeiten der rumänischen Beamten (ein wahres Gesindel, das aus dem früheren moldauischen Bessarabien herübergekommen) erst recht ausgesetzt."[1] Und überall, wo Bernhard Schwarz 1886 hinkommt, hört er dieselben Klagen und Beschwerden: „Wir sind verraten und verkauft. Wir haben nicht die geringste Freiheit mehr."[2] Ich habe schon bei Atmagea erwähnt, wie die Kolonisten in ihrer Notlage Hilfe unmittelbar bei König Carol und bei der Gesandtschaft des alten Vaterlandes suchten. Sie hatten übrigens schon bei der rumänischen Besitzergreifung darum angehalten, Angehörige des Deutschen Reiches zu werden. Aber in Berlin hatte man kühl abgelehnt mit dem Bescheid, daß der bisherige türkische Rajah nunmehr rumänischer Untertan geworden sei.[3]

Die größte Erbitterung erregte mancherorts die neue Regelung des Grundbesitzes und das vielfach dabei angewandte harte und rücksichtslose Vorgehen. Die Regierung verlangte dokumentarische Nachweise über die rechtmäßige Erwerbung des von den Einzelnen bebauten und in Besitz genommenen Landes. Man hatte es mit den Titeln bisher nicht so genau genommen, und wir sahen an dem Beispiel von Atmagea, wie beinahe keiner Tapyzettel über sein ganzes Land besaß. Manche Bauern, die seit Jahrzehnten auf ihrem Hofe saßen und ihre Äcker als sicheren Besitz bewirtschaftet hatten, wurden plötzlich vertrieben, weil sie

---

[1] Weltpost. 3. Bd. Leipzig 1883. S. 190.
[2] Vom deutschen Exil, S. 87.
[3] Weltpost, 1883, S. 189.

keine Papiere hatten, oder auch nur, weil sie versäumt hatten, sie auf den eigenen Namen umschreiben zu lassen, wenn sie von einem früheren, zweifellos rechtmäßigen Eigentümer durch Kauf erworben waren. Aus vermögenden Bauern wurden auf diese Weise plötzlich verarmte. Prozesse zu führen, fehlten dann die Mittel und auch das Vertrauen auf gerechten Ausgang.

Als Folge dieser Verhältnisse setzte, wie erwähnt, schon anfangs der achtziger Jahre in verschiedenen Kolonien eine Bewegung zur Wiederauswanderung aus der Dobrudscha ein, worauf ich des näheren noch zurückkommen werde.

Es ist klar, daß die Kunde von den Klagen und Beschwerden der in die Dobrudscha Gezogenen auch in den russischen Siedlungsgebieten Verbreitung fand und dort abschreckend wirkte. In der Tat ist nach der Gründung von Cogeala und Ortachioi, von vereinzelten Nachzüglern abgesehen, die Einwanderung aus Rußland jahrelang zum Stillstand gekommen.

6.

Die dritte Einwanderungsperiode
1890—91

1890 beginnt eine neue Reihe deutscher Koloniegründungen. Durch die südrussischen Dörfer geht abermals eine starke Bewegung zur Auswanderung, stärker als alle früheren. Die Politik der russischen Regierung, die bereits anfangs der siebziger Jahre zur Vernichtung alter Vorrechte der deutschen Einwanderer geführt hatte, hatte sich in gleicher Richtung weiter entwickelt. Nationalistische Strömungen waren in Rußland lebendig geworden und zu Einfluß gekommen, sie bedrohten immer mehr das nationale Eigenleben der deutschen Kolonisten und verleideten ihnen den Aufenthalt im Zarenreiche. Von verschiedenen der damals in die Dobrudscha Gekommenen wurde mir als Grund ihres Abzuges aus Rußland hauptsächlich ein neues, 1890 erlassenes Gesetz angegeben, das allen „Päßlern", d. h. allen, die noch einen ausländischen Paß besaßen, also noch nicht russische Untertanen geworden waren, nicht bloß jede Erwerbung von Grund und Boden verbot, sondern auch das „Ackern und Säen" auf russischer Erde überhaupt. Damit war auch die Möglichkeit zur Bearbeitung von Pachtland abgeschnitten. Andere Maßnahmen der russischen Regierung erschwerten den Bau neuer Kirchen in den Kolonien und richteten sich vor allem gegen die deutschen Dorfschulen. 1891 wurden diese der freien Verwaltung der Gemeinden entzogen und das Russische zur Hauptunterrichtssprache gemacht.

Tausende von den deutschen Kolonisten haben damals die russischen Steppen verlassen und sind nach den Vereinigten Staaten und Canada gegangen. Ein Teil wandte sich wieder der Dobrudscha zu, ermuntert von der rumänischen Regierung unter dem Einfluß des deutschfreundlichen Ministers Peter Carp. So entstanden teils in schon bestehenden, teils in neugegründeten Ortschaften in den Jahren 1890 und 1891 acht neue deutsche

Ansiedlungen: Sarighiol, Balala, Mangalia, Cobadin, Caracicula, Osmancea, Osmanfaca und Ebechioi.

Die Geschichte dieser und der weiteren jüngeren Kolonien ist ein leidvolles Kapitel von Enttäuschungen und betrogenen Hoffnungen. Ihre Gründung fiel in eine Zeit, in der besonders die günstigen Voraussetzungen zur Erlangung einer eigenen Scholle nicht mehr vorhanden waren. Die wohlwollende Aufnahme und das freigebige Entgegenkommen der Türkenzeit war vorüber, aber auch die Landverteilungen der rumänischen Regierung, wie sie bis ungefähr 1884 stattgefunden hatten, hatten aufgehört. Zwar waren auch den neuen Ankömmlingen die schönsten Aussichten gemacht und Land versprochen worden. Aber nur in der Form eines Wechsels auf die Zukunft.

Vorbedingung für die Erlangung eigenen Grundbesitzes war die Erwerbung der rumänischen Staatsangehörigkeit. Diese wurde jedoch erst nach einem zehnjährigen Aufenthalt erteilt. Bis dahin sollte den neueingewanderten deutschen Bauern in ihren Ansiedlungsorten genügend Land reserviert werden. Inzwischen konnten sie pachten. Aber die Versprechungen der Landreservierung und Zuteilung nach 10 Jahren wurden in den wenigsten Fällen gehalten. Man zog die Erfüllung durch allerlei Mittel und Einwände hin oder verkleinerte willkürlich die zugesagten Lose. Die Landkommissionen traten nur alle 10 Jahre in Tätigkeit. Fehlte bei ihrer Anwesentheit einem Bauer noch ein Jahr, dann mußte er 10 weitere abwarten.

Wenn man wo die berechtigten Ansprüche der deutschen Einwanderer schließlich anerkannte, so geschah es fast immer erst nach vielen Reklamationen und Kämpfen, mehrmals nur durch das persönliche Eingreifen des Königs Carol und Peter Carps.

Noch schlimmer wurden die Verhältnisse durch den Beschluß der Regierung, in der neuerworbenen Dobrudscha den Veteranen des russisch-türkischen Krieges Heimstätten zu überlassen. Sie sollten hier zugleich die Rumänisierung des Landes fördern, und man setzte sie deshalb mit Vorliebe auch in die deutschen Dörfer, so sehr sich diese auch dagegen sträubten. Man gab ihnen dann stets das beste Land und verringerte zu ihren Gunsten die einst den deutschen Einwanderern reservierten Complexe.

Der weit überwiegenden Mehrzahl der seit 1890 Eingetroffenen ist es in der Dobrudscha nicht gelungen, zu einer eigenen Scholle zu kommen. Sie haben von der Regierung oder von einem der Großgrundbesitzer Land gepachtet, auf Halbscheid, auf den dritten Haufen oder auch gegen Bar. Manchmal mit längerem Kon=

trakt, häufig aber auch nur von Jahr zu Jahr. Kamen dann die fleißigen Deutschen vorwärts, so suchte in der Regel der Grundherr alsbald auch die Pachtbedingungen hinaufzuschrauben, bis sie den bedauernswerten Bauern unerträglich wurden, so daß sie es vorzogen, ihre schönen Höfe und sauberen Heime im Stich zu lassen und anderwärts ihr Glück zu versuchen. Anderwärts in der Dobrudscha selbst, über dem Ozean, in Bulgarien, wieder in Rußland oder auch wieder in der einst verlassenen alten Heimat Deutschland. Auf diese Weise sehen wir ganze deutsche Dörfer nach raschem Aufblühen plötzlich wieder verschwinden, aber auch an anderen Stellen in der Dobrudscha wieder neue erstehen.

Zu den getäuschten Hoffnungen auf eigenen Besitz kamen die Plackereien und Schikanen, denen die deutschen Ansiedler vielfach seitens der rumänischen Behörden und ihrer örtlichen Organe ausgesetzt waren. Wie oben dargelegt, hatten diese schon in den achtziger Jahren Grund zu Klagen und Beschwerden gegeben. Die seitdem stärker gewordenen nationalistischen und fremdenfeindlichen Bestrebungen und Stimmungen hatten die Lage der Kolonisten auch in dieser Beziehung verschlimmert. Man begegnete den fremden Bauern, deren Tüchtigkeit und Vorwärtskommen mehr Neid als Anerkennung erregte, mit Mißgunst und übelwollender Zurücksetzung.

Die von 1890 an entstandenen deutschen Siedlungen liegen bis auf zwei sämtlich südlich der Bahnlinie Cernavoda-Konstanza. Zu größerem Umfang und gutem Gedeihen hat es nur eine gebracht: **Cobadin**, etwa 20 km südlich von Medgidia an der Bahn nach Dobritsch gelegen. Es war ein großes Tatarendorf, als im Frühjar 1891 die ersten 16 Familien aus den bessarabischen Kolonien Tarutino und Mintschuna eintrafen. Es waren überwiegend Schwaben. Sie hatten ihre russischen Wohnstätten schon einmal verlassen, im Jahre 1874, als die erste Aushebung zum Militär stattfand. Damals waren sie in die Walachei gezogen und hatten sich in der mehrfach erwähnten Ansiedlung Neuplotzki niedergelassen. Sie waren da etwa 8 Jahre geblieben und dann nach Rußland zurückgekehrt. Dem ersten Trupp folgten bald weitere Familien aus Neu-Arcis, Katzbach, Töplitz und anderen Dörfern. Auch von Cobadin gilt, was des Näheren von Cogealac und Tariverde erklärt wurde: es erscheint heute durchaus als Schwabendorf, obwohl nach den Familiennamen und den eigenen Erklärungen vieler Kolonisten fast die Hälfte norddeutscher Herkunft (West- und Ost-Preußen, Schlesien etc.) ist. Als schwäbisch bezeichnen sich unter anderen die Familien Klett, Wirth, Lück, Hermann (zuerst nach Polen ausgewandert), Binder, Schöttle, Jeß (Hessen), Nagel, Wilhelm, Metzger, Leier, Brenner, Schalo, Haberer, Dabert, Edinger; als Nord- und Mitteldeutsche: Drews, Grieb, Gabert, Seefried, Welk, Thielmann, Kraus, Rösner, Schwarz, Schlaps, Bossert, Radomski, Almert, Arndt, Schmolke, Rothärmel, Bobermann und Götz (Schlesien). Die deutsche Kolonie zählt 71 Familien mit 397 Seelen. In der zweiten Hälfte der neunziger Jahre wanderten etwa 16 Familien nach Nordamerika und Argentinien aus, 8 nach Westpreußen. Die etwas abseits wohnenden Tataren und Türken bilden mit annähernd 120 Familien auch jetzt noch die Mehrheit im Orte. Ferner gibt es rund 30 rumänische Familien.

Eine Landverteilung an die deutschen Einwanderer seitens der Regierung hat in Cobadin nicht stattgefunden. Doch gab es viel von den abwandernden Tataren und Türken zu kaufen. So kommt es, daß die Besitzverhältnisse der Bauern auffallend verschieden sind. Drei haben über 300 Hektar, ebensoviele 100—200, elf 30—85, ein Dutzend nur $2^1/_2$—15, alle übrigen besitzen keinen eigenen Grund. Doch war auf dem guten Boden des Dorfes auch die Pachtwirtschaft sehr einträglich. Es werden in erster Linie Hafer und Gerste gebaut, dann Weizen und Mais. Die Weingärten bedecken 24 Hektar. Auch die Viehzucht ist bedeutend. Die Gemeinde unterhielt vor dem Krieg 3 Zuchthengste, und einzelne Bauern besaßen Schafherden von 1000—2000 Stück. So ist Cobadin eines der reichsten deutschen Dobrudschadörfer, und seine breite und schnurgerade, über einen Kilometer lange Straße macht einen ebenso schönen wie stattlichen Eindruck. Eine enge Reihe hoher Akazien scheidet auf beiden Seiten Fahrdamm und Fußwege. Kleine, gepflegte Ziergärten befinden sich vor allen Häusern.

Für die deutsche Schule war hier insofern etwas besser gesorgt, als die Bemühungen der Gemeinde erwirkt hatten, daß der deutsche Lehrer täglich 4 Stunden unterrichten durfte, so daß auf jedes Kind 2 kamen.

Der größere Wohlstand eines Teiles der Cobadiner hatte bemerkenswerterweise auch dazu geführt, zur besseren Ausbildung der Jugend wieder unmittelbare Beziehungen zur alten Heimat anzuknüpfen: mehrere junge Mädchen erhielten ihre Erziehung in Weimar, und gerade vor Kriegsausbruch sollten auch 8 bis 10 Jungen auf deutsche Schulen geschickt werden.

In einem schmalen, von ansehnlichen Höhenrücken eingeschlossenen Tale wurde 1890 13 km westlich von Mangalia die Kolonie **Sarighiol** gegründet. Im Gegensatz zu Cobadin gilt sie als arm. Der Boden ist schlecht und steinig. Nach Aussage der Bauern „der schlechteste in der ganzen Dobrudscha". Mißernten sind häufig, und die wirtschaftliche Lage der meisten Bauern ist keine günstige. Das hindert aber nicht, daß auch Sarighiol mit seinen beiden typischen deutschen Straßen einen sehr vorteilhaften Eindruck macht. Nach vielen Kämpfen und langer Wartezeit ist es hier den deutschen Ansiedlern gelungen, von der Regierung Land zu erhalten. Bis 1893 war noch nichts vergeben. Im

Kirche in Sarighiol

nächsten Jahre erhielten einige wenige 10 ha. Als 1904 die Landkommission wiederkam, vermaß sie statt der versprochenen und reservierten 15 ha für jede Familie nur 5. Auf dem dadurch ersparten Land sollten Veteranen angesiedelt werden. Eindringliche Beschwerden mit der entschiedenen Erklärung, daß sonst alle Deutschen wieder auswandern würden, setzten es schließlich durch, angeblich ohne Wissen des Ministeriums, nur auf Veranlassung des Königs und Peter Carps, daß die Rumänen fernblieben und jeder seine 15 ha erhielt. Er hat dafür 30 Jahre lang eine jährliche Pacht von ca. 5 Lei pro ha zu zahlen, erst dann erhält er volles Eigentumsrecht.

Unter den Ansiedlern von Sarighiol waren mehrere, die vorher in den deutschen Kolonien im Kaukasus ansässig waren. Es war anfänglich die größte der Gründungen jener Jahre.

Schon im Sommer 1891 hatte sie 204 Einwohner.¹) Die Mehrzahl waren süddeutscher Abkunft. Viele Familiennamen begegnen uns hier zum ersten Mal: Strom (über Galizien gekommene hessische Familie), Weiß, Stuberr, Neubauer, Bänder, Manthei, Stadel, Ziehmann, Karl, Bascht, Will, Hirth, Beeg, Klengmann, Gähnert, Ziegle, Zink, Brücke, Fritz, Gebhard, Würfel, Dürr, Groß, Kreuz, Ochsler. Gegenwärtig zählt die Kolonie 61 Familien mit 375 Seelen. Durch Auswanderung hat sie 1904 11 Familien verloren, von denen 9 nach Westpreußen in Siedlungen der Posener Ansiedlungskommission gingen. Zum Dorf gehören ferner 10 rumänische und etwa 30 tatarische Familien.

Von der deutschen Niederlassung in **Ebechioi**, einem armseligen Tatarendörfchen 10 km östlich von Cobadin, ist nur ein dürftiger Rest von 3 Familien mit 18 Seelen und einer mit einem Bulgaren verheirateten Frau übrig geblieben. Sie haben Land gepachtet.

In dem alten Seestädtchen **Mangalia** leben ohne besonderes Viertel zwischen Bulgaren, Rumänen, Türken, Tataren und Griechen noch 8 deutsche Familien mit 49 Seelen. Gegen Ende des Jahrhunderts waren es noch über 20. Die Abgewanderten sind nach Canada, eine nach Posen gegangen, weil sie kein Land erhielten. Auch jetzt haben nur 2 eigenen Besitz. 1890 kamen die Ersten an, die meisten aus Bessarabien, einige aus Wolhynien: von diesen ist einer noch in Landsberg a. d. W. geboren, ein anderer in der deutschen Kolonie Czyzemin bei Lodz (4 Werst v. Pabianice). Es scheinen alle norddeutscher Abstammung zu sein. Eine deutsche Schule gibt es nicht. Ein Kolonist hat den Kindern Sonntags etwas Unterricht gegeben, ein paar Familien schicken sie in die bulgarische Schule.

Als eine reindeutsche Kolonie wurde 4 km westlich von Mangalia 1890 **Caracicula** von Einwanderern aus Bessarabien, Wolhynien und dem Kaukasus gegründet. Im Sommer 1891 zählte sie 121 Seelen und entwickelte sich rasch auf etwa 40—45 Familien und zu einem schönen Dorf mit einer deutschen Schule, an der ein aus Breslau stammender Lehrer unterrichtete. Es waren jeder Familie etwa 10 ha versprochen worden, aber die Vermessung fand nicht statt. Dagegen wurden um die Mitte des Jahrzehnts plötzlich Veteranen in das Dorf gebracht, an die alsbald das den Deutschen zugesagte Land in freigebigem Ausmaß

---

¹) Kobbelt, Rud. Die deutsche evangelische Diaspora, II. Heft, Gotha 1893, S. 85.

verteilt wurde. Diese zogen daraufhin ab und zerstreuten sich. Ein Teil wanderte nach Bulgarien bis in die Gegend von Plevna, andere gingen nach Amerika und nach Rußland zurück oder in andere Ansiedlungen der Dobrudscha. Zurzeit wohnt noch etwa ein halbes Dutzend Deutscher im Orte.

Aus den übrigen obengenannten Gründungen der Jahre 1890/91 sind die deutschen Einwanderer restlos wieder verschwunden.

An 40 bessarabische Familien hatten sich in **Osmancea** niedergelassen. Als sie sich um ihre Hoffnungen auf Land betrogen sahen, lösten sie ihre Kolonie wieder auf und suchten größtenteils andere Plätze der Dobrudscha auf.

Auf Regierungsland hatten sich 41 katholische Familien in **Palala** angesiedelt, sich ein Bethaus gebaut und eine Schule eingerichtet. Sie hatten einen von Jahr zu Jahr laufenden Pachtkontrakt geschlossen. Nach zehnjähriger Anwesenheit sollten sie das Land zu eigen bekommen. Aber auch hier gab man den besten Teil rumänischen Veteranen und nötigte die deutschen Einwanderer 1896 wieder zum Abzug. Die meisten pachteten Land in Mangeapunar und gründeten dort, wie noch gezeigt werden wird, ein neues Dorf. Ein kleinerer Teil fand Zuflucht in Chiragi.

Etwas längeren Bestand, bis etwa 1908, hatte die Niederlassung in **Osmanfaca**, die ungefähr zu gleichen Teilen aus katholischen Familien aus dem Gouvernement Cherson und evangelischen aus Bessarabien und Wolhynien bestand. Sie hatten Land von einem Gutsbesitzer gepachtet, nach dessen Tod der Vertrag nicht erneuert wurde. 15 Familien wanderten zusammen nach Amerika aus, die katholischen werden wir in Palaz Mare wiederfinden.

Eine kleinere Kolonie von 12 oder 13 Familien war in der Nähe von Konstanza auf der **Steppe Georgescu** entstanden. Sie ging bereits im Frühjahr 1891 wieder auseinander, als der Grundbesitzer den geschlossenen Vertrag abänderte. Die Kolonisten begaben sich in die neuen Ansiedlungen im Süden von Mangalia.[1]

Dagegen hat eine andere Ansiedlung in der Umgebung von Konstanza, eine halbe Stunde südlich davon, eine dauernde gute Entwicklung genommen: Die **Neuen Weingärten**. 1892 ließen sich hier Familien nieder, die zum Teil noch direkt aus Rußland gekommen waren, zum Teil zu den Einwanderern der beiden vorhergehenden Jahre gehört und ihr Glück schon in anderen der

---

[1] Pfarrerbericht in den Akten von Atmagea.

neuen Kolonien, in Cobadin und Sarighiol, versucht hatten. Als Herkunftsorte wurden mir Borodino, Leipzig, Toeplitz, Friedensthal und die erst 1830 entstandene Kolonie Gnadenthal im Sarataer Bezirk genannt. Es sind zum guten Teil neue Familiennamen, die hier vertreten sind; Litz (aus der Gegend von Briesen in Westpreußen), Freimuth (Kaschuben), Deg, Seefried, Weichsel, Trautwein, Weimann, Grenz, Bohn, Hirschmann, Sabal, Schneider. Das Dorf zeigt nicht die gewöhnliche Anlage mit der typischen langen Straße. Die Häuser liegen verstreut, und zwischen den 34 deutschen Familien mit 201 Seelen wohnen auch 8—9 rumänische. Ausgewandert sind je ein paar Familien nach Amerika und Posen. Schule wurde vor Kriegsausbruch in einem Bauernhause von einer Lehrerin aus Deutschland gehalten. Die Kolonie ist ein Hauptsitz der Sekte der Sabbathaner, die hier ein Bethaus besitzen. Der Ansiedlung ist es wirtschaftlich recht gut gegangen. Sie hat sich neben dem Getreidebau hauptsächlich mit auf Obstzucht und Weinbau gelegt, deren Erzeugnisse im nahen Konstanza gutzahlende Abnehmer finden. Ausgedehnte und wohlgepflegte Gärten umgeben fast jedes dieser sauberen Anwesen.

Die Neuen Weingärten waren die letzte der deutschen Koloniegründungen, deren Entstehen auf unmittelbare Einwanderung zurückzuführen ist. Der Zuzug von größeren geschlossenen Gruppen aus Rußland hat damit sein Ende erreicht. Fast genau ein halbes Jahrhundert hindurch hat er angehalten. Es war keineswegs ein glatter Umzug von einer Heimstätte in eine andere. Für viele bedeutete er eine Zeit ruheloser Wanderungen, schwerer Arbeit, harter Entbehrungen und bitterer Enttäuschungen. Viele der landsuchenden Bauern mußten wiederholt die Scholle, auf der sie ihr Haus errichtet und den Pflug eingesetzt hatten, wieder verlassen, ehe sie festen Halt fanden. Zwei große Kriege griffen verwüstend oder die Bewohner vertreibend in die Entwicklung der Ansiedlungen ein. Nicht wenige verloren den Glauben an die Dobrudscha und richteten ihre Hoffnungen auf ferne Länder. An etwa 3 Dutzend Plätzen haben die deutschen Einwanderer dieses halben Jahrhunderts größere oder kleinere Niederlassungen zu gründen versucht, kaum die Hälfte davon hat dauernden Bestand bis in unsere Tage gehabt.

7.

Die Entstehung von Tochterkolonien
1893—1917

Mit dem Aufhören der Einwanderung aus Rußland ist jedoch das Entstehen neuer deutscher Niederlassungen in der Dobrudscha durchaus nicht abgeschlossen. Eine ganze Anzahl weiterer ist noch in den folgenden Jahren bis in die neueste Zeit hinein gegründet worden. Aber ihre Gründer sind nicht mehr über die Donau gekommen. Es sind Tochterkolonien der deutschen Dobrudschadörfer selbst, entweder von den jüngeren, landlosen Generationen der älteren Ansiedlungen angelegt oder durch die oben geschilderten ungünstigen Verhältnisse in manchen der jüngeren veranlaßt, wenn die Bauern durch die Aussichtslosigkeit ihrer Lage, durch unmäßige Steigerung der Pachtforderungen oder auch durch das Eindringen rumänischer Veteranen aus diesen vertrieben wurden. In das Bild des Deutschtums der Dobrudscha seiner Stammeszusammensetzung nach bringen diese neuen Kolonien keine neue Farbe. Es sind im großen ganzen dieselben Familien, die uns bereits begegnet sind.

Aus den alten Nachbarskolonien Atmagea und Ciucurova zogen 1892 über 20 junge Familien ab, um im Süden Land zu suchen, das ihnen die zu eng gewordenen Heimatdörfer nicht mehr bieten konnten. Sie verbrachten das erste Jahr in **Ghiuvenlia**, ohne hier ihr Ziel zu erreichen. Im folgenden Jahre erhielten sie Wohnsitze in dem im Kriege zerstörten und verlassenen Türkendorfe **Mamuzlu**, 10 km nordwestlich der Bahnstation Cara Omer. Es ist dies die einzige Siedlung dieser letzten Periode, die einen erfreulichen Fortgang genommen und ihren Gründern ein durch eigenen Besitz gefestigtes Heim geboten hat. Da diese fast alle schon in der Dobrudscha geboren waren, war die Vorbedingung des rumänischen Landgesetzes erfüllt, und sie erhielten alsbald Land zugemessen, 25 ha jede Familie, mit 30 Jahre laufendem Zahlungstermin. Die später Nachgekommenen bekamen nur 5 ha.

Die Gegend hat guten Boden, nur Wasser ist schwer zu finden, so daß es im Dorf nur einen einzigen Brunnen gibt. Neben dem Getreidebau wird auch viel Viehzucht getrieben. Fast alle leben in guter wirtschaftlicher Lage.

Kirche in Mamuzlu

1906 hat sich die kleine Gemeinde eine hübsche, massive Kirche gebaut und in ihrer Schule unterrichteten mehrfach Lehrer aus Deutschland. Wie Atmagea und Ciucurova ist es eine platte Kolonie, und nur einige wenige Schwabenfamilien haben sich zu den Kaschuben gesellt. Von 7 Rumänen abgesehen, die die Gehöfte nach Dakota ausgewanderter Deutscher gekauft haben, ist das Dorf ein reindeutsches mit 43 Familien von 219 Seelen.

Alle weiteren Niederlassungen haben das Gemeinsame, daß es in ihnen keinem der landsuchenden deutschen Bauern geglückt ist, zu eigenem Grund und Boden zu kommen. In der einen oder anderen ist ihre Lage vielleicht trotzdem nicht gerade schlecht, aber überall ist sie abhängig, unsicher und aussichtslos. Und mehr als eine bietet ein mitleiderregendes Bild von Armut und Verfall.

Solch ein armes deutsches Dorf ist **Sofular**, 9 km südlich von Cobadin gelegen. Es war noch ein Türkendorf, als sich 1893 die ersten Deutschen hier einfanden. Sie hatten vorher in Cogeala, Ebechioi und anderen Ansiedlungen gewohnt, mehrere kamen auch noch aus Bessarabien. An der Straße liegen 11 ärmliche Häuschen mit lehmbeworfenen Strohbächern, meist in schlechtem Zustand. Auch das niedrige Bethaus ist von der gleichen Art. Da ist nichts von der behaglichen Kultur der älteren Kolonien. Etwas abseits sieht man zwei ansehnliche Gutshäuser. Sie gehören zwei Brüdern, deutschen Kolonistensöhnen aus Cobadin, von denen jeder an 400 ha Grundbesitz erworben hat. Von den übrigen Deutschen jedoch hat keiner Land, nur 4 Familien gehört der Hofplatz. Sie haben sich etwas gepachtet und arbeiten daneben auf den Gütern als Tagelöhner. Einschließlich der beiden

Gutsbesitzer sind 12 Familien mit 57 Seelen vorhanden, 10 Familien haben ein freundlicheres Los in Nordamerika und Argentinien gesucht. Außerdem sind 5 rumänische im Ort.

Ein blühendes, reindeutsches Dorf war einmal **Mangeapunar**, an der Meeresküste eine Viertelstunde südlich von Tuzla gelegen, 1895 entstanden. Wie schon erwähnt, ließen sich hier 29 von den 1890/91 eingewanderten Familien nieder, die die katholische Kolonie Balala gegründet hatten und sie wieder aufgaben, weil man ihnen Veteranen aufdrängte und das versprochene Land vorenthielt. Auch hier wurde ihnen keine eigene Scholle geboten. Aber immerhin schien ihnen auf Grund langgeltender Abmachungen die Zukunft für Jahrzehnte gesichert.

Kirche in Mangeapunar

Mangeapunar ist ein lehrreiches Beispiel, wie wandelbar die Geschicke eines großen Teiles der neuen Einwanderer waren und wie einflußreiche rumänische Herren trotz aller verbrieften Rechtstitel ihnen mitspielen durften. Sie hatten von dem Grundbesitzer, dem Minister Emil Costinescu, das ganze über 7000 ha umfassende Gutsland auf 20 Jahre fest gepachtet. Nach Ablauf dieser Zeit sollte das Dorf, d. h. die Häuser und Hofplätze, in ihrem Besitz bleiben, selbst wenn der Vertrag nicht erneuert würde oder das Gut in andere Hände käme. Sie legten daraufhin in gewohnter Weise ihre stolze Straße an und bauten sich Häuser mit festen Mauern und Dächern, wie man keine vordem in der Gegend gesehen. Es wurden nach und nach 48. Über sie ragte seit 1901 eine stattliche, massive Kirche. Nach etwa

10 Jahren übergab Costinescu das Gut seinen Schwiegersöhnen, die bald Schwierigkeiten machten und Abänderung des Vertrags verlangten. Aus Scheu vor einem Prozesse ließen sich die Bauern breitschlagen und gingen darauf ein. Um 1906 kam ein neuer Vertrag zustande. Sie erhielten das ganze Gut gegen eine wesentlich höhere Pacht (22 lei pro ha) auf weitere 8 Jahre. Natürlich rechneten sie nach deren Ablauf sicher auf Verlängerung. Doch es wurde anders. Die fleißigen Deutschen hatten getreulich ihre Verpflichtungen erfüllt, aber als die Zeit um war, verpachteten die Gutsherren das Land an ihrer Stelle einem rumänischen Großpächter, der es nicht etwa selbst bewirtschaften, sondern es nun seinerseits den Bauern verpachten wollte. Nicht mehr gegen baren Pachtzins, sondern nur auf Halbscheid und gegen Arbeitsleistungen. Da faßten die meisten den schweren Entschluß, ihre schönen Gehöfte im Stich zu lassen und weiterzuziehen. Von mehr als 50 Familien blieben nur 16 zurück. 28 gingen nach Dakota oder Argentinien, der kleine Rest verstreute sich.

Ein derart seiner Bewohner beraubtes Dorf hat etwas ergreifendes und zugleich empörendes. Die breite, von mächtigen Bäumen beschattete Straße läßt noch erkennen, mit wieviel Liebe und Hoffnungen sie dereinst angelegt wurde. Aber hinter den Straßenmauern sieht man moderne Ruinen, ausgestorbene Gehöfte und verfallende Gebäude im wuchernden Grün. In manche haben sich auch Rumänen eingenistet, oder der Pächter hat sie in Gebrauch genommen.

Als nach unserer Besetzung der Dobrudscha das Gut in deutsche Verwaltung gekommen war, war ein Teil der früheren Bewohner zurückgekehrt und die Zahl der Familien wieder auf 34 mit 181 Seelen angewachsen. Vor ihrer Einwanderung in die Dobrudscha wohnten die meisten, ihren Angaben nach, in Katharinenthal, Landau und anderen Kolonien des Gouvernements Cherson. Auch hier läßt sich eine ganze Anzahl der Familiennamen in Kellers älteren Kolonistenverzeichnissen feststellen. Sie stammen danach mit wenigen Ausnahmen aus Ortschaften der Rheinpfalz, und es kann das als Hinweis dafür gelten, daß die einst landsmannschaftlich zusammengehörigen Familien auch nach Generationen noch engeren Zusammenhalt bewahrt haben. Außer den schon in Malcoci und Caramurat angeführten (Paul, Martin, Dillmann, Hirsch, Marthaler, Götz u. a.) finden wir hier die Namen: Keller (vertreten in den Kolonien Sulz, Rastatt und Speyer aus Bindersbach und Neupfotz in der Rheinpfalz und aus Obersteinbach i. Els.), Weber (Kolonie Sulz, München, aus

Albersweiler und Kandel, Rheinpfalz und Hechingen, Baden), Hatzenbühler (Kolonie Karlsruhe aus Knittelsheim, Rheinpfalz), Daum (Kolonie Landau aus Herxheim, Rh.), Braun (Kolonie München und Karlsruhe aus Hördt, Rh. und Offenbach), Heintz (Kolonie Karlsruhe aus Leimersheim, Rh.), Hörner (Kolonie Speyer und Katharinenthal aus Kuhardt, Rh. oder Kirchhart), Riedinger (Kolonie Landau aus Kandel, Rh.)

Einen noch traurigeren Eindruck des Verfalles und Verödens macht die 10 Minuten weiter südlich dicht am Meere gelegene evangelische Ansiedlung **Klein-Mangeapunar**. Sie wurde 1897 hauptsächlich von Familien aus der aufgelösten Kolonie Osmancea

Verfallende deutsche Gehöfte und Mauern in Klein-Mangeapunar

begründet und hatte sich zu einem hübschen reindeutschen Dörfchen von ca. 25 Familien entwickelt. Dann kam ein anderer Zwischenpächter, der die Pacht so hoch schraubte, daß nichts mehr blieb, und die Bauern verarmten. Die meisten zogen ab, 2 nach Amerika, verschiedene nach Rußland zurück. Heute stehen rechts und links der grasbewachsenen Straße verwaiste Gehöfte. Nur 4 Familien mit 27 Seelen fand ich noch anwesend. Die Kinder wuchsen ohne jede Schule auf, da es hier auch keine rumänische gab.

Der Rest der katholischen 9 Kolonisten von Valala, der 1895 nicht mit den übrigen nach Mangeapunar ging, etwa ein Dutzend Familien, hatte in **Chiragi** eine kleine Kolonie gebildet, die aber nach 12 Jahren ein Ende fand. Die meisten wanderten nun nach Amerika aus, die übrigen zerstreuten sich in andere Dörfer. Nur ein deutscher Mühlenbesitzer befindet sich noch dort.

Ende des Jahrhunderts siedelten einige Familien von Cogeala nach **Mamaia** über. Es waren zurzeit 3 mit 16 Seelen anwesend, darunter 2 des Namens Weber aus der Chersonschen Kolonie Sulz, nach dem Taufzeugnis aus Althausen a. Rh. stammend

Der größere Teil der Osmancea verlassenden Familien ließ sich 1901 in dem Tartarendorfe **Alacap**, 4 km nördlich der Bahnstation Murfartlar, nieder. Sie haben sich hier ihre eigene Straße angelegt und hatten vor dem Krieg auch einen deutschen Lehrer. Es sind überwiegend Schwaben, die meisten kamen aus der bessarabischen Kolonie Altelst. Sie haben Land von der Regierung gepachtet, doch gehört ihnen wenigstens das Haus und der 2000 qm umfassende Hofplatz. Es waren früher an 30 Familien. Ein Teil ist nach Canada und Dakota ausgewandert, 2 nach Deutschland in die Gegend von Graudenz. Zwischen 45 tatarischen, 15 rumänischen und 5 bulgarischen Familien gibt es jetzt noch 20 deutsche mit 116 Seelen.

Die deutsche Straße in Alacap

Landlose Familien aus den älteren katholischen Kolonien Malcoci und Culelia, auch von Caramurat haben sich in **Techirghiol** an dem gleichnamigen, nur durch einen Landstreifen vom Meere getrennten und durch seine große Heilkraft bekannten Schlammsee niedergelassen. Die ersten 1907. Sie wohnen ein Stück vom See entfernt, ohne eigene Straße zwischen Tataren zerstreut und meist noch in Häusern, die von Rumänen oder Tataren gekauft sind. Mit kurzfristigen Verträgen auf 2 bis 3 Jahre haben sie Land von einem Gutspächter gepachtet. Es gehört ihnen nur Haus und Hofplatz. Ein bescheidenes Häuschen haben sie als Betsaal eingerichtet, deutsche Schulung fehlt gänzlich. Es sind 16 Familien mit 97 Seelen.[1]

---

[1] Wie verlassen und unbeachtet, oft auch in der Dobrudscha selbst ganz unbekannt manche dieser kleinen deutschen Nester sind, dafür sei als Beispiel erwähnt, daß Margot Staub-Zehnder, die im Hauskalender des Deutschen Volksbildungs-

1909 siedelten nach **Palaz Mare**, 7 km nördlich von Konstanza unmittelbar am Siut Ghiol, die 13 katholischen Familien über, die 1891 aus dem Gouvernement Cherson (Katharinenthal, Landau, Rastatt) eingewandert waren und sich in Osmanfaca niedergelassen hatten. Dazu kamen Kolonisten aus Caramurat und Culelia und mehrere Familien, die bisher schon vergeblich in Chiragi, Caramurat und Mangeapunar ein Heim von Dauer gesucht hatten. Die meisten wohnen zusammen in einer von ihnen neu und etwas abseits vom Dorfe angelegten Straße mit überaus schmucken, freundlichen Häuschen. Wirtschaftlich ist es keinem gut gegangen. Sie hatten zuerst auf Halbscheid gepachtet, wobei sie der rumänische Gutsbesitzer nach Möglichkeit übervorteilt zu haben scheint. Das führte zu einem Prozeß, der vor

Bethaus in Techirghiol

dem Krieg schon 2 Jahre dauerte und in den ersten Instanzen auch zu ihren Gunsten entschieden wurde. Die Ansiedlung zählt 25 Familien mit 147 Seelen. Die Familie Winterhalt gibt Schlesien, Türck Heidelberg als deutsche Heimat an.

Seit 1911 haben bei der Bahnstation **Bratianu**, unweit Konstanza, Kolonisten, die vorher in Sarighiol waren, von der Regierung Land gepachtet. Zurzeit 4 Familien mit 19 Seelen.

Trotz der langen Zeit, die seit Verlassen der russischen Heimatdörfer verstrichen ist, befinden sich viele dieser landlosen Bauern auch heute noch immer im Fluß, immer bereit, weiter zu wandern, wenn irgendwoher die Kunde von freiem Land zu

---

vereins (1910, Bukarest, S. 61/71) dem „Wundersee" einen langen Aufsatz widmet und dabei auch das Dorf mit seinen Tatarenhäusern beschreibt, offenbar nicht das geringste von der Kolonie deutscher Landsleute gehört und bemerkt hat. Auch dem Bischof Netzhammer, der gleichfalls den See beschreibt, scheint das Vorhandensein der kleinen katholischen Gemeinde ganz unbekannt geblieben zu sein.

ihnen bringt. Was wir des öfteren nach dem russisch-türkischen und nach dem Krimkrieg beobachten konnten, daß die eingewanderten Deutschen in verlassene Türken- und Tatarendörfer einzogen und darin deutsche Gemeinwesen begründeten, das wiederholte sich in ähnlicher Weise auch in diesem Kriege. Aus **Toumai**, ca. 20 Minuten südlich von Mangalia, waren gleich nach Kriegsbeginn die meisten der bisherigen Bewohner, Angehörige der russischen Sekte der Skopzen, geflohen. In ihren leerstehenden Gehöften hatten sich schon im März 1917 deutsche Bauern heimisch gemacht und von unserer Militärverwaltung Land gepachtet. Sie stammten aus dem Gouvernement Cherson (Worms, Rohrbach) und waren zuletzt auf dem Gute eines Deutsch-Österreichers in Emerlik gewesen, im südlichsten, erst 1913 an Rumänien gefallenen Teil der Dobrudscha. Zuerst waren nur 3 Familien gekommen, bei meinem zweiten Besuch im Herbst waren es schon 6 mit 27 Seelen, und andere wurden erwartet. Vermutlich hat der Wechsel der Verhältnisse die weitere Entwicklung gestört, sonst wäre gewiß aus dem Skopzen-Dörfchen sehr bald ein deutsches geworden.

Wie in Konstanza hatte sich auch in dem anderen Endpunkte der Bahnlinie, in **Cernavoda**, seit Ausgang der sechziger Jahre eine Anzahl Deutscher eingefunden. Sie gehörten gewerblichen, technischen und kaufmännischen Berufen an und waren meist durch den Bahn- und Brückenbau und durch den Donauverkehr ins Land gerufen. Einer der ersten war ein Bahnmaschinist aus Insterburg. Aus Deutschland selbst scheint außerdem nur noch je eine Familie aus Berlin und vom Niederrhein gekommen zu sein. Die übrigen waren Wiener und Ungarn, ein Deutschschweizer und ein Siebenbürger Sachse: 8 Familien mit 36 Seelen. Die Kinder dieser Einwanderer mehr städtischen Charakters sind, im schroffen Gegensatz zu den bäuerlichen, vielfach Ehen mit Rumänen eingegangen.

Auch an anderen Donauplätzen finden sich einzelne Deutsche, so in Rasova, Harsova, Ciobanu, Garliciu, Docuzaci und Ostrov.

Aber auch von den bäuerlichen Ansiedlungen aus hat sich das deutsche Element noch in zahlreiche, über das ganze Land verstreute Ortschaften verbreitet. In manchen sind es nur vereinzelte Personen, in anderen eine oder mehrere Familien, die sich ein Heim in vollständig fremder Umgebung geschaffen haben. In den meisten Fällen war es wirtschaftlicher Unternehmungsgeist, der zur Abtrennung vom Heimatsdorfe geführt hat. Vor allem haben sich die deutschen Bauern in großem Umfang der Mühlenindustrie des Landes bemächtigt. Unter den nachstehend angeführten Orten ist wenigstens ein Dutzend, in denen die betreffende deutsche Familie die Dampf- oder Wassermühle der Gegend errichtet oder erworben hat. Dabei kann für das nördliche Stück des Landes, das während des Krieges bulgarisches Operationsgebiet war, die folgende Liste nicht auf Vollständigkeit Anspruch machen. Vom Norden beginnend wohnen noch Deutsche in: La Trei Mori (1 Familie von 7 Personen), Babadag (1 Familie von 6 Personen), Baspunar (3 P.), Jurilofka (3), Ramnicu de Jos (3 F.), Ciuciuc-Chieri (ein paar F.), Terzichioi (2 P.), Caranasuf (1 P.), Satischioi-Roman (3 P.), Caracoium (1 P.), Canara (3 P.), Murfartlar (2 F. von 10 P.), Hasancea (1 F.). Südlich der Bahnlinie: Omurcea (1 F. von 8 P.), Hasi-Duluc (1 F.), Biulbiul Mic (1 P.), Pestera (7 P.), Cuzgun (2 P.), Adamklisi (2 P.), Bezirk Dobromir (9 P.), Cherim-Cuius (3 P.), Caciamak (1 F. von 8 P.), Topraisar (2 F. von 10 P.), Tuzla (1 F. von 6 P.), Ghiuvenlia (1 F. von 7 P.), Cavaclar (1 P.), Chiragi (2 P.), Canlicicur (1 P.), Cara Omer (1 F.), Cerchezchioi (5 P.).

Die zuletzt genannten Orte liegen schon dicht an der Grenze, die bis 1913 Rumänien und Bulgarien schied. Die unsicheren, durch Grundbesitz nicht gefestigten Verhältnisse, die besonders die letzten Einwanderer nicht zu seßhafter Ruhe kommen ließen, haben es mit sich gebracht, daß die in der russischen Steppe begonnene Wanderung der deutschen Bauern sich immer weiter nach Süden, über die Grenze hinweg fortsetzte und auch dort zu Koloniegründungen führte.

8.

Ansiedlungen in der bulgarischen Dobrudscha

Die Anwendung des Namens Dobrudscha ist hinsichtlich ihrer Grenzen in älterer Zeit schwankend gewesen. Die Türkei hatte ihn für die Verwaltung und politische Einteilung des Reiches überhaupt nicht benutzt. Es war der Winkel zwischen Donau und Pontus, ohne feste Grenzlinie auf der Landseite. Aber man verband mit dem Namen zugleich den Begriff eines baum- und wasserlosen Steppenlandes und dehnte ihn danach ungefähr bis dahin aus, wo die Steppenformation allmählich in die wald- und wasserreichen des Deli Orman übergeht. Ungefähr bis zu einer Linie, die, von Silistria oder noch ein Stück weiter westlich ausgehend, zwischen Balcik und Varna das Meer erreichte.

Durch den Berliner Kongreß erhielt der Name einen neuen, politisch festgelegten Gehalt, und zwar einen bedeutend verengerten. Rumänien nahm ihn als offizielle Bezeichnung für das neugewonnene Gebiet auf. Die Grenze verlief nun ein gutes Stück östlich von Silistria beginnend und etwas südlich von Mangalia endend. Was jenseits davon lag, war nunmehr Fürstentum Bulgarien. Der Friede von Bukarest im August 1913 gab dem Namen wieder annähernd seinen alten Geltungsbereich. Bulgarien mußte bekanntlich nach dem unglücklichen zweiten Balkankriege seine Grenze an der Donau bis westlich Tutrakan und am Meere bis Ekrene, südlich Balcik, zurückrücken. Nach der Eroberung der Dobrudscha im Herbst 1916 wurde die frühere Grenze wiederhergestellt und der 1913 abgetretene Streifen sofort wieder der bulgarischen Verwaltung überlassen. Es ist also, von der dreijährigen Unterbrechung abgesehen, immer bulgarisches Land gewesen, und die hier entstandenen deutschen Siedlungen sind daher dem Deutschtum in Bulgarien zuzurechnen, umsomehr, als ihre Verbreitung sich nicht auf den strittigen Streifen beschränkt hat, sondern auch über die Grenze des Bukarester Friedens hinausgegangen ist.

Ich habe leider diese Kolonien nicht persönlich besuchen können. Bei meiner ersten Reise blieben sie aus dem einfachen Grunde außer Betracht, weil ich erst im Verlaufe meiner Fahrten hier und da etwas von ihnen hörte und Anhaltspunkte über ihre Lage sammeln konnte. Im Herbst 1917 sollte sich ihre Erkundung den archäologischen Arbeiten, die die Hauptaufgabe dieses Aufenthaltes bildeten, anschließen. Diese dehnten sich jedoch wider Erwarten so lange aus, daß der beginnende Winter eine weitere Reise nicht mehr gestattete. Und bei meinem dritten Besuch der Dobrudscha im Herbst 1918 machte mir der plötzliche Umschwung der militärischen und politischen Verhältnisse einen Strich durch den Plan der genaueren Erforschung dieser Siedlungen. Die nachfolgenden Mitteilungen beruhen also nicht auf eigener Anschauung. Doch gewann ich das Material zum größten Teil von Leuten, die selbst aus diesen Dörfern stammten, und ich konnte es in vielen Fällen durch Angaben von verschiedenen Seiten nachprüfen und kritisch sichten. An Lücken und Irrtümern wird es freilich nicht fehlen.

Gleichwohl glaube ich, in dieser Schrift eine kurze Behandlung auch dieser deutschen Niederlassungen auf bulgarischem Boden nicht unterlassen zu dürfen. Sie sind die unmittelbare Fortsetzung der deutschen Wanderungen, die bisher geschildert wurden, und beruhen durchaus auf der gleichen Grundlage, so daß sie zweifellos zum Gesamtbilde der Entwicklung gehören. Dazu kommt, daß in Deutschland bisher von bäuerlichen deutschen Kolonien in Bulgarien überhaupt nichts bekannt geworden ist. Das Handbuch des Deutschtums im Ausland weiß nichts davon, und selbst ein besonderer Aufsatz über das Deutschtum in Bulgarien von Arthur Dix aus dem Jahr 1917 verneint das Bestehen ländlicher Siedlungen. Er hat demnach sogar von den älteren, zum Teil recht ansehnlichen Kolonien im Inneren Altbulgariens bei Plevna, Jamboli, Schumla, Biela Slatina, südlich Rahova, nichts gehört.[1]) Unter solchen Umständen sind gewiß auch unvollständige und nicht fehlerfreie Nachrichten von einigem Wert.

Ein Zusammenhang der eben erwähnten Ansiedlungen im Inneren Bulgariens mit denen der Dobrudscha ist nur in einem Falle durch bestimmte Überlieferung nachweisbar. Als 1896 die oben erwähnte, etwa 40—45 Familien starke Kolonie Caracicula sich auflöste, wandte sich ein Teil von ihnen nach Bulgarien und ließ sich in der Gegend von Plevna, ca. 5 km von Levski ent-

---

[1]) Das Deutschtum im Ausland, 1917, Heft 31.

fernt, nieder. In der katholischen Kolonie von **Endze** bei Schumla, die gegen 70 Familien zählen soll und eine kleine deutsche Schule unterhält, haben sich Einwanderer aus Oesterreich-Ungarn (Banat) mit Dobrudscha-Kolonisten zusammengefunden.[1]) Die Kolonie bei Biela Slatina, **Brbarski-geran**, und die etwa 30 Familien bei **Jamboli** dürften aus dem deutschen Sieblungs- gebiet in Südungarn gekommen sein.

Auf dem bulgarischen Dobrudschaboden ist es eine ganze Reihe von Ortschaften, in denen sich deutsche Bauern festgesetzt haben. Die meisten liegen unmittelbar hinter der Grenze von 1878 und in der Umgebung von Dobritsch, einzelne noch weiter westwärts. Die Art ihrer Verteilung, zuerst ziemlich dicht beieinander, dann mit größeren Abständen verstreut, läßt erkennen, wie die Bauern allmählich immer weiter vorgerückt sind.

Vielfach finden wir nur wenige Familien, die offenbar die Wanderung zusammen fortgesetzt haben, als sie ihre Erwartungen in Rumänien enttäuscht sahen. Aber auch eine Anzahl ge- schlossener deutscher Kolonien ist hier entstanden. Als ein schönes deutsches Dorf von über 20 Familien wird **Ciobankujus** geschildert, ca. 18 km südwestlich von Cara Omer, nahe an der Bahnlinie nach Dobritsch. Es unterhielt eine Schule mit einem Lehrer aus Deutschland.

Etwa 15 km westlich davon liegen 2 katholische Kolonien: **Ali Kalfa**, wo nur Deutsche wohnen, und **Kalfakioi**, ebenfalls ein reindeutsches Dorf von ungefähr 20 Familien. Diese sollen direkt aus Bessarabien gekommen sein, lauter reiche Großbauern, die sich hier Land gekauft haben, manche 200—300 ha. Den großen Wohlstand der kleinen Kolonie beweist der Umstand, daß sie sich eine schöne Kirche gebaut hat und einen eigenen Pfarrer, sowie Schule und Lehrer besitzt.

Ein deutsches Dorf **Cepangchioi**, nahe der Grenze, wird schon 1910 als dem Pfarrbezirk Konstanza angeschlossen erwähnt. Es zählte damals 12 Familien mit 60 Seelen und besaß eine deutsche Schule.[2])

Unmittelbar an der alten Grenze, südlich der Kolonie Mamuzlu, liegen die Dörfer **Musubej** mit 6 deutschen Familien und deutscher Mühle, **Karali** (2 Familien), **Durbali** (2 Familien von 17 Seelen und deutscher Mühle), **Hasirlik** (3 Familien mit 19 Seelen), **Korocko** (4 mit 20 Seelen), **Arbocko** (1 von 7 Personen), **Kasimkioi** (mehrere Familien, deutsche Mühle).

---

[1]) Ueber diese Kolonie findet sich ein kurzer Bericht von P. Franz Krings in der Monatsschrift „Die katholischen Missionen", 38. Jahrg. 1909/10, S. 219/20.
[2]) Hauskalender des Deutschen Volksbildungsvereins 1910, S. 98.

In **Dobritsch** sind 15 bis 20 Familien. In näherer Umgebung davon in **Gelindje** 2 Familien, in **Emirler** 1 Familie von 7 Personen, deutsche Dampfmühle. In weiterer Entfernung von Dobritsch leben in **Serdimen** 3 oder 4 Familien, und am weitesten nach Süden vorgerückt in **Baladja** 4 Familien und in **Balcik** ein deutscher Mühlenbesitzer und mehrere Familien.

In der bulgarischen Dobrudscha sind demnach, soweit diese gewiß nicht vollständigen Angaben reichen, wenigstens noch 4 geschlossene deutsche Kolonien entstanden, und in wenigstens 13 Ortschaften haben sich deutsche Bauernfamilien vereinzelt oder in kleineren Gruppen ansässig gemacht. Die Gesamtzahl dürfte nicht unter 150 Familien mit ungefähr 800 Seelen betragen.

9.

Anzahl der Deutschen, Vermehrung, Verwandtschaftsehen, Gesundheitszustand, Wiederabwanderung

Nach den bei den einzelnen Ortschaften angegebenen Feststellungen beläuft sich die Gesamtzahl der Deutschen in der Dobrudscha auf 8534 Personen, die sich auf 1594 Familien verteilen. Nimmt man die schätzungsweise Ermittelten im bulgarischen Teil hinzu, so ergeben sich rund 1750 Familien mit 9400 Seelen.

Es ist das von der gewaltigen Masse der in der Zerstreuung lebenden deutschen Volksgenossen nur ein kleiner Bruchteil. Aber es ist ein in sich abgeschlossenes Stück Auslanddeutschtum, das wir, was sich in dieser Weise von wenig anderen sagen läßt, auf Grund genauer systematischer Erforschung nach Zahl, Entwicklung, Gliederung, Besitzverhältnissen, Familiennamen und Vermehrung übersehen können. Es gestattet uns daher, dabei auf manche Fragen etwas näher einzugehen, die sonst aus Mangel an exakten Grundlagen nicht untersucht oder nur nach allgemeinen Eindrücken beurteilt zu werden pflegen. Dazu gehören einige Fragen, die ins Gebiet der Bevölkerungslehre und Rassenhygiene schlagen. Hierbei kommt auch zu statten, daß es sich hinsichtlich der beruflichen Tätigkeit und des Kulturstandes um ein fast einheitliches Material handelt. Die Deutschen der Dobrudscha gehören mit wenigen nicht ins Gewicht fallenden Ausnahmen der bäuerlichen Bevölkerung an. Kaum 100 Familien tragen mehr oder minder städtischen Charakter, denn auch die Deutschen in Tulcea, Konstanza und Cernavoda treiben zum Teil Landwirtschaft. Wir haben es also mit deutschen Bauern zu tun. und zwar mit Kleinbauern von durchaus gleicher Bildungsstufe. Eine intelligente Schicht geistiger Berufsarten hat sich bisher nicht daraus entwickelt.

Der gegenwärtige Bestand von rund 1600 Familien mit 8550 Köpfen ist hervorgegangen aus einer Einwanderung, die sich ziemlich genau ein halbes Jahrhundert lang fortgesetzt und annähernd — zum Teil nach bestimmten Ermittlungen, zum Teil nach Schätzungen — 800 Familien ins Land geführt hat. Seit knapp einem Menschenalter hat der Zuzug von außen im allgemeinen aufgehört und die Vermehrung nur noch aus sich heraus stattgefunden. Der Stamm der ursprünglich Eingewanderten würde sich demnach gerade verdoppelt haben. Es ist dabei aber zu berücksichtigen, daß schon seit mehr als drei Jahrzehnten eine beträchtliche Abwanderung erfolgt ist. Ich habe in allen Dörfern festzustellen versucht, wieviel Familien aus jedem wieder ausgewandert sind. Bei den erhaltenen, natürlich nur auf der Erinnerung der Leute beruhenden Angaben ist sicher oft die eine und die andere Familie vergessen worden, so daß die danach auf ungefähr 400—425 berechnete Zahl eher zu niedrig als zu hoch sein dürfte. Wir sahen, daß von den Ansiedlungen der letzten Einwanderungsperiode sich verschiedene nach kurzer Zeit wieder auflösten und ein guter Teil der neuen Ankömmlinge unbefriedigt und enttäuscht die Dobrudscha wieder verließ. Wir können diese auf etwa 175 Familien veranschlagen. Sie sind, wenn wir ein Bild der natürlichen Vermehrung bekommen wollen, von der Zahl der insgesamt Eingewanderten als bedeutungslos ohne weiteres abzuziehen, so daß auf nur ungefähr 625 Familien der heutige Bestand zurückzuführen wäre. Ihm müssen wir jedoch für diese Betrachtung den anderen Teil der Ausgewanderten von 250 Familien zuzählen, die überwiegend schon in der Dobrudscha geboren waren und zur Nachkommenschaft der Einwanderer gehören. Es würden sich danach aus rund 625 Familien ungefähr 1850 entwickelt haben.

Diese über die durchschnittliche Vermehrung europäischer Völker beträchtlich hinausgehende Zunahme erhält noch ein anderes Gesicht, wenn wir annehmen dürfen, daß die heutige Gesamtzahl der Dobrudschadeutschen bereits in früherer Zeit erreicht oder sogar übertroffen wurde. In der Tat scheint dies der Fall zu sein. Eine genaue und zuverlässige Statistik aus einer älteren Epoche fehlt zwar, doch verdienen immerhin ein paar frühere Angaben über die Zahl der Deutschen Beachtung. Auf Grund von Mitteilungen aus der Dobrudscha selbst beziffert sie Richard Lesser, der Herausgeber der „Weltpost", 1883 auf 600 Familien mit etwa 3000 Köpfen.[1]) Ungefähr gleich hoch nimmt A. E. Lux

---

[1]) „Weltpost", Blätter für deutsche Auswanderung, Leipzig 1883, 11. Heft, S. 188.

1886 die Zahl der Deutschen an: 3024.[1]) Das sind Angaben noch aus der Zeit vor dem letzten größeren Zuzug aus Rußland. Wichtiger und, wie es scheint, auf genaueren und einigermaßen verläßlichen Feststellungen beruhend ist eine ethnographische Statistik über die Dobrudschavölkerschaften, die der Genfer Anthropologe Eugène Pittard 1901 von dem rumänischen Schulrevisor in Konstanza, M. Banesco, erhielt. Er berechnet die Deutschen auf 8779.[2]) Das würde also die gegenwärtige Zahl um ein paar Hundert übertreffen, so daß das Deutschtum in der Dobrudscha in den beiden letzten Jahrzehnten nicht bloß keine Zunahme, sondern sogar einen Rückgang erfahren hätte. Die Auswanderung müßte danach in dieser Zeit die natürliche Vermehrung vollständig ausgeglichen haben.

Doch selbst wenn man davon absieht, daß die gegenwärtige Zahl sogar schon vor 18 Jahren erreicht war, bleibt eine außerordentlich große natürliche Vermehrung bestehen.

Es liegt nahe, dabei zuerst an einen außergewöhnlichen Kinderreichtum dieser deutschen Kolonistenfamilien zu denken. In dieser Beziehung sind übertriebene Vorstellungen überhaupt gang und gäbe, und Reisende, die irgendwo einmal, sei es in Brasilien oder Rußland oder auch in der Dobrudscha, deutsche Ackerbaukolonien besucht haben, lassen in ihren Berichten und Schilderungen, mögen sie sonst noch so dürftig sein, fast niemals die Erzählungen von den Familien mit 10 und 12 und 15 Kindern fehlen, so daß der Eindruck erweckt wird, das sei die Regel. Diese Neigung zur Verallgemeinerung ins Auge springender Fälle habe ich auch in der Dobrudscha zur Genüge beobachten können. Bei genauerer Untersuchung liegt die Sache hier, und sicher auch in anderen Koloniegebieten doch wesentlich anders.

Die Vorbedingungen zu einer großen Kinderzahl sind allerdings in den deutschen Dobrudschadörfern in seltenem Maße erfüllt. Ehelosigkeit kommt so gut wie nicht vor. Beide Geschlechter heiraten sehr früh, so daß die durchschnittliche Dauer der Ehen eine sehr lange ist. Junge Mütter von 16 Jahren trifft man ziemlich häufig. Die Zahl der kinderlos bleibenden Ehen ist verschwindend gering. In verschiedenen Dörfern habe ich auch nicht ein kinderloses Ehepaar feststellen können. In 3 größeren fand ich unter 369 Familien nur 15 kinderlose, wobei aber auch die jungen Ehepaare mitgezählt wurden, bei denen

---

[1]) Die Balkanhalbinsel. Physikal. u. ethnogr. Schilderungen, Freiburg i. Br. 1887. S. 52.
[2]) Dans la Dobrodja. Notes de voyage. Genève 1902. S. 47.

noch keine Kinder da sein konnten. Auf 100 Ehepaare würden danach 4 kinderlose kommen. In Kopenhagen waren 1880 von 34075 Ehepaaren nicht weniger als 6804 kinderlos, das sind 19,96%[1]), und in Berlin in den Jahren 1886—1900 durchschnittlich 27%.[2]) Und wenn nach Rümelin 9,09% der Frauen steril sind,[3]) so gilt das gewiß nicht für die deutschen in der Dobrudscha. Eine beabsichtigte Beschränkung der Kinderzahl, wie sie bei einem Teil der Siebenbürger Sachsen seit langem zur Unsitte geworden und auch in manchen deutschen Kolonien des Banats zu beobachten ist, scheint in der Dobrudscha noch vollständig unbekannt zu sein. Auch für die Aufzucht der Kinder liegen hier die Verhältnisse überall günstig. Der Gesundheitszustand in den deutschen Kolonien ist im allgemeinen sehr gut, und im besonderen scheinen gerade auch die Kinderkrankheiten wenig verbreitet zu sein. In Atmagea versicherte man mir, daß der Scharlach früher eine vollständig unbekannte Krankheit gewesen und erst 1916 zum erstenmale aufgetreten sei. Auch die Masern („Griseln") kämen selten vor. Bleichsüchtige, rachitische und unterernährte Kinder habe ich nirgends gesehen. Doch trotz all dieser günstigen Umstände sind die Familien mit außergewöhnlich hoher Kinderzahl auch unter den Dobrudschabauern keineswegs die Regel.

Wir ermittelten 8534 Personen und 1594 Familien. Auf die Familie kommen danach durchschnittlich 5,35 Köpfe. Das ist zwar etwas mehr als die gemeinhin für oberflächliche Berechnungen angenommene, gegenüber den tatsächlichen Verhältnissen bei den europäischen Kulturvölkern auch zu hoch gegriffene Zahl von 5, aber auf einen besonders großen Kinderreichtum ist daraus nicht zu schließen. Allerdings ist dabei zu bedenken, daß die auf diese einfache Weise für die durchschnittliche Familienstärke gewonnene Zahl gerade durch die Regelmäßigkeit frühzeitiger Eheschließungen herabgedrückt wird. In den Familien sind in der Regel nur noch die jüngeren Kinder vorhanden oder auch die Eltern allein, während die heiratsfähigen Kinder schon wieder eigene Familien gegründet haben.

Um ein genaueres Bild von der ehelichen Fruchtbarkeit zu bekommen, habe ich in 1295 Familien über die Kinderzahl besondere Feststellungen gemacht. Ich habe für diese Untersuchung

---

[1]) Rubin, Markus und Westergaard, Harald, Statistik der Ehen. Auf Grund der sozialen Gliederung der Bevölkerung. Jena 1900, Tabelle I.
[2]) Mombert, Paul, Studien zur Bevölkerungsbewegung in Deutschland. Karlsruhe 1907. S. 236.
[3]) Rümelin, Gustav, Reden und Aufsätze, Tübingen 1875. S. 314.

von vorherein die nichtbäuerlichen Familien in Konstanza, Cernavoda und Tulcea ausgeschaltet, ebenso die zerstreut wohnenden, bei denen ich nicht überall zuverlässige Angaben über die Kinderzahl hätte erlangen können. Es handelt sich ferner bei diesen 1295 Familien nur um solche, die wirklich Kinder bei sich hatten, und ich mußte mich in den meisten Dörfern leider auch darauf beschränken, nur diese Kinder festzustellen, ohne Berücksichtigung derjenigen, die etwa das Elternhaus schon verlassen hatten. Es sind also kinderlose Ehepaare nicht mitgezählt, weder die alten, deren Kinder schon verzogen waren, noch die ganz jungen, die aus natürlichen Gründen noch keine hatten. Zur Mitzählung der außerhalb des Elternhauses, vielfach auch außerhalb des Dorfes lebenden Kinder, hätte es einer sehr umständlichen Umfrage von Haus zu Haus bedurft, zu der ich mir nicht überall die Zeit nehmen konnte. Denn diese waren natürlich auch in den Listen der Schulzen und Ortskommandanturen nicht berücksichtigt. Ich habe es jedoch in 3 größeren Dörfern, bei 354 Familien, durchgeführt, sämtliche am Leben befindliche Kinder festzustellen, so daß damit ein Anhalt gegeben ist, wie weit sich bei der Gesamtmenge der gezählten Familien die Ergebnisse ohne den Fehler der unvollständigen Zählung verschieben würden.

In den 1295 Familien waren 5261 Kinder vorhanden. Auf 100 Ehepaare kamen somit durchschnittlich 406 Kinder. Die 354 Familien, deren Kinderzahl ich lückenlos ermittelte, hatten 1611 Kinder, auf 100 Ehen entfielen hier also 455. Das ist ein hoher, aber die Verhältnisse bei anderen Völkern doch nicht außergewöhnlich überragender Durchschnitt, wenigstens wenn wir zum Vergleich dieselben Berufsschichten heranziehen. So kamen zwar bei der Volkszählung von 1881 auf 100 Ehepaare in Kopenhagen nur 307 Kinder (1901 = 325), in den Landdistrikten Dänemarks jedoch 413.[1]

An sich würde die Durchschnittszahl von 4,55 Kinder auf eine Ehe die Möglichkeit einer verhältnismäßig großen Anzahl außergewöhnlich kinderreicher Familien noch nicht ausschließen, wenn ihr eine entsprechend große Menge sehr kinderarmer gegenüberstände, d. h. wenn sich aus irgendwelchen sozialen Ursachen in den Dörfern gewissermaßen zwei verschiedene Schichten entwickelt hätten. Ein Blick auf die Art der Verteilung der Kinder zeigt jedoch deutlich, daß daran nicht zu denken ist. Von den 354 Familien hatten 91 = 1 oder 2 Kinder, 213 = 3 bis 7,

---

[1] Rubin und Westergaard, Statistik der Ehen, Tab. I.

83 = 7 und mehr, 50 = 8 und mehr, und bloß 16 erfreuten sich eines Reichtums von 10 und mehr. Ein ähnliches Verhältnis ergibt auch die Untersuchung des umfangreicheren Materials von 1295 Familien. Nur ist bei diesen Zahlen zu bedenken, daß die nicht mitgezählten, nicht mehr im Elternhause befindlichen Kinder mit wenig Ausnahmen den kinderreichen Familien zufallen würden, da es sich dabei überwiegend um die älteren Kinder langjähriger Ehen handelt. Die Zahlen der Familien mit 3 bis 7 und 7 und mehr Kindern bleiben demnach hinter den tatsächlichen Verhältnissen etwas zurück. Von den 1295 Ehepaaren hatten 411 = 1 oder 2 Kinder, 757 = 3 bis 7, 224 = 7 und mehr, 127 = 8 und mehr, aber bloß 33 = 10 und mehr.

Berechnen wir beide Ergebnisse für je tausend Familien und stellen zum Vergleich die Verhältnisse in Frankreich daneben, so erhalten wir folgendes Bild:

Von je 1000 Familien hatten:

	weniger als 3 Kinder	3—7 Kinder	7 und mehr	8 und mehr
In den vollgezählten Familien	257	602	232	141
In den unvollständig gezählten	317	585	173	98
in Frankreich¹)	655	314	31	?

Danach haben fast ³/₄ aller Familien der deutschen Dobrudschabauern wenigstens 3 Kinder. Da das restliche Viertel hauptsächlich junge Ehen umfaßt, deren Fruchtbarkeit noch nicht abgeschlossen ist, so läßt sich sagen, daß nur ein sehr kleiner Teil kinderarm bleibt. In 60% der Familien sind 3—7 Kinder vorhanden. Ein mittlerer Kinderreichtum ist also der vorherrschende Zustand. Das gegensätzliche Bild sehen wir in Frankreich. Hier machen die kinderarmen Familien weitaus die Hauptmasse aus. Ein guter Teil der deutschen Ehen, etwa 14%, bringt es noch auf 8 und mehr Kinder. Die vielverbreiteten Vorstellungen von der Häufigkeit eines außergewöhnlichen Kinderreichtums sind jedoch nicht begründet. Die Familien mit 10 und mehr Kindern bilden auch unter den Dobrudschakolonisten nur eine kleine

---

[1]) Gruber, M. v. und Rüdin, Fortpflanzung, Vererbung, Rassenhygiene, 2. Aufl. München 1911. Tab. 176 nach E. Jayle, Revue médicale 1911. Nr. 14.

Minderheit. Nicht eine außergewöhnlich hohe Kinderzahl in vielen Familien ist das ausschlaggebende Moment für die rasche Vermehrung der deutschen Bauern, sondern die stete Regelmäßigkeit einer ansehnlichen Nachkommenschaft in weitaus den meisten Ehen, verbunden mit der nahezu höchstmöglichen Häufigkeit der Eheschließungen, so daß ein Ausfall in der natürlichen Zunahme durch Ehe- oder Kinderlosigkeit fast ganz vermieden wird.

Wie diese stete Regelmäßigkeit der Eheschließung aller Ehefähigen und einer gleichmäßig guten Fruchtbarkeit aus einem Ahnenpaar auch ohne vorherrschend hohe Kinderzahlen der einzelnen Nachkommen schon in ein paar Generationen ein weitverzweigtes, gliederreiches Geschlecht entwickelt, mag ein Beispiel veranschaulichen, das der Familie des Vaters Adam Kühn, dessen schon früher gedacht wurde. Der 1807 bei Gnesen geborene Adam Kühn erzeugte mit seiner ebenfalls noch in Deutschland geborenen, um 5 Jahre jüngeren Frau Karolina in einem Zeitraum von 27 Jahren 11 Kinder, von denen das erste 1829, das letzte 1856 zur Welt kam. Wenn die durchschnittliche Dauer der weiblichen Fruchtbarkeit 22 Jahre beträgt,[1]) so hat sie Frau Karolina nicht unwesentlich überboten. 3 der Kinder, Eva, Augustina und Wilhelm, starben schon im Kindesalter. Für die Nachkommenschaft kommen also nur 8 in Betracht. Ich führe diese und ihre Kinder mit den Vornamen an, um zugleich deren altväterischen Charakter zu zeigen, an dem die Bauern im allgemeinen treu festgehalten haben. Erst in die jüngste Generation sind häufiger moderne und fremdartige Vornamen eingedrungen.[2]) Die 8 Kinder Adams waren: Susanna, Matthias, Karolina, Wilhelmina, Christina, Christian, Katharina, Gottlieb. Von diesen wurden erzeugt und aufgezogen 49 Kinder:

Von Susanna 5: Christine, Matthäus, Friederike, Susanna, Helene.

Von Matthias 9: Karl, Justine, Christoph, Johann, Matthäus, Julie, Karoline, Maria, Luise.

Von Karolina 10: Justine, Christian, Friedrich, Gottlieb, Wilhelm, Samuel, Susanne, Katharina, Wilhelmine, Christine.

Von Wilhelmina 1: Johann.

Von Christine 5: Karoline, Friedrich, Gottlieb, Susanne, Christoph.

---

[1]) Brentano, Lujo, Die Malthussche Lehre und die Bevölkerungsbewegung der letzten Dezennien. (Abh. d. Bayer. Ak. d. Wiss. XXIV, 3. Abt., S. 577.

[2]) So ist z. B. gegenwärtig „Lydia" ein sehr beliebter Mädchenvorname.

Von Christian 11: Friedrich, Johann, Christian, Andreas, Gottlieb, Wilhelm, Ferdinand, Karl, Karoline, Marie, Luise.

Von Katharina 6: Karoline, Luise, Juliana, Christoph, Johann, Christina.

Von Gottlieb 2: Susanna, Julie.

Die Generation der Urenkel ließ sich leider nur in wenig Gliedern weiter verfolgen. Das Los der Wanderung und Zerstreuung, das unabwendbar die Geschicke dieses Kolonistendeutschtums zu bestimmen scheint, hat sie weit auseinandergerissen. Von den angeführten Enkelkindern lebt ein Teil in verschiedenen Dörfern der Dobrudscha, nicht weniger als 11 sind Bauern in Norddakota geworden, eins ist nach Bukarest verschlagen, und 3 lockte es wieder in die alte Heimat. Diese erwarben hier Land von der Posener Ansiedlungskommission und stehen wohl nun wiederum vor der bangen Frage, ob sie nochmals zum Wanderstab greifen oder bleiben und wie vordem in der Dobrudscha in fremdem Lande pflügen sollen. Nur von 11 der 49 Enkel konnte ich die Kinder genau feststellen, sie hatten 55 in der Verteilung 7—2—7—5—5—5—6—3—4—4—7. Aber es wurde mir zuverlässig versichert, daß auch die übrigen sämtlich verheiratet wären und Kinder hätten, viele 7 und 8 und mehr. So ist schon die Zahl der Urenkel Adam Kühns auf etwa 250 zu schätzen.

Die Kinderzahl ist jedoch bekanntlich nicht der einzige Faktor, der das zahlenmäßige Auf und Ab einer Bevölkerung bestimmt. Auch bei einer geringen Geburtenziffer kann noch eine Vermehrung und bei einer großen noch ein Stillstand oder Rückgang eintreten, je nachdem die Sterblichkeit höher oder niedriger ist. Auch in dieser Hinsicht sind die Verhältnisse in den deutschen Kolonien ausnehmend günstig. Es gibt in ihnen keine durch ungesunde Lage, durch schlechtes Wasser und dergleichen bedingte Krankheiten wie Malaria. Ebenso sind die Ernährungsverhältnisse der Bauern gut, die Wohnungen sauber, die Lebensweise nüchtern und geregelt. Auf die geringe Verbreitung von Kinderkrankheiten habe ich schon hingewiesen und auch bereits die Seelenliste eines Schulzen von Atmagea erwähnt, in der neben den standesamtlichen Eintragungen auch eine Rubrik über „körperliche Fehler" eingerichtet wurde. Außer den Folgen äußerer Verletzungen wie Lahmheit und Brüche und den Alterserscheinungen der Kurzsichtigkeit und Schwerhörigkeit ist nur je einmal Auszehrung und Engbrüstigkeit verzeichnet. Vor allem aber scheinen die vererblichen Krankheiten, Tuberkulose, Geistes- und Nervenkrankheiten, so gut wie vollständig zu fehlen. In keinem der Dörfer ist mir ein Idiot begegnet. Es hat sich auch noch kein Arzt in ihnen niedergelassen, auch dort nicht, wo größere Kolonien in näherer Nachbarschaft liegen wie Cogealac, Tariverde, Caramurat und Cogeala, so daß hier ein deutscher Arzt immerhin 3—4000 Menschen zu betreuen hätte. „Die meisten sterben am Alter", versicherte man mir wiederholt.

Ein umfangreiches statistisches Material zur zahlenmäßigen Ermittlung des Sterblichkeitgrades ist natürlich nicht vorhanden. Doch lassen die Berichte einiger Pfarrer über ihre Amtshandlungen zur Genüge erkennen, wie gering die Zahl der jährlichen Todesfälle ist, wie weit sie insbesondere hinter der der Geburten zurückbleibt. Aus älterer Zeit fand ich eine Aufzeichnung in den Kirchenakten von Atmagea. Danach gab es in den beiden Kolonien Atmagea und Ciucurova:

1868: 27 Kindtaufen, 3 Todesfälle, 3 Trauungen
1869: 30 „ 10 „ 7 „
1870: 25 „ 12 „ 3 „
1871: 36 „ 8 „ 8 „

In diesen 4 Jahren standen also 33 Todesfällen nicht weniger als 118 Geburten gegenüber.

Nach den Berichten der betreffenden Pfarrer im Bukarester Hauskalender 1910 kamen:
In Caramurat auf 829 Seelen 40 Tauf., 19 Begräbn., 9 Trauungen
In Malcoci „ 730 „ 41 „ 10 „ 5 „

Aus dem Jahrgang 1911 dieses Kalenders lassen sich folgende Angaben ermitteln:

Pfarrbezirk Atmagea: 2043 Seelen, 112 Taufen, 33 Begräbnisse, 15 Trauungen
„ Konstanza: 1273 „ 97 „ 16 „ 12 „
Caramurat: 742 „ 44 „ 22 „ 4 „
Culelia: 237 „ 10 „ 4 „ 3 „
Malcoci: 710 „ 40 „ 16 „ 6 „
Tariverde: 610 „ 32 „ 2 „ 1 „
5622 Seelen, 335 Taufen, 93 Begräbnisse, 41 Trauungen

Um mehr als das Dreieinhalbfache überwog nach diesen Aufstellungen die Zahl der Geburten die der Todesfälle! Auf 1000 Einwohner kamen in diesem Berichtsjahr 59,9 Geburten, dagegen nur 16,5 Todesfälle. Verglichen mit den Verhältnissen in Deutschland und im gesamten Rumänien bedeuten beide Zahlen Extreme. In Deutschland war die Durchschnittsgeburtenziffer der Jahre 1895—1912: 33,5, in Rumänien 40,7; die Durchschnittssterbeziffer des gleichen Zeitraums in Deutschland 19,3, in Ru=

mänien 26,4.[1]) Schärfer noch prägen sich diese Extreme und ihre Wirkung in den Zahlen des Überschusses der Geburten über die Todesfälle aus. In den genannten deutschen Kolonien kamen auf 1000 Einwohner mehr Geborene als Gestorbene: 43,4, in Deutschland nur 14,2, in Rumänien 14,3.

Nach allem ergibt sich, daß auf die außerordentlich rasche Vermehrung der deutschen Kolonisten in gleicher Weise die Häufigkeit der Eheschließungen und eine gleichmäßig verbreitete ansehnliche Kinderzahl wie eine sehr geringe Sterblichkeit eingewirkt haben.

Der hohe Stand der körperlichen und geistigen Gesundheit, der zweifellos die deutschen Bauern auszeichnet, ist noch unter einem anderen Gesichtspunkt bemerkenswert. Nach weitverbreiteten, auch von einem Teil der medizinischen Autoritäten vertretenen Anschauungen müßte man bei der Art ihrer Eheschließungen, wie sie seit dem Verlassen Deutschlands in den Kolonien üblich ist, eher das Gegenteil erwarten. Wir finden hier überall ausgesprochene Verwandtschaftsehen. Was schon in Rußland geschah,[2]) geschieht in gleicher Weise oder wohl in noch höherem Maße und auf durchweg schmälerer Basis in der Dobrudscha: es wird mit wenig Ausnahmen immer nur innerhalb des Dorfes geheiratet. Nur wo etwa ein Paar Kolonien von gleichem Bekenntnis in dichter Nachbarschaft liegt, wie Atmagea und Ciucurova oder Cogealac und Tariverde, haben sich auch in dieser Hinsicht nähere Beziehungen herausgebildet. Ein wie hoher Grad von Blutsverwandtschaft sich da schon in wenig Generationen entwickelt haben muß, bedarf keines Beweises, besonders wenn man bedenkt, wie eng dabei der Kreis für die Gattenwahl gezogen war, da es sich überwiegend um Dörfer mit einer nur geringen Anzahl von Familien handelt. Nur 4 von allen Dobrudschakolonien zählen deren mehr als 80. Die Bauern sind sich dieses Verhältnisses auch sehr wohl bewußt. Überall bekommt man zu hören: „Wir

---

[1]) E. Dietrich, Statistik der Geburtenziffern in den Kulturstaaten. In C. v. Noorden u. Kaminer, Krankheiten und Ehe. Leipzig 1916, S. 1052 ff. — Nicht uninteressant ist auch ein Vergleich mit einer südrussischen Kolonie, für den Keller (Band I, S. 188) die Unterlagen gibt. In der Kleinliebenthaler Pfarrei betrug in den 21 Jahren von 1884 bis 1905 die Zahl der Geburten 2121, die der Verstorbenen 837. Das Verhältnis war hier demnach etwas weniger günstig, wozu hauptsächlich beigetragen hat, daß in mehreren Jahren das epidemische Auftreten von Scharlach und Diphterie die Zahl der Todesfälle weit über den Durchschnitt vermehrt hat.

[2]) Von „ganz unvernünftigen Ehen zwischen Blutsverwandten" spricht J. Stach, S. 51.

sind alle Cousins und Cousinen?" oder: „Das ganze Dorf ist eine Freundschaft", wie man stets statt Verwandtschaft sagt. In einigen Fällen sollen selbst Ehen zwischen Stiefgeschwistern vorgekommen sein. Am stärksten wird die Consanguinität natürlich in den Kolonien sein, deren Gründer schon in Rußland zusammen wohnten und so schon dort aufeinander angewiesen waren, wie die von Caramurat und Culelia in der bessarabischen katholischen Siedlung Krassna.

Trotzdem wird man in den deutschen Bauernfamilien vergeblich nach all den Folgeerscheinungen und degenerativen Merkmalen suchen, die sich vornehmlich bei Inzucht und Verwandtenehen einstellen sollen. Es kann weder von verminderter Fruchtbarkeit der Ehen infolge mangelnder Konzeptionsfähigkeit der Frauen die Rede sein,[1]) noch von geistigen und körperlichen Entartungserscheinungen. Wie erwähnt, habe ich nirgends Fälle von Idiotie beobachten können, ebensowenig Taubstummheit und angeborene Blindheit, körperliche Mißbildungen und Krankheiten des Nervensystems, konstitutionelle Schwäche oder Überfeinerung. Es spricht gewiß für eine außerordentliche Gesundheit der Erbmasse dieser Bauern, wenn trotz der engen Blutmischung sich nirgends ein potenziertes Auftreten krankhafter Anlagen bemerkbar macht.

Dagegen offenbart sich die Wirkung der Verwandtschaftsehen in einem anderen Umstand. Es ist dies die auffallende große Ähnlichkeit im physischen Typus, die sich in manchen Dörfern zwischen allen seinen Bewohnern herausgebildet hat und ihnen eine gewisse charakteristische Einheitlichkeit der äußeren Erscheinung gibt. Wir stoßen in dem einen Dorfe fast ausschließlich auf untersetzte, breitschultrige und starkknochige Männer und breitbeckige, wohlbeleibte Frauen mit runden, vollen Gesichtern. In einem anderen wiederum finden wir ebenso ausgesprochen große, schlanke Figuren und längliche, schmale Gesichtsformen, auch die Frauen ohne stärkeren Fettansatz. Ein Blick auf die Typen- und Gruppenaufnahmen von Caramurat und Palaz Mare einerseits und Atmagea andererseits dürfte diese Ähnlichkeit des Typus innerhalb eines Dorfes erkennen lassen. Zu ihrer Erklärung würde auch die Annahme einer gemeinsamen deutschen Stammesheimat der betreffenden Dorfgenossen nicht ausreichen.

---

[1]) Nach Mantegazza, Kohl u. a. sollen 10—18% der blutsverwandten Ehen steril bleiben. Vergl. Kraus, F. u. Döhrer, H., Blutsverwandtschaft in der Ehe und deren Folgen für die Nachkommenschaft. In „Krankheiten und Ehe", S. 63.

Über die Art der Eheschließungen, die Wahl der Gatten innerhalb des Dorfes unter mehr oder weniger nahen Blutsverwandten, erhalten wir wertvollen Aufschluß, wenn wir die vorkommenden Familiennamen etwas näher betrachten. Zunächst fällt hier deren verhältnismäßig geringe Anzahl auf. So kommen in den drei alten evangelischen Kolonien auf 215 Familien nur 73 verschiedene Namen, in den drei alten katholischen auf 344 nur 77. Oder im einzelnen: In Atmagea gibt es 25 Namen für 72 Familien, in Kataloi 30 für 67, in Ciucurova 33 für 75. In der ältesten Dobrudschakolonie, dem katholischen Malcoci, nach einer nicht ganz vollständigen Liste sogar nur 28 für 133 Familien, in Caramurat 48 für 154, in Culelia 21 für 57. Das setzt natürlich eine starke Anhäufung einzelner Namen voraus. Unter den 133 von Malcoci ist ein Name durch 17 Familien vertreten, ein anderer durch 14, 3 durch je 8, 2 durch je 7; unter den 72 in Atmagea einer durch 13, ein anderer durch 10; unter den 154 von Caramurat einer durch 14, andere durch 13 und 12, 2 durch je 10. Namen, die nur ein oder zweimal vorkommen, bilden in diesen älteren Dörfern nur eine kleine Minderheit.

Dabei ergibt sich noch eine weitere interessante Tatsache. Wir sehen, daß auch die häufigsten Familiennamen in ganz überraschender Weise an ihr Stammdorf gebunden geblieben sind. Der 17 mal in Malcoci vertretene Name Ehret kommt in den übrigen 6 katholischen Kolonien nur noch in einer einzigen vor; ebenso die 14 und 8 mal vorhandenen Namen Klein und Baumstark, der 8 mal vertretene Brendel überhaupt in keiner anderen Gemeinde. Ähnlich in Caramurat: Die Namen Ternes (14 Familien) und Ruscheinski (13) sind anderwärts nur noch in einem Orte zu finden; die Namen Müller (12), Fenrich und Sönn (je 10) sind ganz auf Caramurat beschränkt geblieben. Von den beiden Hauptnamen von Atmagea, Hinz (13 Familien) und Schielke (10), hat selbst in das Nachbardorf Ciucurova, mit dem im übrigen immer mancherlei nähere Beziehungen bestanden, nicht ein Mitglied dieser Familien hinübergewechselt, ebensowenig wie umgekehrt von dort Vertreter der häufigsten Familien Ponto und Blumhagen. Das beweist im allgemeinen, daß zwischen den Kolonien ein Verkehr und Austausch seiner Bewohner nur in sehr geringem Maße stattgefunden hat, und im besonderen, daß selten ein Bursche in eine andere eingeheiratet hat und daß auch die vom väterlichen Hof als Erben ausgeschlossenen Söhne nach Möglichkeit doch im Heimatdorf geblieben sind. Erst wenn eine weitere Zerteilung des Familienlandes nicht mehr möglich war, wandten sie sich in die neuen Kolonien im Süden oder in Tochterkolonien, oder sie entschlossen sich, die Dobrudscha ganz zu verlassen und auszuwandern. Ein Aussterben von Familien ist dank der Regelmäßigkeit der Eheschließungen und der allgemein verbreiteten ansehnlichen Kinderzahl kaum vorgekommen. Und so finden wir, wo sich die Gründer und Ansiedler der ersten Zeit namentlich feststellen lassen, mit wenig Ausnahmen auch heute noch die gleichen Namen vor. An ihrem alten Bestand ist durch Abgang und Zuzug wenig verändert worden.

Die starke natürliche Vermehrung hätte bei ungehemmter Entwicklung ein gewaltiges Anwachsen der einzelnen Kolonien zur Folge haben müssen. Das ist jedoch in Wirklichkeit an keiner Stelle eingetreten. Wie schon gesagt, weist z. B. Atmagea gegenwärtig noch genau dieselbe Familienzahl auf wie im Jahre 1879. Der Zunahme der Dörfer an Ausdehnung und Menschen sind schon bald Schranken gesetzt worden. Nachdem einmal die rumänische Landvermessung den Umfang des Grundbesitzes der Kolonien festgesetzt hatte, war in den meisten über die gezogenen Grenzen hinaus kein Land mehr zu haben. Es ist das die erste und eine der Hauptursachen der bedeutenden Wiederauswanderung aus der Dobrudscha, die ungefähr gleichzeitig mit den Vermessungen, nur wenige Jahre nach der rumänischen Besitzergreifung eingesetzt und seitdem nicht wieder aufgehört hat. Andere Gründe kamen hinzu. Für viele Baptisten gab die religiöse Absonderung von den übrigen Dorfgenossen den Anstoß.

Vor allem aber war es die Verschlechterung der Lage der deutschen Kolonisten, die durch das Gebahren der neuen Herren herbeigeführt worden war. Die erste Auswanderung scheint im Jahr 1882 erfolgt zu sein. Ein Brief aus Kataloi vom 25. Juni 1883 erzählt, daß von da im vorhergehenden Jahre 7 Familien nach Dakota gegangen seien, und noch viele hätten Lust nachzusegeln, wenn sie nicht dadurch zurückgehalten würden, daß nach dem rumänischen Gesetz die Auswanderer das unbewegliche Eigentum, Haus und Hof und ihr Land, nicht verkaufen dürfen, sondern nur die beweglichen Sachen.[1]) 1884 scheint der Wunsch zum Abzug allgemein geworden zu sein. Es dürfte dabei auch mitgewirkt haben, daß 1883 für die Dobrudscha die Heerespflicht eingeführt wurde, und im Jahre 1884 eine außergewöhnliche Trockenheit die Lage der

---

1) Weltpost, 1883, S. 273/4.

Bauern sehr verschlechtert hatte.[1]) Damals hatten sich nach einem Bericht in der deutschen Kolonialzeitung[2]) etwa 600 Familien notgedrungen zum Verlassen von Haus und Hof entschlossen, um wieder den Wanderstab in die Hand zu nehmen: „Absolute Rechts=unsicherheit, Brandschatzung durch die rumänischen Steuerpächter und Vertreibung von Grund und Boden zugunsten walachischer oder moldauischer Bojaren zwangen die armen Deutschen, welche in Bukarest keine Abhülfe fanden, einen Delegierten nach Griechen=land zu entsenden, um über die Ansiedlung in Thessalien zu verhandeln." Aus diesem Plan ist zwar nichts geworden, die Auswanderungsbewegung ist jedoch in Fluß gekommen. Nach Berichten in den Kirchenakten von Atmagea sind im Herbst 1887 „infolge der großen Ungerechtigkeit der Beamten" 14 Familien aus Anadolchioi nach Brussa in Kleinasien ausgewandert. Im Januar 1888 weist Pfarrer Pritsche auf die „vielen Ungerechtig=keiten mancher Beamten hin, durch die die Kolonisten zur Aus=wanderung bewogen werden." Deshalb „sind schon aus einem Orte 10, aus einem anderen 14 Familien ausgewandert." 1889 heißt es von Cogeala, daß die besten Familien nach Amerika gegangen seien.

Es ist bereits bei Besprechung der einzelnen Kolonien auf deren Verluste durch Auswanderung hingewiesen worden. Wir haben dabei insbesondere gesehen, daß mehrere von den Grün=dungen der Jahre 1890 und 1891 wie Osmanfaca und Mange=apunar, sowie auch die etwas ältere Ortachioi, sich fast geschlossen zum Aufgeben ihrer Siedlung und zum gemeinsamen Zug über den Ozean entschlossen. Als Auswanderungsziele standen Nord= und Süd=Dakota an erster Stelle. Verschiedene der evangelischen Kolonisten gingen auch nach Canada, und ein beträchtlicher Teil der katholischen nach Argentinien. Andere zogen weiter nach Süden in die bulgarische Dobrudscha oder kehrten auch nach Rußland zurück.

Als die Arbeit der Ansiedlungskommission in Posen auch in den Dobrudschadörfern bekannt wurde, fanden nicht wenige auch wieder den Weg in die alte Heimat. Anfangs waren es nur Vereinzelte. Ihre Briefe aus Posen und Westpreußen er=zählten, daß sie sich wohl fühlten und daß sie auch auf dem weniger dankbaren, schwerer zu bearbeitenden Boden wirtschaftlich

---

[1]) Es wurden ihnen deshalb von der Regierung die Pachtabgaben und Weidetaxen gestundet. Nach einem Artikel im rumänischen Amtsblatt „Tulcea" vom 1. September 1884.

[2]) „Ein Stück moderner deutscher Völkerwanderung", 1. Bd. 1884, S. 433 ff.

gut, ja besser als in der Dobrudscha, vorwärts kämen. Sie forderten zur Nachfolge auf, und von Jahr zu Jahr wurden es mehr, die den Entschluß zur Rückwanderung ausführten oder erwogen. So halfen zur Stärkung des Deutschtums in den östlichen Provinzen des Reichs Bauern aus Anadolchioi, Cogeala, Horoslar Alakap, Fachria, Cobadin, Sarighiol, Mangalia und Mamuzlu, aus manchen Kolonien 11 und 12 Familien. Sie blieben auch in Deutschland nach Möglichkeit beisammen. Besonders das Dorf Pfeilsdorf im Kreise Briesen scheint eine fast reine Dobrudschabauernkolonie zu sein. Hier haben schon wieder 16 Kinder von Rückwanderern neue Familien gegründet. Im gleichen Kreise siedelten sich Dobrudschadeutsche in Schönsee, Rosental, Polkau, Drückenhof und Leutsdorf an; im Kreise Culm in Bilau, Blandau und und Neblau; im Kr. Thorn in Biskupitz und Luben; im Kreise Schwetz in Pechau. Ferner wurden mir Kamin und Deutschkrone bei Bromberg genannt.

Nach der rumänischen Kriegserklärung wurde den ebenso friedlichen wie loyalen deutschen Bauern in der Dobrudscha in haßerfüllter, grausamster Weise durch Verschleppung, Verfolgung und Schmähung zum Bewußtsein gebracht, daß man trotz der ein Jahrhundert langen Loslösung vom Stammlande und trotz der treuesten Pflichterfüllung gegenüber dem Lande, dessen Bürger sie geworden waren, doch in ihnen nichts anderes sah als Deutsche, als Feinde. Da wurde in allen der Wille zur Rückkehr mit Macht lebendig. Was früher als leises, kaum bewußtes Heimweh in einem ihrer Lieder gezittert hatte:

„Schön ist es im fremden Lande,
Doch zur Heimat wird es nie,"

das wurde jetzt zur brennenden Sehnsucht. Dorf für Dorf, einheitlich von Jungen und Alten, vernahm ich den Entschluß: Wir können und wollen nicht hier bleiben, wir wollen zurück nach Deutschland. Im letzten Kriegsjahre hatten diese Wünsche und Pläne festere Gestalt angenommen. Eine Anzahl Familien, die die Vorläufer vieler anderer sein sollten, wandte der Dobrudscha den Rücken und zog nach Norden, um sich in Kurland anzusiedeln. Im sicheren Vertrauen, daß der alte deutsche Kulturboden nunmehr für alle Zukunft auch deutsches Land sein würde. Der unselige Kriegsausgang hat ihre Hoffnungen vernichtet und sie in die traurigste Lage gebracht.

Aber kaum weniger hart ist das Los der früher nach Deutschland Zurückgekehrten. Der Kreislauf ihrer Wanderungen schien geschlossen. Sie hatten wieder dort Fuß gefaßt, von wo ein großer Teil ihrer Voreltern vor einem Jahrhundert nach Polen, in das südrussische Neuland und in die Dobrudscha ausgezogen war. Sie hatten heimgefunden und wieder im eigenen Volke Wurzel geschlagen. Wie sie glaubten, tief und unausreißbar für immer. Ein Geschick von furchtbarer Tragik hat es anders gewollt. Die kaum eroberten Heimstätten in der alten Heimat liegen in dem Gebiete, das durch den Friedensvertrag an Polen gefallen ist. Und die armen Bauern sind plötzlich wieder in die Fremde geworfen, gewaltsam, ohne ihr Zutun, in eine Fremde, die ihnen weit unerträglicher dünkt als die, der sie entflohen waren. Wieder sind sie entschlossen, zum Wanderstab zu greifen, und sie hoffen, daß sich für sie doch noch im alten Vaterland eine Stätte finden wird.

10.

Dorfanlage, Haus, Hof, Wirtschaft, Weberei und Tracht

Irgendwelche behördliche Vorschriften für eine planmäßige Anlage der Kolonien sind den deutschen Einwanderern weder während der Türkenzeit noch unter der rumänischen Herrschaft gemacht worden. Von den Türken wurde ihnen einfach ein bestimmter Platz zur Ansiedlung überlassen. Bei den älteren Kolonien war es, wie wir sahen, noch unbewohntes und unerschlossenes Urwaldgebiet. Es wurden ihnen aber keine Loose von fester Größe zugemessen. Nach dem Kolonisationsreglement erhielt jeder so viel Land, als er zum Anbau benötigte, d. h. als er sich durch Bearbeitung erobern konnte.[1]) Die neuen Ortschaften hätten danach ebenso gut aus zerstreuten Einzelhöfen bestehen oder zu regellosen Haufendörfern werden können, wie es die türkischen, tatarischen und bulgarischen Niederlassungen der Dobrudscha sind. Die Kolonisten der letzten Einwanderungsperiode waren zwar von vornherein in Bezug auf das ihnen zur Verfügung stehende Land eingeschränkter, aber in der Gestaltung ihrer Dörfer wurden auch sie nicht an festgelegte Pläne und Richtlinien gebunden. Das rumänische Reglement für die Landgemeinden enthält allerdings einige Vorschriften über die Wohnhäuser, Höfe und Umzäunungen, doch sind sie allgemeiner Natur, und im übrigen scheinen sie nur auf dem Papier zu stehen, denn in Wirklichkeit sieht man sie fast nirgends beachtet.

---
[1]) Artikel 4 des Reglements lautete: „In den Provinzen des Reiches, die man am geeignetsten zur Ansiedlung hält, wird man unter den der Regierung gehörigen verfügbaren Ländereien die fruchtbarsten und gesündesten auswählen und jedem Kolonisten soviel Land bestimmen, als er zum Ackerbau oder jedem anderen Erwerbszweig benötigt." Nach Artikel 8 hatten die Kolonisten erst nach Verlauf von mindestens zwanzig Jahren das Recht, die ihnen von der Regierung kostenfrei übergebenen Ländereien zu verkaufen, doch scheint diese Bestimmung in der Dobrudscha wenig beachtet worden zu sein.

Die deutschen Bauern hatten also freie Hand, sich ihr Dorf nach eigenem Belieben anzulegen. Man könnte daher erwarten, daß hierbei die verschiedene Stammesherkunft zum Ausdruck gekommen sei, daß sich die kaschubischen Einwanderer nach alter heimatlicher Gewohnheit ihr Dorf anders gebaut hätten als die schwäbischen. Das ist jedoch nicht der Fall. Die Dobrudschakolonien zeigen alle die gleiche Anlage. Von bestimmendem Einfluß war nicht altheimatliche Überlieferung, sondern auch hier die Art und Weise, wie man es in der russischen Steppe gewohnt war. In der Tat treffen die Schilderungen der Dorfanlage der südrussischen Kolonien bis ins Einzelne auch auf die Dobrudschadörfer zu.[1]) Die Besiedlung Neurußlands ist von Anfang an seitens der russischen Regierung in jeder Hinsicht mit mehr Ueberlegung und Methode geleitet worden, als es von Seite der türkischen und auch der rumänischen Verwaltung geschah. Für die Anlage und Bebauung der neuen Kolonien waren allgemeingültige planmäßige Vorschriften erlassen. Das zu einer Kolonie gehörige Land war von vornherein fest begrenzt, die Größe der einzelnen Loose und Hofplätze genau bestimmt, und die den Ansiedlern zugemessenen Landstreifen reihten sich in gegebener Folge aneinander. Die freie, flache Steppe bot dabei keine natürlichen Hindernisse. So entstanden in gleicher Weise überall lange, geradlinige Straßendörfer von größter Regelmäßigkeit.

Diese Art der Dorfanlage war den ein Menschenalter später aus Rußland Abwandernden die gewohnte geworden, die sie sich auch in der Dobrudscha zum Muster nahmen und an der sie streng fest gehalten haben, selbst dort, wo sie sich in schon bestehenden Ortschaften mit gemischter Bevölkerung neben Tataren, Türken, Russen oder Rumänen niederließen. So haben sie noch bis in die jüngste Zeit, auch wenn sie sich nur in geringer Zahl in ein ganz regelloses türkisches oder tatarisches Dorf setzten, wie nach Palaz Mare oder Alacap, ihre abgezirkelte Straße angelegt, die scharf vom übrigen Ortsteil absticht.

Diese gepflegte, breite, durch sorgfältig ausgerichtete weiße Mauern abgegrenzte und von zwei hohen Baumreihen beschattete Straße, an deren Seiten alle Höfe die gleiche Breite, alle Wohnhäuser den gleichen Abstand haben, ist in der Dobrudscha typisch und kennzeichnend für eine deutsche Ansiedlung geworden.

Die meisten Kolonien bestehen nur aus einer, mitunter sehr langen Straße, wie Cogeala, Cobadin und Tariverde. In einigen,

---

[1]) Vgl. Busch,· Bienemann, Malhaci, Schmidt.

wie Malcoci und Sarighiol, sind dazu Parallelstraßen entstanden, in Caramurat sogar 3 auf jeder Seite. Ein Dorfplatz ist dabei nicht vorgesehen, und auch die Kirche fügt sich in die Reihe der Gehöfte ein. Von dieser Regel weicht die Kolonie Cogealac insofern etwas ab, als zwar auch hier die Straßen ganz die typische Form haben, aber einen weiten Marktplatz einschließen und so zum Teil rechtwinklig zueinander stehen. Ein wesentlich abweichendes Bild zeigt nur die Anlage der auf stark hügeligem Gelände errichteten Kolonie Atmagea. (Vgl. den Plan S. 63.) Hier gehen fünf Straßen vom Kirchplatz aus, die in ihren Richtungen und Abständen den im Terrain gegebenen Möglichkeiten entsprechend sehr verschieden sind. Auch die Gehöfte und die Anordnung und Form der Gebäude sind in dieser frühen Ansiedlung nicht so gleichmäßig wie in den späteren. Das gilt auch von den beiden anderen alten Kolonien Malcoci und Kataloi. An Stelle der Straßenmauern gibt es in ihnen noch vielfach Latten-, Staket- und geflochtene Zäune. Erst den späteren Einwanderern scheint sich der in den russischen Heimatorten übliche Stil der Dorf- und Hofanlage so fest und unverrückbar eingeprägt zu haben, daß er fast schablonenhaft in Erscheinung tritt.

Die Breite der Straße beträgt in den größeren Dörfern 23 bis 25 Meter. An jeder Seite ist ein Fußsteig angelegt. In die

Höfe führen zwei Zugänge, ein breiter für die Fuhrwerke und ein schmaler für Personen, beide häufig sehr schön von starken Säulen eingefaßt, von hohen Torbögen überspannt oder mit einem leichten Dach versehen. Auf der Straßenseite ist neben der Pforte häufig eine feste, breite Bank aus dem gleichen Material wie die Mauern angebracht, auf der nach Feierabend und Sonntags die Bauern ihren Plausch halten. Die Breite der Hofplätze, die gleichfalls durch Mauern voneinander getrennt sind, ist in den verschiedenen Dörfern verschieden, aber in der Regel nicht innerhalb eines Dorfes. Sie schwankt zwischen 30, 35 und 40 Meter, die Tiefe hat meist 80 Meter. Hinter der Mauer folgt zunächst ein kleiner Vorgarten, dann das der Straße die Giebelseite zukehrende Wohnhaus. Dieses befindet sich in allen Höfen auf der gleichen Seite und in gleichem Abstand von der Mauer, so daß sie wie in Reih' und Glied ausgerichtet an der Straße stehen.

Die Form des Hauses und seine Einteilung ist im großen Ganzen in allen Kolonien die gleiche. Ein sehr langes, schmales Gebäude mit ziemlich spitzem Dach, in dem sich von der guten Stube an der Straße angefangen alle zum Wohnen und zur

Deutsches Wohnhaus (rechts) mit anschließendem Wirtschaftsgebäude

Wirtschaft nötigen Räume nacheinander folgen. Größere Unterschiede zeigen sich nur im Verhältnis der Länge zur Breite. Besonders in den jüngeren Kolonien im Süden sind die Häuser fast überall von außerordentlicher Länge, bei einer Breite von nur 6—8 Meter häufig 60—70 Meter lang. Sie haben ein ziemlich spitzes Dach. Auch wo dieses noch mit Rohr gedeckt ist, ist es immer in sehr gutem Zustand. In den wohlhabenderen

Rumänisches Bauernhaus.   Gez v R. Canisius.

Kolonien findet sich jedoch überwiegend feste Bedachung. Auch diese Hausform ist in der Dobrudscha typisch für deutsche Wohnungen, aber an eine altheimatliche deutsche Überlieferung ist auch dabei nicht zu denken. Sie hat sich ebenso wie die ganze Dorfanlage in Rußland herausgebildet, und es ist bezeichnend, daß nur die Häuser der Lipowaner ähnlich gebaut sind, während wir im übrigen in der Dobrudscha noch die uralten primitiven Erdhütten (bordee) sehen, die zur Hälfte in der Erde stecken, so daß vielfach nur das niedrige Dach über dem Boden steht. In ziemlich elenden, ohne alle Sorgfalt errichteten und gehaltenen niedrigen Lehmhütten mit Schilfdächern haust der Tatare. Rumänen und Bulgaren haben ihren eigenen, aus alter Zeit überkommenen Typus.

Die Giebelspitzen der deutschen Häuser enden häufig, besonders in den kaschubischen Kolonien, in zwei holzgeschnitzten, kreuzweis übereinandergelegten Pferdeköpfen, wie wir sie in verschiedenen Gegenden Deutschlands, in Mecklenburg, Schleswig, Braunschweig, Nassau, aber auch in Tirol, finden. Wir haben es dabei mit einem alten deutschen Volksglauben zu tun.[1]) Denn sie verdanken ihr Entstehen nicht bloß der Absicht einer Verzierung des Hauses,

Tatarisches Gehöft mit Maiskorb, ohne Umzäunung freiliegend

sondern sie sollen es gegen Dämonen und Zauberei schützen, ganz ähnlich wie auch der Bulgare in der Dobrudscha in seinem Hof auf langer Stange einen Pferdeschädel aufstellt, um böse Geister abzuwehren.

Das Giebeldreieck ist meist verschalt und an der Straßenseite farbig gestrichen, wobei lebhafte Farben, rot, blau, grün, violett und hellbraun, am beliebtesten sind. Hier ist in der Regel auf einer kleinen Tafel oder unmittelbar aufgemalt der Name des Besitzers angebracht und daneben häufig noch ein Verschen oder ein Bibelspruch. So las ich an einem Hause in Tariverde die hübschen Worte:

Das Haus ist mein und doch nicht mein.
Es kommt nach mir ein andrer rein.
Ist auch nicht sein.
Christian Mayer.

---

[1]) Andree, Rich., Braunschweiger Volkskunde, 2. Aufl. S. 170 ff.

Diese nachdenkliche Betrachtung über das Vergängliche unseres Daseins scheint sich öfter bei vollendetem Hausbau eingestellt zu haben. Es ist der gleiche Gedanke, den Busch[1]) in einer südrussischen Kolonie an einem Giebelfeld in folgender Form fand:

> Wir bauen hier so feste
> Und sind doch nichts als Gäste.
> Und wo wir sollen ewig sein,
> Da bauen wir so wenig ein.[2])

Bulgarisches Gehöft mit Maiskorb

Die genannten Teile des Hauses werden ebenso wie die Straßenmauern zuerst mit einem Gemengsel aus Lehm, feinem Stroh und Kuh- und Pferdemist „geschmiert" und nach dem Trocknen „geweißelt". Das Weißeln wird öfter besorgt, so daß die deutschen Bauernhäuser jederzeit in sauberstem Weiß prangen.

Der Eingang zur Wohnung befindet sich in der Längsseite des Hauses und zwar immer unmittelbar hinter dem ersten, der Straße nächsten Zimmer. Man kommt zuerst in einen kleinen

---

[1]) Materialien, S. 140.
[2]) Beide Sprüche gehören zu den ältesten und verbreitetsten in Deutschland. Der erste ist seit 1715 nachzuweisen im Elsaß, Baden, Württemberg (Laufen a. d. Enach und in den Oberämtern Leutkirch und Laupheim), Oberbayern, Tirol, Salzburg, Hessen, Altenburg, Westböhmen etc. (Joh. Bolte, Drei deutsche Haussprüche und ihr Ursprung, 3. V. f. V. 28. S. 113). In Oberbergen bei Breisach lautet der letzte Vers: „Wer wird wohl der Letzte sein?" In Ewattingen bei Bonndorf schließt er: „Der vor mir war, glaubt' auch, sei sein. Er zog aus, ich ein. Nach meinem Tod wird's auch so sein (Alemannia, 3. F., I. Bd. S. 55). Der zweite ist u. a. aus dem Elsaß, Schwaben, der Schweiz und Siebenbürgen belegt. Dr. Aug. Andree (Hausinschriften aus deutschen Städten und Dörfern, Globus, 89, S. 885) las ihn an einem Haus in Göttingen mit der Jahreszahl 1618, ebenso aus dem 17. Jahrh. stammend in Hannover, Erfurt u. Goslar und im Oberamt Laupheim. In einer niederd. Spruchsammlung kommt er schon um 1400 vor. Er hatte also schon eine lange Wanderung durch die deutschen Gaue hinter sich, ehe er nach Südrußland gelangte.

Flur, der auf einen schmalen, als Küche benutzten Hinterraum stößt. Links vom Eingangsflur liegt das Straßenzimmer, die gute Stube. Sie enthält die besten Möbel und Decken, außer Tisch und Stühlen einen Schrank mit Gläsern und Tellern, und hin und wieder findet man auch noch eine große, alte, bunt= bemalte Truhe mit flachem Deckel. Der Fußboden ist mit bunten „Lumpenplachten" belegt, helle saubere Vorhänge zieren die Fenster, und die Wände sind reich behängt mit Bildern und Photo= graphien, gerahmten Sprüchen und den mit Bildschmuck ver= sehenen Konfirmationszeugnissen. Unter den Photographien fallen besonders Aufnahmen auf, die einen Verstorbenen im Sarge auf= gebahrt und darum die Trauergemeinde zeigen. Die beiden Hauptstücke des Zimmers sind der riesige, aus gebrannten Ziegeln

Im Hof eines deutschen Gehöfts: Maisställe, Brunnen, Viehtrog, Sommerküche

hergestellte und weiß oder bunt gestrichene Ofen, der von außer= halb, von dem Küchenraum aus, geheizt wird, und ein großes Paradebett, auf dem fünf schneeweiße, gestickte Federkissen aufge= baut sind, immer in der gleichen Weise, wie sie unsere Aufnahme zeigt. Rechts vom Flur folgt ein oder auch mehrere einfacher ausgestattete Wohn= und Schlafzimmer, und diesen schließen sich die Vorratsräume und Ställe an. Fast ausnahmslos herrscht in allen Häusern und Räumlichkeiten peinliche Ordnung und Sauberkeit.

Dem Wohnhaus gegenüber, von der Straße meist durch einen etwas größeren Garten getrennt, liegt ein kleines, massiv gebautes Häuschen, das als Sommerküche dient. Ferner sieht man im vorderen Teil des Hofes den oft sehr stattlichen Ober=

bau des Kellers, gleichfalls sauber verputzt und geweißelt oder farbig gestrichen. Weiterhin folgt der Brunnen mit mächtiger Ziehstange. Neben seiner Fassung befindet sich gewöhnlich ein langer Trog zum Tränken des Viehs. Bei den ungünstigen Wasserverhältnissen der Dobrudscha haben allerdings nicht überall die Wirte eigene Brunnen, so gibt es z. B. in Mamuzlu im ganzen Dorf nur einen. Niemals fehlt jedoch im Hofe der „Hambar", der „Maisstall", ein freistehendes, den Durchzug der Luft gestattendes Häuschen, in dem der Kukuruz getrocknet und aufbewahrt wird. Die Deutschen stellen ihren Hambar fast immer aus

Oberbau des Kellers

Latten her, während er bei den Tataren, Bulgaren und Rumänen stets aus Ruten geflochten ist und die Form großer Körbe hat. Sodann gehören zum Hof kleinere Ställe für Schweine

Verarbeitung des Düngers:
Die ziegelartig ausgestochenen Stücke zum Trocknen aufgeschichtet

und Hühner und etwas weiter zurückliegend der „Harman", eine offene, nur aus einem von hohen Pfählen getragenen Dache bestehende Sommerstallung für das Großvieh. Sie dient zugleich zur Verarbeitung des Düngers, der in der Dobrudscha auch beim deutschen Bauer eine ganz andere Verwendung findet wie bei uns. Er bleibt im Stalle liegen bis zum Frühjahr, wo der Boden geglättet und die Dungschicht in ziegel- oder würfelartige Stücke gestochen wird. Diese werden dann im Freien so aufgeschichtet, daß der Wind zum Trocknen durchziehen kann, und dienen schließlich im Winter als Brennmaterial. Im hinteren Teil des Hofes nimmt den größten Raum der Platz zum Ausdreschen des Getreides ein. Auch dafür hat der deutsche Bauer die in der südrussischen Steppe, aber auch in Bulgarien übliche primitive Art angenommen. Das Getreide wird auf dem „Dreschplatz" ausgebreitet, dann werden vier und mehr Pferde vor eine schwere, eingefurchte Walze, den „Dreschstein", gespannt und im Kreise herumgetrieben. Hinter dieser Tenne wird in mächtigen Haufen das Stroh aufgestapelt. Eine hübsche Zierde der Höfe bilden in manchen Dörfern schöngeformte und buntbemalte Taubenhäuschen, die auf hohen Stangen oder oft sehr malerisch zwischen den Ästen der Bäume angebracht sind. Zwischen Wohnhaus und Sommerküche ist vielfach über den ganzen Hof ein dicker Draht gespannt. Er dient zum Halten eines beweglichen Ringes, an dem an langer Leine der Hofhund angehängt ist, der auf diese Weise hin und herlaufen und die ganze Breite des Gehöftes beherrschen kann.

Was aber jedes deutsche Anwesen im Einzelnen und jede deutsche Straße im Ganzen auf den ersten Blick von den nüchternen, kahlen Wohnstätten und Ortschaften der meisten anderen Dobrudschabewohner unterscheidet und sie schon von ferne als deutsche erkennbar macht, das ist der prächtige, liebevoll gepflegte Baumschmuck, der jedes Gehöft mit frischem Grün umschließt und jede Straße in langer, hoher Allee beschattet. Man sieht darin gewöhnlich gern den Ausdruck einer besonders starken, deutschen Naturliebe. Und gewiß würde ohne eine solche die Anpflanzung und Haltung von Bäumen in einem Lande, für das die Baumlosigkeit charakteristisch ist, nicht mit dieser Sorgfamkeit und Stetigkeit geschehen. Aber wie bei der ganzen Anlage von Dorf und Gehöft hat auch hierbei vom Anbeginn der südrussischen Steppenbesiedlung an eine aus sachlichen Gründen gegebene behördliche Vorschrift mitgewirkt. Im § 51 der „Instruktion zur inneren Einrichtung und Verwaltung der neurussischen ausländischen Kolonien wird angeordnet: „Zum Schutz vor Sturm und Feuersbrunst müssen die Wohnhäuser, Scheunen und Hofplätze mit allerlei schnell wachsenden Bäumen besetzt werden." Und es gehörte zu den Pflichten des Schulzen, streng darauf zu halten, daß es überall geschah. Aber dem praktischen Zweck entsprach hier zugleich die natürliche Neigung, und so ist auch in der baumlosen Dobrudscha jedes deutsche Dorf zu einer Herz und Auge erfreuenden grünen Insel geworden.

Über die Größe des Landbesitzes der einzelnen Kolonisten habe ich Angaben bereits bei Besprechung der Dörfer gemacht. Sie gestaltete sich naturgemäß sehr verschieden, so lange sie unter der Türkenherrschaft im wesentlichen nur von der Arbeitskraft und dem Fleiß der Familien abhing. Die schon erwähnte Aufstellung eines Schulzen von Atmagea aus dem Jahr 1878 zeigt in einem Beispiel die Entwicklung bis zur Zeit vor der rumänischen Besitznahme.

Nach dieser wurden für den Grundbesitz in dem neuerworbenen Lande durch Gesetz vom 3. April 1882, ergänzt durch Gesetz vom 10. März 1884, neue Bestimmungen getroffen. Die türkische Belastung des Bodens, der Zehnte, die Dijma, wurde abgelöst durch Barzahlungen, die für die ersten 5 Jahre auf 2 Frank jährlich für den Hektar, für die folgenden 15 Jahre auf 3 Frank festgesetzt wurden. Wer jedoch dem Staate ein Drittel seines anerkannten Grundbesitzes abtrat, wurde von der Ablösung der Dijma für die verbleibenden 2 Drittel befreit. Wichtiger war die Bestimmung, die den rumänischen Bauern und den mit behördlicher Bewilligung Eingewanderten das Recht gab, unter günstigen Bedingungen Land vom Staate zu erwerben, wenn sie bisher keins oder weniger als 10 Hektar besessen hatten. Die Landlosen erhielten Lose in der Größe bis 10 Hektar, und wessen anerkannter Besitz kleiner war, konnte ihn bis zu diesem Umfang ergänzen. Darüber hinaus wurden unter anderen Bedingungen auch Lose von 10—100 ha von der Regierung abgegeben, und auch manche deutschen Kolonisten haben diese Gelegenheit zur Vergrößerung ihres Grundbesitzes benutzt. Doch davon abgesehen, war durch die neue Regelung bis zu einem gewissen Grade ein Ausgleich auf der Basis von 10 ha geschaffen. Wer von der rumänischen Regierung Land bekam, hatte in der Regel 25 oder

30 Jahre lang eine jährliche Abgabe von 3—5 Lei für den Hektar zu zahlen, ehe er volles Besitzrecht erhielt.

Im Laufe der Jahre haben sich aber die Verhältnisse wieder gänzlich geändert. Der Normalbesitz wurde einerseits durch Teilungen meist sehr vermindert, andererseits fehlte es den Siedlungen an weiterer Ausdehnungsmöglichkeit, und in allen ist die Zahl derer gewachsen, die nur ihren Hofplatz besitzen oder überhaupt kein eigenes Land haben. Wie wir sahen, gibt es besonders unter den jüngeren Kolonien eine ganze Reihe, die allein auf Pachtland angewiesen sind. Früher wurde noch vielfach auf Halbscheid oder auf den dritten Haufen gepachtet. Heute dürfte wohl fast überall ein Barzins üblich sein, der vor dem Kriege 20—30 Lei für den Hektar betrug, in manchen Gegenden noch darüber. Aber auch auf gepachtetem Grund nährte die Wirtschaft die Familie, und, von einigen Kolonien mit schlechtem Boden abgesehen, standen sich die Bauern gut.

Der Ackerbau wird von den deutschen Bauern im allgemeinen noch nach alter russischer Weise extensiv betrieben. An die Stelle des Holzpflugs ist zwar der eiserne, teilweise aus Deutschland bezogene, getreten, aber es wird noch immer wenig tief gepflügt und nicht gedüngt. Ebenso ist ein methodischer Fruchtwechsel noch unbekannt. Der Ertrag bleibt daher weit hinter dem Deutschlands zurück. Gebaut werden Weizen, Mais, Hafer, Gerste, in geringerem Umfang auch Roggen, Raps und Lein und hier und da etwas Flachs für den Hausgebrauch. In den im Gebirge liegenden Kolonien des Nordens, wie in Ciucurova, sah ich auch schöne Kartoffelfelder. Der Weinbau hat fast überall durch die Reblaus gelitten und ist deshalb sehr zurückgegangen.

Die Viehzucht der Kolonien stand vor dem Kriege auf hoher Stufe. Der deutsche Bauer setzte seinen Stolz darein, schöne und möglichst viele Pferde zu haben, und auf der Gemeindeweide tummelte sich in allen Kolonien eine stattliche Herde von Rindern. Es ist einer der schönsten und stimmungsvollsten unter den Eindrücken, die man in diesen fernen deutschen Siedlungen erhält, wenn am Abend die ganze Herde des Dorfes von der Weide zurückkehrt und in langem Zuge durch die Straße zieht, bis jedes Tier sein Heim gefunden hat. Die Schafzucht hatte zwar nicht mehr die Bedeutung wie in früherer Zeit, doch gab es auch jetzt noch in einzelnen Kolonien Herden von 1000 und 2000 Stück. Natürlich fehlte es in den deutschen Gehöften auch nicht an Schweinen und Geflügel. In der Milchverwertung ist die Dobrudscha lange Zeit ganz rückständig geblieben. Nach einem rumänischen Autor, Zacharia Zeciu[1]), gab es noch im Jahre 1905 im Lande nicht eine einzige Milchzentrifuge und nur 17 Schlagbutterfässer. Wenn dagegen vor Kriegsausbruch in verschiedenen deutschen Dörfern kein Haus ohne Zentrifuge war, so bedeutet das sicher einen achtunggebietenden Fortschritt. Während Zeciu vom deutschen Bauern behauptet, daß er den Boden nicht besser bearbeitet als der einheimische Landmann, erkennt er voll an, daß „die Frauen der deutschen Ansiedler es sind, die in der hohen Verwertung der Kuhmilch an der Spitze stehen und daraus eine Rente ziehen."

Nur ungern scheint sich ein Kolonistensohn zur Erlernung eines Handwerks zu entschließen. Am häufigsten finden sich die eng mit der Landwirtschaft zusammenhängenden von Deutschen betrieben: Schmiede und Stellmacher, sodann auch Sattler, Schreiner und Schuster. Dagegen überließ man die Schneiderei gewöhnlich einem Rumänen.

Das Spinnen und Weben, früher die Hauptwinterbeschäftigung der Frauen und Mädchen, ist ziemlich außer Brauch gekommen. Die feineren und zudem billigeren europäischen Fabrikstoffe haben die derbe, selbstgefertigte Leinwand auch aus den Bauernhäusern der Dobrudscha verdrängt. Besonders in den südlichen Kolonien, denen die Geschäftshäuser Konstanzas leicht erreichbar sind, sieht man selten noch ein Spinnrad, und man muß suchen, um ein Haus zu finden, in dem noch ein Webstuhl aufgestellt und in Betrieb ist. In Sarighiol z. B. sollte es nur noch 4, in Cobadin sogar bloß einen geben. Die älteren Kolonien des Nordens sind auch hierin wie in mancher anderen Beziehung alter Sitte treuer geblieben. Im allgemeinen sind es fast nur ältere Frauen, die die Kunst des Webens noch verstehen und ausüben. In älterer Zeit hatte der weibliche Hausfleiß nicht bloß für alle Leinwand zu Hemden und Tüchern zu sorgen, sondern auch für die dicken wollenen Stoffe der Frauenröcke und Männerhosen. Die ganze Arbeit des Wollscheerens, Spinnens, Färbens und Webens wurde im Hause gemacht, und in einigen geschieht es auch heute noch. Die wollenen Kleiderstoffe werden mit Vorliebe dunkelblau gefärbt, wobei der Indigo in nicht gerade appetitlicher Weise in menschlichem Urin angesetzt wird. Ein Erzeugnis der Hausweberei spielt auch heute noch in allen Häusern eine große Rolle: die „Plachten". Es sind das große, sehr bunte, auf beiden Seiten gleiche Decken, die entweder aus reiner, selbstgefärbter Wolle oder aus in Streifen gerissenen alten Hemden,

---

[1]) Die Landwirtschaft der Dobrudscha im Laufe des 19. und am Anfange des 20. Jahrhunderts. Leipzig 1909. S. 49.

Blusen, Schürzen und Strümpfen gewoben werden. Diese „Lumpenplachten" findet man überall in großer Zahl als Bettdecken und Fußbodenbelag. Die wollenen dienen hauptsächlich als Tragtücher für die kleinen Kinder und werden daher gewöhnlich Kinderplachten genannt. Die Mütter, die auf der Straße ihre Kinder in eine bunte, über die linke Schulter und unterm rechten Arm hindurchgezogene und weit herabhängende Decke gewickelt haben, sind eine typische Erscheinung der deutschen Dörfer. Jede Bäuerin zeigt mit Stolz ihren Besitz an Plachten, nur daß sie sie heute meist nicht mehr selbst webt, sondern mit dazu von ihr gelieferter Wolle weben läßt. Etwa 6—10 Stück bilden einen nie fehlenden Bestandteil der Mitgift der Tochter. Man findet darunter ganz auffallend schöne, in Farbe und Muster sehr geschmackvolle Arbeiten von hoher Kunstfertigkeit. Für die Verschiedenheiten in der Art der Muster und des Webens gibt es mancherlei technische Bezeichnungen. Es wird gewebt mit „Beistreifen", mit „Herz", „durchs Brett gezogen", es gibt aus lauter Kästchen bestehende „Eckenplachten" und „Bandplachten", bei denen nur breite Streifen ohne schmale Zwischenstreifen nebeneinander kommen. Die Kunst dieser Weberei haben die deutschen Bäuerinnen, wie sie auch alle selbst erzählen, in Rußland gelernt. Von den Decken und Teppichen der Bulgarinnen und Rumäninnen, die übrigens im Weben unendlich fleißiger sind, unterscheiden sich die deutschen Plachten durchaus. Der rumänische Webstuhl zeigt auch im Bau Abweichungen; so hat er bis 6 „Tretspähner", während der der deutschen Kolonisten nur 2 hat. Auch von den reichen Stickereien, mit denen die Bulgarinnen und Rumäninnen auf Hemden, Schürzen, Handtüchern 2c. prunken, haben die Deutschen nichts angenommen.

Die Frauen- und Mädchenkleidung der Kolonistinnen weist nichts auf, was durch farbigen Reiz oder Schmuck auffiele. Sie ist schlicht und zweckmäßig einfach: ein langer, dunkler Rock und eine gleichfalls meist dunkle Bluse. Charakteristisch ist nur das von allen in gleicher Weise gebundene, enganliegende Kopftuch mit langem, den Nacken verdeckenden Zipfel. Das fest angekämmte Haar ist in der Mitte gescheitelt und am Hinterkopf in einem Knoten vereinigt. In den katholischen Dörfern tragen alle Frauen und Mädchen auf der Brust ein gewöhnlich an einem Sammetband hängendes goldenes Kreuzchen. Bei den Männern und Burschen kann man eher von einer Tracht sprechen, aber es ist nicht die altväterlich deutsche, sondern die in der Steppe angenommene russische. In den jüngeren Kolonien beginnt auch diese zu verschwinden, in den älteren nördlichen dagegen wird an ihr noch allgemein festgehalten. Hier ist die hohe schwarze Pelzkappe und bei der Jugend die dunkle, breite Mütze mit großem Schirm noch von keinem Hut verdrängt. Die Hose steckt in hohen Stiefeln, über dem leichten, vielfach roten Hemd mit einer breiten, mehrfach umgewickelten Binde befestigt. Die älteren Männer tragen häufig noch ein gesticktes oder gewirktes buntes Halstuch, für das auch die russische Bezeichnung „Scharf" beibehalten ist.

11.

Die Dorfverwaltung

Nach der im Jahre 1801 für die ausländischen Ansiedlungen im Süden erlassenen „Instruktion zur inneren Einrichtung und Verwaltung der neurussischen Kolonien" waren in jedem Dorfe aus der Mitte der selbständigen Wirte ein Schulze, 2 Beisitzer und ein Zehntmann für je 10 Höfe zu wählen.[1]) Die Amtspflichten des Schulzen waren die denkbar mannigfaltigsten. Er hat nicht bloß nach jeder Richtung hin alle Angelegenheiten des Dorfes zu überwachen und zu leiten, er soll auch ständig auf die einzelnen Kolonisten Einfluß ausüben und für ihr materielles und moralisches Wohl sorgen. Er hat ihnen die gesetzlichen Verordnungen bekannt zu geben, hat jedermann zu einem sittlichen und friedsamen Lebenswandel, zu Arbeitsamkeit, Rechtschaffenheit und zum Besuch der Kirche anzuhalten und insbesondere Ueppigkeit, Verschwendung und Trunkenheit zu bekämpfen. Er hat streng darauf zu sehen, daß jeder Wirt Wohnhaus, Scheune, Stallungen und Umzäunungen in bester Ordnung und Reinlichkeit erhält, daß die Straße stets gesäubert und auf den Hofplätzen Bäume gepflanzt werden. Er soll ferner die Erlernung von Handwerken anregen, die Eigenschaften des Bodens beobachten, die Felder besichtigen und auf deren zweckmäßige Einteilung und Bebauung achten. Er hat die Kolonisten zu beaufsichtigen, daß jeder mit Tagesanbruch an seine Arbeit geht und daß auch in der Winterzeit niemand dem Müßiggang verfällt.[2]) Zuwiderhandelnde sind zunächst eindringlich zu vermahnen; wenn das nichts nützt, zur Strafe mit Gemeindearbeiten oder Geldbußen zu belegen. Der Schulz war also nicht bloß der Leiter und Verwalter der allgemeinen Angelegenheiten seiner Gemeinde, er besaß

---

[1]) Einen Auszug der Instruktion gibt Keller, Bd. I, S. 61 ff.
[2]) §§ 49 bis 78 der Instruktion.

auch ein hohes Maß von Machtbefugnissen und Autorität gegenüber jedem Einzelnen seiner Dorfgenossen, selbst in deren persönlichen Angelegenheiten. Die Strafen waren auch nicht auf die genannten beschränkt, es kamen dazu noch Arrest, Rutenhiebe und Block. Und es wird strenges Regiment geführt. Wir erfahren, daß einer 5 Quadratfaden roden muß, weil er ein schlechtes Dach, keine Bäume und keine Hofmauern hat. Das Ansehen des Schulzen wird besonders geschützt. In der Kolonie Franzfeld erhalten 2 Kolonisten je 45 Rutenhiebe, „weil sie den Schulz beleidigt hatten", ein anderer wird, weil er auf ihn schimpfte, eine Stunde lang in den Block gelegt. Die öffentliche Verabfolgung von Stockstreichen scheint ziemlich häufig in Anwendung gekommen zu sein, und zwar sowohl bei Männlein wie Weiblein. „Der Jakob L. hat mit seiner Frau 71 Bund Gemeinderohr gestohlen, dafür bekommt er 40 Hiebe und muß selbst seiner Frau vor der versammelten Gemeinde 50 Hiebe verabfolgen."[1] In Kleinliebenthal hat es in den Jahren 1842—45 Rutenhiebe gegeben für Männer und Frauen, Burschen und Mädchen wegen boshafter Beschuldigung, ungebührlichen Betragens, Herumtreibens, Schlägerei, Verschwendung, Sauferei, Diebstahls, wegen Vergreifens an Schulzen und Verspottung der Eltern. Auf diese Art wurde in den deutschen Dörfern mit scharfen Zuchtmitteln für die Wahrung von Ordnung und guter Sitte gesorgt.

Die Wahl des Schulzen, der Beisitzer und des Schreibers wurde von der Dorfversammlung vollzogen, zu der von jedem Hof ein Kolonist erscheinen mußte. Ihr lagen ferner ob die Verteilung der auf das Dorf fallenden Abgaben und Leistungen, der Ausschluß schädlicher Gemeindemitglieder und die Beschlußfassung über die allgemeinen Bedürfnisse des Dorfes.[2]

Diese Einrichtungen der russischen Ansiedlungen haben die Bauern auch in ihre neuen in der Dobrudscha übernommen. Die türkische Regierung ließ ihnen auch in dieser Beziehung ihre Freiheit. Das „Colonisations-Reglement", dem sich jeder Kolonist, wie es scheint, durch schriftliche Unterzeichnung unterwerfen mußte, bestimmte im Artikel 10 nur: „Die Kolonisten erkennen die Behörden des Kreises (Casa) oder des Departements (Sandschaks) an, in dem sich ihre Dörfer und Flecken befinden, und werden von diesen verwaltet und beschützt wie die übrigen Untertanen des Reiches." In die Kolonien selbst wurde kein

---

[1] Begebenheiten aus der Vorzeit der Kolonie Franzfeld, Keller, Bd. I, S. 284 ff.
[2] Stach, S. 26.

türkischer Funktionär gesetzt. So lange die Abgaben richtig ein=
gingen und keine Verbrechen vorkamen, scheinen sich die türkischen
Behörden um die ruhigen und fleißigen deutschen Bauern nur
wenig gekümmert zu haben.¹) Die Regelung ihrer Gemeindean=
gelegenheiten blieb ihnen selbst überlassen, und sie wählten weiter
ihren Schulzen, die Beisitzer und den Schreiber, wie sie es von
ihren russischen Dörfern her gewohnt waren.

Der Übergang der Dobrudscha in rumänischen Besitz änderte
auch diese Verhältnisse. Die Verwaltung der Ortschaften wird
von den rumänischen Behörden einheitlich für alle organisiert,
und damit werden auch die deutschen Kolonien dem allgemeinen
„Regulament für die innere Verwaltung von Landgemeinden"
unterworfen. In der Kolonie Cogealac wurde es im August 1884
eingeführt und wahrscheinlich im gleichen Jahre auch in allen anderen.
Jedes Dorf erhält als rumänische Amtsperson einen Primar
(Bürgermeister), dem ein Gehilfe und 5 Beisitzer (Consuläre) zur
Seite stehen. Vieles, was bisher vom Schulzen und der Ge=
meindeversammlung nach alter Überlieferung oder nach eigenem
Gutbefinden geordnet wurde, faßt das Regulament in Paragraphen
und legt es mit allgemeiner Geltung fest. Es trifft Bestimmungen
über die öffentliche Sicherheit mit der Verpflichtung der Bewohner
zu Tag= und Nachtwachen, über die Verschönerung der Gemeinden,
wonach der Primar über den Platz und die Bauart der Wohn=
häuser und Anlage der Gehöfte zu befinden hat, über die öffent=
lichen Wege und deren Benutzung, über die Beistellung von Fuhr=
werken für die rumänischen Funktionäre und anderes mehr. Das
Regulament führt auch eine Dienstbotenordnung mit nicht weniger
als 21 Artikeln ein. Die Neuordnung hat begreiflicherweise unter
den deutschen Bauern viel böses Blut erregt, besonders wenn
man ihnen als Primar einen Rumänen ins Dorf setzte, mit dem
sie sich kaum verständigen konnten. Sie fühlten sich in ihren
Rechten beeinträchtigt, und es fehlte ihnen das Vertrauen zu den
neuen rumänischen Beamten.

Mit der Einsetzung des Primars als Oberhaupt des Dorfes
wurde jedoch die Existenz des Schulzen nicht gänzlich aufgehoben.
Die deutschen Bauern wählten sich auch weiterhin ihren hergebrachten
Führer, die beiden Beisitzer und einen Schreiber, und sie tun es
auch heute noch. Doch beschränken sich der Wirkungskreis und

---

¹) Nach Artikel 5 des Reglements waren die Kolonisten, von der Regierung
Land ohne Bezahlung zur Ansiedlung überlassen wurde, während der Dauer von 6
Jahren von jeder Territorial= und Personalsteuer befreit.

die Befugnisse des Schulzen nur noch auf die Angelegenheiten, die die deutschen Kolonisten allein angehen. Er ist in der Hauptsache bloß der Verwalter ihres Gemeindebesitzes. Er führt die Viehlisten für die gemeinsame Weide, dingt den Hirten und den Dorfschützen, beschafft die Gemeindehengste und Bullen und überwacht die nötigen Arbeiten an Kirche und Schule. Er zieht von den Kolonisten die Abgaben für ihre gemeinsamen wirtschaftlichen und kulturellen Einrichtungen ein und leitet ihre Versammlungen. Er hat ferner die deutsche Gemeinde und ihre Interessen beim Primar zu vertreten. Aber es fehlt ihm der amtliche Charakter und er besitzt nicht mehr die früheren weitgehenden Rechte gegenüber seinen Gemeindemitgliedern und damit auch nicht mehr die alte starke Autorität.

Es ist ungemein bezeichnend für die ganze Denkweise dieser Bauern und ihr festwurzelndes Bedürfnis, altüberkommene Institutionen zu bewahren, selbst wenn die realen Grundlagen dafür nicht mehr vorhanden sind. Was der Stellung ihres Schulzen an Gewicht und Ansehen von der staatlichen Amtsgewalt genommen war, das suchen sie ihr freiwillig wiederzugeben, sogar ein gewisses Strafrecht. Es wird das in sehr anschaulicher Weise belegt durch ein Protokoll über die Wahl und die Einsetzung eines Schulzen, das schon aus neuerer Zeit, aus dem Jahr 1910, und aus der Kolonie Caramurat stammt. Dies Dokument zeigt eindrucksvoller, als es irgend eine Schilderung tun könnte, den ausgeprägten Sinn dieser deutschen Bauern für Ordnung und Autorität, und es gewährt einen so lebendigen Einblick in ihr Leben, daß es wohl verdient, ausführlicher wiedergegeben zu werden. Es trägt die Überschrift „Bevollmächtigung" und führt dann aus:

Wir unterzeichneten Bewohner der deutsch-katholischen Gemeinde zu Cara-Murat geben unserem Mitbewohner Josef A. Söhn einstimmig unsere Stimme, indem wir den Josef A. Söhn zum Schulzen unserer Gemeinde erwählen und ihm folgende Rechte und Vorrechte gewähren:

1. Wenn die Gemeinde versammelt wird, so hat der Schulz allein oder sein Beisitzer an seiner Stelle das Recht zu reden, bis der Schulze die Männer um ihre Meinung fragt und sie zu sprechen auffordert. Wird den Männern das Recht zum Sprechen gegeben, so hat ein jeder die Freiheit, seine Meinung offen zu bekennen, jedoch muß man trachten, daß alles im Stillen und Einigkeit vorgeht, denn wer sich untersteht zu schreien oder Uneinigkeit bei der Gemeinde zu stiften, wird vom Schulzen

bestraft, der das Recht hat, von 50 Bani bis 2 Frank zu bestrafen.

2. Wenn jemand sich schlecht bei der Gemeindeversammlung beträgt und der Schulz ihm befiehlt, die Versammlung zu verlassen, so muß dieser ohne Widerrede die Versammlung verlassen; tut er es nicht, so hat der Schulz das Recht, einen Mann zu wählen, der den Ungehorsamen herausführt; wenn der erwählte Mann aber es nicht tun will, bekommt er dieselbe Strafe wie der Schuldige.

3. Wenn die Gemeinde versammelt wird und die Männer können über etwas nicht einig werden, so hat der Schulz das Recht, 20 bis 40 Männer auszuwählen, um die Sache in Ordnung zu bringen. Gibt es aber Männer, die diese abgemachte Sache als Unrecht erkennen, so sollen sie zum Schulz gehen und sich über die Sache beklagen, aber nicht im Dorfe herumschreien und Schimpfwörter gegen den Schulz aussprechen, denn wenn sie so etwas tun, so hat der Schulz das Recht, sie zu bestrafen.

4. Wir alle verpflichten uns, den Josef Söhn, welchen wir einstimmig selbst zu unserem Schulzen erwählt haben, zu ehren und uns zu untergeben. Wir verpflichten uns ferner, den Beisitzern des genannten Schulzen zu gehorchen, wenn dieselben von ihm beauftragt sind, an seiner Stelle zu handeln.

5. Wenn einem Mitglied der Gemeinde die vom Schulzen erteilte Strafe als ungerecht erscheint, so wird der Schulz dem Unzufriedenen einen Zeitraum von 14 Tagen gewähren, vom Tage, an welchem die Strafe erteilt worden ist, angefangen. Während dieser 14 Tage kann der Bestrafte sein Recht in allen gerichtlichen und penalen Instanzen suchen; sind aber die 14 Tage vorüber und hat der Bestrafte die bedingten Nachforschungen unterlassen, so hat der Schulz das vollständige Recht, ihn augenblicklich zu bestrafen.

6. Wenn der Schulze von jemand verlangt, daß er in die Kanzlei komme, so muß der Gerufene unbedingt erscheinen; sobald er zum zweitenmal gerufen werden muß, so wird er mit 50 Bani bestraft. In der Kanzlei hat sich jedermann ordentlich zu benehmen; sobald sich jemand mit Grobheiten rechtfertigen will, wird ihm vom Schützen die Türe gewiesen.

7. Wenn der Schulze mit seinen Beisitzern in der Gemeindeversammlung erscheint, so hat ein jeder sein Haupt zu entblößen, ruhig zu sein und das Rauchen einzuhalten, solange wegen

einer Sache verhandelt wird. Im Falle jemand die Ordnung stört, wird er bestraft.

8. Alles, was eben gesagt worden ist, bestätigen wir Bewohner der deutsch-katholischen Gemeinde von Cara-Murat, unterzeichnen die gegenwärtige Prokur eigenhändig, freiwillig und unbezwungen, unserem Schulzen Josef A. Söhn die obengenannten Rechte gewährend.

Es mag gewiß nicht immer leicht sein, ohne amtliche Machtmittel diese freiwilligen Bauerngemeinden in Einigkeit zusammenzuhalten und vor allem auch die nötigen Gelder durch zwanglos übernommene Abgaben aufzubringen. Es zeugt von hochentwickeltem Gemeinsinn, wenn es überall neben der offiziellen Ortsgemeinde so lange ohne Absplitterungen und Spaltungen möglich war. Auch das Amt des Schulzen legte Arbeit und Pflichten auf, die offenbar nicht immer bereitwillig von den Gewählten übernommen wurden. Darauf weist der Beschluß einer Gemeinde hin, daß ein zum Schulzen Gewählter mit einer Geldstrafe belegt wird, wenn er das Amt nicht annehmen will, trotzdem er lesen und schreiben oder einen anderen, von der Gemeinde anerkannten triftigen Grund nicht aufweisen kann. Für die zu Beisitzern Gewählten ist auch die Unkenntnis des Lesens und Schreibens keine Entschuldigung, sie werden bei Nichtannahme des Amts ohne weiteres bestraft.

Die Selbstverwaltung der deutschen Kolonien erstreckt sich, wie gesagt, heute nur mehr auf das, was sie an wirtschaftlichem Besitz und kulturellen Einrichtungen für sich besonders haben. Zur Gemeindeweide, den gemeinschaftlich gehaltenen Hengsten und Bullen kommt in dem einen oder anderen Dorf noch ein eigenes Gemeindehaus, eine Ziegelei, ein Kalkofen, eine Gemeindeschänke, eine landwirtschaftliche Ortskasse. Vor allem aber sind es die deutsche Kirche und Schule, deren Verwaltung und Unterhaltung eigenste Angelegenheit der Kolonien ist. Die Gemeindeversammlungen haben somit den Weidebetrieb zu regeln, die Gebühren für Benutzung der gemeinsamen Einrichtungen festzusetzen, über Bauarbeiten für Kirche und Schulhaus, die Bezüge von Pfarrer, Lehrer und Kirchendiener und die seitens der Gemeindemitglieder etwa zu übernehmenden Arbeits- und Naturalleistungen zu beschließen. Wenn man jedoch die Sitzungsprotokolle der Gemeindeversammlungen durchblättert, so zeigt sich, daß sie sich durchaus nicht ausschließlich auf diese sachlich gegebenen Aufgaben und Befugnisse einschränken. Sie legen sich selbst gelegentlich gewisse Gesetze auf, so wenn eine Gemeinde beschließt, daß von Samstag Abend nach Sonnenuntergang bis Sonntag Abend keiner mehr fahren und Handel treiben darf. Wer dagegen verstößt, wird mit einer Geldstrafe belegt. Es läßt das erkennen, daß die deutschen Ansiedler auch über ihre gemeinsamen realen Interessen hinaus sich noch als besondere Gemeinschaft fühlen, die stark genug ist, von ihren Zugehörigen Unterordnung verlangen zu können. Wer seine Pflichten in der Gemeinde nicht erfüllt, wird von ihr ausgeschlossen, und keiner darf mehr von ihm Ackerland oder Weide pachten.

12.

Schule, Kirche und Sektenwesen.

Von den schwäbischen Auswanderern, die Ende des 18. Jahrhunderts nach Preußen zogen, konnte fast jeder lesen, die meisten schreiben.¹) Sie hatten in der süddeutschen Heimat eine bescheidene Schulbildung erworben und damit auch ein gewisses Verständnis für die Wichtigkeit der Schule. Sie bewährten dies in ihren russischen Siedlungen in überraschender Weise. Schon in den dreißiger Jahren wird uns berichtet, daß es im ganzen Zarenreiche wohl kaum ein deutsches Dorf gibt, das nicht mindestens eine, auf Kosten der Gemeinde unterhaltene Schule besitzt.²)

Auch nach der Abwanderung in die Dobrudscha haben die Kolonisten trotz ihrer ärmlichen, verlassenen Lage in ihren Niederlassungen bald für ein Schule gesorgt, wie im Einzelnen schon angegeben wurde. Freilich darf man dabei mit dem Begriff der Schule keine hohen Vorstellungen verbinden. Die kleinen, von aller Welt abgesonderten Dörfer waren nicht in der Lage, größere Aufwendungen dafür zu machen. So war zunächst nicht daran zu denken, berufsmäßige Lehrer anzustellen. Einer der Kolonisten mußte das Amt des Schulmeisters übernehmen und füllte es aus, so gut er konnte. Ein lockender Posten war es nicht. Nach einer Aufzeichnung des Obersten von Malinowsky erhielt 1863 der Lehrer in Atmagea jährlich von jedem Wirt 2 Maß Getreide und von jedem schulfähigen Kinde 3 Piaster; der in Ciucurova bekam von jeder Familie ein Maß Weizen und 2½ Piaster, sowie von jedem der 14—16 Schulkinder 4 Piaster.³) Da er aber noch 8 Armen die Zahlungen erlassen mußte, so belief sich sein jährliches Einkommen auf ganze 255 Piaster. Etwas besser stand sich der Lehrer in Kataloi. Er bezog von jedem Wirte 25 und

---

¹) Beheim-Schwarzbach, Friedrich der Große, S. 72.
²) Historisch-Statistische Bemerkungen in: Annalen der Erd-, Völker- und Staatenkunde 1839, S. 179.
³) 1 Maß = 10 Oka· 1 Oka = 2¼ Pfund.

von jedem Schulkinde 3½ Piaster. Sobald die Kolonien wirtschaftlich etwas erstarkt waren, war man auch darauf bedacht wirkliche Lehrer heranzuziehen, aus Rußland, Siebenbürgen, der Schweiz und Deutschland. Auch diesen wurde der Hauptteil ihres Gehaltes noch in Naturalien gezahlt. So bekam der Lehrer Louis Horn in Atmagea, ein Bruder des Rauhen Hauses, neben einem Barbetrag von 200 Frank jährlich von jedem Wirt 2 Maß Weizen, 2 Maß Kartoffeln, ½ Oka Butter und ½ Oka Speck, dazu ein Stück Land zu 5 Maß Aussaat und 3 Fuhren.

Aber auch die berufsmäßigen Lehrer vermochten trotz besten Willens den Schulbetrieb kaum zu einem befriedigenden zu machen. Dem stand der unregelmäßige, in den meisten Fällen an sich nur auf die Wintermonate vom November bis Ostern beschränkte Besuch ebenso entgegen wie der Mangel an Lehrmitteln. Während des Sommers wurde in den meisten Dörfern nur Sonntags unterrichtet. „Was die Kinder im Winter gelernt haben, geht im Sommer wieder verloren".[1]) Aber trotz allem: es waren doch deutsche Schulen mit vollständig deutschem Unterricht.

Vom Anfang der achtziger Jahre an, nicht überall gleichzeitig, wurden den deutschen Kolonien rumänische Staatslehrer aufgedrängt, Atmagea 1884, Cogealac schon früher. Den deutschen Lehrern blieb nur der Unterricht in Deutsch und Religion, und sie wurden auf eine oder zwei Stunden täglich beschränkt. Natürlich wurden von den rumänischen Lehrern auch die deutschen Schulhäuser in Beschlag genommen. Später sind allerdings in den meisten größeren Dörfern eigene rumänische Schulen gebaut worden, alle in dem gleichen Stil, wie ihn unsere Abbildung der Schule von Sarighiol zeigt. So waren die Gemeinden gezwungen, rumänische Lehrer zu unterhalten. Daneben noch die Kosten für einen deutschen aufzubringen, war manchen der ärmeren Kolonien nicht immer möglich. Aber selbst einige größere haben ihre deutsche Schule dauernd aufgegeben, wie Caramurat seit 1902, oder sie waren zeitweise ohne deutschen Unterricht, wie Kataloi und Culelia. Ebenso fehlte sie ganz in den kleinen Ansiedlungen Ortachioi, Mangalia, Sofular, Techirghiol und Palaz Mare, und in Kleinmangeapunar wuchsen die Kinder überhaupt, ohne jeden Unterricht auf. Im allgemeinen jedoch haben die Bauern zäh an ihrer deutschen Schule festgehalten und die Opfer der Unterhaltung eines deutschen Lehrers nicht gescheut. Solche waren immer vorhanden in Cogealac, Tariverde, Cogeala,

---

[1]) Bericht des Lehrers Louis Horn in: Müller, Joh. Paul, die Deutschen Schulen im Auslande, ihre Geschichte und Statistik. Breslau 1885. S. 86.

Fachria, Cobadin, Sarighiol, Alacap, und verschiedene der Kolonien haben trotz der Beschränkung, die seiner Wirksamkeit gezogen war, sich einen Schulmeister aus Deutschland geholt, so Atmagea, Ciucurova, Horoslar, Mamuzlu, Neue Weingärten. In den katholischen Gemeinden Malcoci, Tulcea, Caramurat und Culelia hatte der Pfarrer es übernommen, die Jugend in ihrer Muttersprache zu unterrichten. Damit der Besuch der deutschen Schule auch nicht vernachlässigt werde, enthalten die kirchlichen Ordnungen des Kirchspiels Konstanza die Bestimmung, daß ein Kind aus den organisierten Kirchgemeinden nur dann konfirmiert werden

Rumänisches Schulgebäude

dürfe, wenn es die deutsche Schule mindestens 2 Jahre regelmäßig besucht hat, worüber sie eine Bescheinigung des Lehrers vorlegen müssen.[1]) Und nach dem Statut des Kirchspiels Atmagea ist das Fernhalten von der Schule ein Grund zum Ausschluß aus der Gemeinde.[2])

Daß bei der erzwungenen Einschränkung und dem Fehlen fast aller Hilfsmittel der deutsche Unterricht nur sehr bescheidene Erfolge erringen konnte, wird niemand Wunder nehmen. Nach Schmidt ist „einige Sicherheit im Lesen, die Kenntnis einiger biblischen Geschichten, des Katechismus, einiger Sprüche und Kirchenlieder das bedauerlich geringe Ergebnis der deutschen Schule".[3]) Vom Bauernlehrer hatte man dereinst, wie mir eine

---

[1]) Kirchliche Ordnungen im Kirchspiel Constanza, II, § 6.
[2]) Statut des deutschen evang. Kirchenspiels Atmagea, gedruckt Bukarest 1907, II, § 7.
[3]) Die Deutsche Schule im Auslande, I, S. 609.

Alte aus ihrer eigenen Schulzeit erzählte, nur lesen, aber nicht
schreiben gelernt. Heute dürfte auch die Kunst des Schreibens
fast ausnahmslos allen Kolonisten bekannt sein. Wie weit sie
es darin gebracht haben, mag die bildliche Wiedergabe der Unter=
schriften der Wirte eines Dorfes unter einem Gemeindeaktenstück

illustrieren. Recht schlimm steht es um die Kenntnisse der gram=
matischen Regeln unserer Sprache und in der Rechtschreibung.
Die Niederschriften von Volksliedern, die ich mir in verschiedenen
Dörfern von Burschen und Mädchen machen ließ, sind manchmal
kaum zu verstehen. Als Beispiel seien ein paar Strophen wieder=
gegeben, die von einem etwa zwanzigjährigen Mädchen stammen,
das im übrigen einen sehr klugen und geweckten Eindruck machte:

> Du Dorr du brichst Dein Schwur der Dreie
> Du libest mich schon lange zeit nicht mehr.
> Habe nuhr Getuld es drift sich eintzt die Reie,
> Dann Schläkt mein Herz vor lauter Muhrt und Schwert.
>
> In der Blüte meiner Schenste Johre
> Gab ich mich zum Obser für dich hin.
> Du Raubest mir die Unschult sambt der Dugent,
> Schbot und Haß war hekstentz mein gewin.

Höheren Ansprüchen genügte nur die deutsche Schule in
Konstanza. Auch hier war der Anfang ein sehr bescheidener.
1892 begann zuerst der Pfarrer Jancke in dem Zimmer eines
Privathauses die deutschen Kinder zum Unterricht zu versammeln.
Durch eine Stiftung der Frau Sophie Luther, der Besitzerin der
bekannten Lutherischen Brauerei in Bukarest, bekam die evangelische

Gemeinde die Mittel zum Bau eines eigenen, geräumigen Schulhauses, das 1901 vollendet wurde. Die unter der Leitung des Pfarrers stehende Schule hatte sich bis Kriegsausbruch zu einer vierklassigen Volksschule mit aufgebauter einklassiger Mittelschule entwickelt. Für die rumänischen Fächer galt der staatliche Lehrplan, für die deutschen ungefähr der einer deutschen Volksschule. Diese überwogen im Unterricht jedoch derart, daß der Charakter als deutsche Lehranstalt gewahrt war. Von den wöchentlich erteilten 246 Unterrichtsstunden fielen auf die deutsche Sprache 175, auf nichtdeutsche 71. Bis zum Jahr 1915/16 war die Schülerzahl auf 207 gewachsen. Davon waren 7 Reichsdeutsche, 24 Österreicher oder Ungarn, 8 Türken, 4 Bulgaren, 124 Rumänen, 12 Griechen, 1 Holländer und 27 ohne Staatsangehörigkeit. Den Schülern nach war es also eine recht gemischte Schule, und die Zahlen lassen auch erkennen, daß die Jugend der deutschen Bauernkolonien in ihr nur schwach vertreten war. Die Schule in Konstanza war die einzige, die eine Unterstützung aus dem Reichsschulfonds erhielt, zuerst 4000.— Mk. jährlich, seit 1912 4200 Mk.

Über den tiefinnerlichen kirchlichen Sinn der deutschen Kolonisten, die Entwicklung der Kirchengemeinden in älterer Zeit und über den Bau der Bethäuser in den einzelnen Dörfern ist schon gesprochen worden. Niemals sind den deutschen Ansiedlern Schwierigkeiten bei der Ausübung ihres Bekenntnisses gemacht worden. Im Artikel 3 des „Colonisations-Reglements für die Türkei" war ihnen „die freie Ausübung ihrer Religion ohne irgend eine Beeinträchtigung" ausdrücklich zugesichert worden. Über den Bau von Kirchen bestimmte der gleiche Artikel: „Wenn sich in den Ortschaften, die ihnen von der Regierung zur Ansiedlung angewiesen werden, genug Kirchen ihres Ritus befinden, so werden sie in diesen ihre Andacht halten. Diejenigen, die sich neue Ortschaften gründen, werden nach einem Bittgesuch an die Regierung die Erlaubnis erhalten, die nötigen Kirchen zu bauen."

Die erste zusammenfassende Organisation der evangelischen Gemeinden hatte ihren Mittelpunkt in Atmagea. Sie schloß sich 1858 der preußischen Landeskirche an und erhielt vom Oberkirchenrat in Berlin ihre Pfarrer. Das zurzeit geltende Statut wurde 1907 beschlossen. Gegenwärtig gehören zum Pfarrbezirk Atmagea die Kirchengemeinden Atmagea, Ciucurova, Kataloi, Cogealac und Tariverde und die Predigtstation Ortachioi.

1883 wurde die Gemeinde Konstanza-Anadolchioi gegründet, die zuerst von Galatz, später von Atmagea aus kirchlich bedient wurde, bis sie 1892 einen eigenen Pfarrer erhielt. Das Kirchspiel

Konstanza umfaßt die Gemeinden Cobadin, Cogeala, Fachria, Mamuzlu und Sarighiol und die Predigtstationen Alacap, Horoslar, Neue Weingärten und Sofular. Die 1908 angenommenen, für alle Gemeinden gültigen Satzungen unterscheiden kirchlich organisierte Ortsgemeinden mit eigenem Bethaus und Predigtstationen, d. h. Orte, an denen sich eine Anzahl deutscher evangelischer Familien befindet, die eine regelmäßige kirchliche Versorgung begehren und durch die Bereitstellung eines erforderlichen Raumes ermöglichen. Die Verwaltung der gemeinsamen Angelegenheiten erfolgt durch einen Generalvorstand, in den die ländlichen Ortsgemeinden je 2 Vertreter entsenden. In allen kirchlichen Beziehungen, also in Hinsicht auf Lehre und gottesdienstliche Ordnung und Verfassung, unterstehen die Pfarrbezirke der Leitung und Oberaufsicht des evangelischen Oberkirchenrates in Berlin, dem auch das Recht der Berufung des Pfarrers überlassen ist. Kirchen, zum Teil recht stattliche, besitzen außer Konstanza Atmagea, Ciucurova, Cogealac und Cogeala, mehr oder minder geräumige Bethäuser, in der Regel mit einem angebauten oder davorstehenden hölzernen Glockenturm, Kataloi, Cobadin, Sarighiol, Mamuzlu und Fachria. Wo es auch an diesen fehlt, wird der Gottesdienst in einer der Wohnungen abgehalten.

Der große Umfang der Pfarrbezirke und die weiten Entfernungen bringen es mit sich, daß der Pfarrer manche Gemeinden nur wenige Male im Jahre besuchen kann. An seiner Stelle übernimmt dann der Lehrer oder ein Bauer die Abhaltung der sonntäglichen Andacht. Nach der Kirchenordnung darf bei Erkrankung eines noch nicht getauften Kindes der Lehrer oder jeder konfirmierte evangelische Christ auch die Nottaufe vollziehen, die später vom Geistlichen zu bestätigen ist.

Das Fehlen eines eigenen Pfarrers in den meisten Dörfern und die Unregelmäßigkeit der kirchlichen Versorgung haben unter den evangelischen Bauern die Bildung und Ausbreitung von Sondergruppen und des Sektenwesens begünstigt. Allerdings war der Boden dafür, wenigstens unter den schwäbischen Kolonisten schon von der Heimat her bereitet. Viele hatten nur ihrer religiösen Sonderrichtung wegen Deutschland verlassen. Als Separatisten mancherlei Art waren sie zum Teil in „brüderlichen Harmonien" nach Rußland gezogen. Die weitverbreitete Erscheinung des Pietismus ist nach Gustav Rümelin zu den bemerkenswertesten Eigentümlichkeiten des württembergischen Volkslebens zu zählen. Für eigentümliche kleine Sekten innerhalb und außerhalb der Kirche ist das altwürttembergische Land bis in die neuere

Zeit herein ein fruchtbarer Boden geworden.¹) Die natürliche Anlage zum Grübeln und Spintisieren, das leidenschaftliche Suchen nach der reinen Glaubenswahrheit führten zum Entstehen der auch in der Dobrudscha in allen evangelischen Gemeinden bestehenden Brüderschaften, die in ihren, in der Regel dreimal wöchentlich stattfindenden Versammlungen in gemeinsamer Erörterung den richtigen Sinn der Schriftlehren zu ergründen suchen.

Aber diese „Bet"- oder „Stundenbrüder" haben sich wenigstens nicht von ihrer Gemeinde losgelöst und nehmen auch an den gemeinsamen Gottesdiensten teil. Gefährlicher für die Einigkeit und den Frieden der deutschen Bauern sind zu Zeiten wirkliche Sekten geworden. In erster Linie hatten die Baptisten in den Kolonien eine eifrige Propaganda für ihre Lehren entfaltet und viele Anhänger gefunden. Ihr Hauptsitz war und ist heute noch Kataloi. Hier gab es Ende der sechziger Jahre nur noch drei oder vier evangelische Familien, und auch gegenwärtig sind sie noch in der Minderheit. Die Ausbreitung des Baptismus in den älteren Ansiedelungen zeigt ein unter den Kirchenakten von Atmagea befindlicher Bericht aus dem Jahre 1892. Damals gab es in Atmagea 294 Evangelische und 95 Baptisten, Ciucurova 241 und 107, Tariverde 425 und 31, Ortachioi 115 und 56, Kataloi 56 Evangelische, ca. 200 Baptisten und 60 Wilde, die keiner Gemeinschaft angehörten. Diese Spaltungen haben in manchen Kolonien zu offenen Feindseligkeiten geführt. In den letzten Jahrzehnten ist ein großer Teil der Baptisten nach Amerika ausgewandert, so daß sie gegenwärtig zwar in den meisten Gemeinden noch zu finden sind, aber nur in geringer Zahl, so in Atmagea 3 Familien, Ciucurova ca. 15, Cogealac 12, Tariverde 6, Cogeala 5, Sarighiol 4.

Von geringerer Bedeutung sind die Adventisten oder Sabbataner, die an Stelle des Sonntags den Sonnabend heilig halten und auch die hohen Feste, Ostern, Pfingsten usw., nicht anerkennen. Sie sind am stärksten in den Neuen Weingärten vertreten, wo sie ein eigenes Bethaus besitzen. Einige Familien gibt es ferner in Sarighiol.

Die katholischen Kolonien sind in kirchlicher Beziehung früher und der Zahl ihrer Geistlichen nach auch besser versorgt worden. Wie erwähnt erhielten Tulcea und Malcoci bereits 1847 einen Pfarrer. Caramurat und Culelia hatten gleichfalls ihren eigenen Geistlichen. Mangeapunar wurde von Konstanza aus mit ver-

---

¹) Rümelin, Gustav, Reden und Aufsätze. 3. Folge, Freiburg i. Br. 1894, Seite 386.

sorgt. Während der Türkenzeit unterstanden die katholischen Gemeinden dem Bischof von Nikopoli, seit 1883 dem Erzbistum Bukarest, dessen Würde seit Jahren von dem aus Erzingen gebürtigen, auch um die wissenschaftliche Erforschung der Dobrudscha verdienten Benediktiner Raymund Netzhammer bekleidet wird. Schöne, massive Kirchen besitzen Tulcea, Malcoci, Caramurat, Culelia und Mangeapunar, ein kleines, sehr bescheidenes Bethaus Techirghiol. Ähnlich wie die Brüdervereinigungen in den evangelischen Gemeinden gibt es auch in den katholischen „Maria-Brüderschaften", die für sich noch besondere Andachten abhalten.

13.

Geistiges Leben, Sitte und Brauch

Mit dem Eintritt in die Dobrudscha wurden die deutschen Bauern ungleich mehr allen Kultureinflüssen entrückt, als sie es in Südrußland waren. Hier bildeten sie auf weitem Gebiete eine große Gemeinschaft, die an sich gegenseitige Stärkung, Förderung und Fortschritt verbürgte. Verkehrs- und Handelsstraßen und mehr oder minder bedeutende Plätze städtischer Zivilisation waren ihnen erreichbar. In der Dobrudscha dagegen waren sie einsame, sich allein überlassene Inselchen, von durchaus fremdartigen Völkerschaften umgeben, die einander ebenfalls fremd und ohne Kulturgemeinschaft waren. Selbst ihr Schulmeister war in den meisten Kolonien lange Zeit hindurch einer der ihrigen, und ihren Pfarrer sahen sie nur wenige Male im Jahre. Mit der alten Heimat vollends war jede Verbindung verloren. Diese bot ihnen in keiner Weise eine fürsorgende Stütze, sie wußte kaum etwas von ihnen. Als dann der rumänische Staat sich der Leitung ihres Schulwesens bemächtigte, wurde ihre Jugend dem Einfluß volksfremder Lehrer ausgeliefert, und sie mußte, um etwas lernen zu können, zunächst die fremde Sprache lernen.

Es wäre kaum zu verwundern, wenn unter solchen Umständen diese kleinen, versprengten Scharen deutscher Bauern geistig und moralisch zurückgegangen wären, wenn sie auch an ihrem Volkstum Einbuße erlitten hätten. Es ist ihnen ohne Schwanken und Einschränkungen das rühmliche Zeugnis auszustellen, daß weder das eine noch das andere geschehen ist. Wie sie körperlich ein gesunder und kräftiger Zweig unseres Volkes sind, so sind sie es auch geistig und moralisch.

Ihre Kultur- und Geistesverfassung ist ausschließlich bäuerlich geblieben. Was sie sich an formalem Wissen erwerben konnten, haben alle aus der gleichen, schwachen Quelle geschöpft. Es ist unter ihnen keine gebildete Schicht entstanden, im Gegensatz zu den südrussischen Kolonien, die bald Pfarrer und seminaristisch vorgebildete Lehrer aus ihrer Mitte hervorgebracht haben. Erst in jüngerer Zeit haben einige Kolonistensöhne die deutsche Schule in Bukarest besucht, einer, der sich auch als Dichter versucht hat, ist zum Studium der Theologie nach der Schweiz gegangen, und mehrere junge Mädchen sind zur Erziehung nach Weimar geschickt worden. Gerade vor Kriegsausbruch sollten auch 8—10 Jungen zur Schule nach Deutschland kommen. Das sind Anfänge und Ausnahmen. In ihrer Gesamtheit haben die Kolonisten von der Schule wenig erhalten. Gleichwohl überraschen fast alle durch eine von manchen Bauernschichten Deutschlands kaum erreichte Geistesbildung und geistige Lebendigkeit. Sie drücken sich außerordentlich gewandt aus und folgen jedem Gespräch mit Interesse und rascher Auffassung. In ihrer persönlichen Haltung prägt sich viel Selbstbewußtsein aus, und die große, freie Sicherheit des Benehmens ist mir wieder und wieder auf das angenehmste aufgefallen.

Der bestimmende Zug in ihrer Geistesbildung und in ihrem ganzen geistigen Leben ist ein starker kirchlicher Sinn und tiefe, wahrhafte Frömmigkeit, das treu bewahrte Erbe ihrer Großeltern, die zum Teil nur ihrer religiösen Überzeugungen und Glaubenskämpfe wegen die schwäbische Heimat verlassen hatten. Aus der Bibel schöpfen sie die Nahrung für Geist und Gemüt, ihre Sprachbildung und Spruchweisheit. Die Bibelkenntnis dieser Bauern ist ganz außerordentlich. Und es ist nicht bloß ein äußerliches Auswendigwissen; mit nie gesättigtem Eifer suchen sie in die Gedanken und Lehren der Schrift einzudringen und sie selbständig zu verarbeiten. In den in allen Dörfern bestehenden kirchlichen Brüderschaften, von denen wir schon gesprochen haben, versammeln sich Männer wie Frauen allwöchentlich zwei oder dreimal und erörtern eine aufgeschlagene Bibelstelle, sie abwechselnd in freier Rede erklärend und ihre Bedeutung für die Lebensführung untersuchend. Da der Pfarrer nur selten ins Dorf kommt, sind sie gewohnt, daß einer von ihnen selbst den sonntäglichen Gottesdienst abhält. Wo während des Krieges die Männer verschleppt waren, hatten die Frauen auch dieses Amt übernommen. Mit Bewunderung gedenke ich besonders der langen Predigt einer Bäuerin über den Krieg, die durch ihn verrohten Menschen und die allenthalben emporwuchernde Sündhaftigkeit.

Doch im Kirchenbesuch und Bibellesen kommt nicht etwa allein der fromme Sinn der Bauern zum Ausdruck. Er bestimmt in allem ihr Tun und Lassen und hat zu einem Ernst, oder richtiger zu einer Strenge ihrer Anschauungen geführt, die oft befremdend wirkt. Vergnügungen, die uns harmlos erscheinen, die für uns zu einem gesunden Volksleben gehören, werden als sündhaft verurteilt und bekämpft. Besonders in den evangelischen Gemeinden herrscht manchmal ein fast zelotischer Geist. Unterhaltungsspiele sind ebenso verpönt wie das Tanzen. Selbst was wir zum köstlichsten Besitz des deutschen Volkes zählen, die Volkslieder, sind als „Schelmen-" oder „Gassenlieder" verfehmt. Dem Pfarrer und Lehrer wird es sehr verdacht, wenn er mit der Jugend spielt oder weltliche Lieder singt. Während die rumänische Regierung, um zu romanisieren, in den Kolonien Kindergärten errichtete, wurden die deutschen Lehrer von ihren Gemeinden genötigt, die Spielbälle als „unchristlich" wegzugeben. Auch das Anstoßen mit Weingläsern betrachten die Pietisten als unstatthaft, denn „so macht es die Welt", und: „Stellet euch nicht der Welt gleich". Auch daß die deutschen Gemeinden keine Wirtshäuser dulden, ist ein Ausfluß dieser Geistesrichtung. In den wenigen Dörfern, wo es eine Schenke gibt oder zeitweise gab, wird sie stets von einem Armenier, Rumänen oder Bulgaren gehalten, denn „ein Deutscher gibt sich dazu nicht her". Ebenso fehlen alle geselligen Vereine, es gibt keine Kegelbahn, keinen Schützenstand, keinen Turnplatz und keinen Skattisch. Als einzigen Verein konnte ich einen „Gesangverein" in Atmagea feststellen, der aber natürlich auch nur das kirchliche Lied pflegte. Diese etwas verstiegenen Ansichten haben sich nicht erst in der Dobrudscha entwickelt. Nach Stach[1]) ist in vielen Kolonien des Cherson'schen und bessarabischen Gouvernements eine falsche „Frömmigkeit zu unbestrittener Herrschaft gelangt, die in jedem Scherz, jedem Zeitvertreib und in jedem unschuldigen Jugendspiel eine sittliche Befleckung sieht". Auf der anderen Seite hat die ernste Strenge der Lebensanschauung die deutschen Kolonien auch zu Mustern sittlicher Zucht und Ordnung gemacht. Die Kriminalistik in ihnen ist ganz gering. Mordtaten sind unbekannt und Diebstähle Seltenheiten. Auch uneheliche Kinder gibt es nur in wenigen Fällen.[2]) Im Übrigen wäre es

---

[1]) Die deutschen Kolonien, S. 92. — Auch in den Wolgakolonien wird in ähnlicher Weise vom Pastor völliges Verzichten auf weltliche und geistige Genüsse selbst der harmlosesten Art verlangt, wie Theaterbesuch, Reiten etc. Vergl. Praetorius, Max, Golka, eine deutsche Ansiedlung an der Wolga. Weida 1912, S. 69.

[2]) Nach den „Kirchlichen Ordnungen im Kirchspiel Constanza" werden Brautleute, die sich eines vorehelichen Geschlechtsverkehrs schuldig gemacht haben, beim Aufgebot als „nicht mehr ledig" bezeichnet. Wenn sich später herausstellt, daß beide oder der eine Teil sich unberechtigterweise haben das Ehrenprädikat „ledig" geben lassen, so wird das im öffentlichen Gottesdienst bekannt gemacht und dem Betreffenden die kirchlichen Ehrenrechte auf 3 Jahre entzogen.

falsch, wenn man aus dem Geschilderten auf ein muckerisches Wesen im Charakter der Kolonisten schließen wollte. Ich habe im Verkehr mit ihnen überall freie Ungezwungenheit und eine auch gern mitlachende Freundlichkeit erfahren. Allerdings ist in den katholischen Dörfern im allgemeinen der Sinn heiterer und die Sitte duldsamer. Hier wird von den Burschen und Mädchen auch viel getanzt, in der Regel jeden Sonntag, außer in der Fastenzeit. Die Mädchen haben der Reihe nach für eine Tanzstube zu sorgen, die Burschen für eine Harmonika. An diesen Abenden wird auch gesungen, und Jung und Alt hat, wie wir noch sehen werden, im Kopf einen reichlichen Vorrat von alten Liedern aus der deutschen Heimat.

Außer Bibel und Gesangbuch, die wohl in keinem Hause fehlen, sind einige alte Erbauungsbücher sehr verbreitet, die zum Teil schon die Voreltern auf ihren Wanderungen begleitet haben und die bei den Kolonisten kaum geringere Verehrung genießen als das Buch der Bücher. Unter den Evangelischen ist es „der Hiller", dessen vollständiger Titel lautet: „Geistliches Liederkästlein zum Lobe Gottes, bestehend aus zweimal 366 kleinen Oden über ebenso viele Bibelsprüche, Kindern Gottes zum Dienst aufgesetzt von M. Philipp Friedrich Hiller, Pfarrer in Steinheim bei Heidenheim. In zwei Teilen. Reutlingen. Druck und Verlag von Enßlin & Laiblin". Wie tief dies Buch des 1699 in Mühlhausen an der Enz geborenen und 1769 in Steinheim gestorbenen Pfarrers und Liederdichters gedrungen ist, zeigt die ergreifende Erzählung eines beim Persereinfall 1826 aus der transkaukasischen Kolonie Katharinenfeld geraubten Mädchens, wie es einzig in einem Exemplar des Liederkästleins Trost findet, wie dieses wieder und wieder unter den Gefangenen zerteilt wird, bis schließlich eine nur noch 4 Blätter hat.[1]) Neben dem Hiller ist unter den kirchlichen Brüdern das „Brüderbüchlein", das Gesangbuch des Grafen von Zinzendorf, des Stifters von Herrnhut, verbreitet.

Eine ähnliche Bedeutung wie der Hiller für die evangelischen Kolonisten hat für die katholischen der „Große Himmelsschlüssel": „Cochem's ganz Großer Goldener Himmelsschlüssel, oder: sehr kräftiges, nützliches und trostreiches Gebetbuch. Zum besonderen Gebrauche des andächtigen Weibergeschlechts, in 17 Teilen stark vermehrte und verbesserte Auflage. Pest." Daneben wird bei den Betabenden und gottesdienstlichen Versamm-

---

[1]) Schrenk, M. Friedr., Geschichte der deutschen Colonien in Transkaukasien. Tiflis, 1869, S. 162.

lungen der Katholiken der „Große Myrrhengarten" desselben Verfassers benutzt: „Der große Myrrhengarten des bitteren Lebens. Von P. Martin von Cochem. Mit Sorgfalt gejätet, mit schönen Passionsblumen aus den Werken desselben Verfassers. Paderborn".

Von evangelischen Gesangbüchern ist meist das im Verlag Trowitzsch in Berlin erschienene „Große und kleine Gesangbuch" eingeführt, außerdem das Odessaer „Christliche Gesangbuch".

Die sonstige weltliche geistige Nahrung, soweit sie durch den Druck vermittelt wird, ist sehr bescheiden. Wie überall im deutschen Bauernhaus spielt da die Hauptrolle der Kalender. Er ist in der Regel das einzige profane Buch. Früher wurde noch viel der Odessaer Kalender[1]) bezogen, gegenwärtig fand ich am meisten verbreitet (in Ciucurova, Cogealac, Tariverde, Cogeala, Cobadin, 2c) den Wiener Boten,[2]) hier und da auch Prochaskas Familien-Kalender, Wien. In einigen Kolonien hatte sich auch der wertvolle, schon mehrfach angezogene Hauskalender des Deutschen Volksbildungsvereins in Rumänien gut eingeführt, der bedauerlicherweise nach dem 3. Jahrgang (1913) nicht weiter erschien. Die Katholiken halten den „St. Maria= und St. Josef-Kalender zur Förderung christlichen Lebens", herausgegeben von der St. Josef-Bücherbruderschaft in Klagenfurt, die Baptisten den von der 1. Budapester Baptistengemeinde verlegten christlichen Volkskalender „Die Jahreszeiten". Es ist bezeichnend, daß nicht ein einziger der gebräuchlichen Kalender aus Deutschland stammt.

Und außer den Kalendern? Ich habe sorgsam überall nach dem vorhandenen oder bekannten Lesestoff geforscht und habe weder Familienblätter noch ein Geschichts= oder Märchenbuch, noch irgend eine Volksliedersammlung gefunden. Allerdings hatte man nach Kriegsausbruch in vielen Orten alles deutsch gedruckte versteckt oder vernichtet, aber auch die Auskünfte auf Nachfragen waren in dieser Beziehung ergebnislos. Daß man in Cogealac eine kleine Gemeindebücherei begründet hatte, ist schon erwähnt worden. Von Tageszeitungen wurden vor dem Krieg in verhältnismäßig recht vielen Häusern die beiden deutschen Bukarester Zeitungen, der „Rumänische Lloyd" und das „Bukarester Tageblatt", gelesen. Von dem Bezug einer Zeitung aus Deutschland ist mir nur ein Fall bekannt geworden. Dagegen kam seit Be=

---

[1]) Neuer Haus= und Land=Wirtschaftskalender für deutsche Ansiedler im südlichen Rußland, Odessa. Im Jahr 1912 erschien er im 44. Jahrg.

[2]) Illustrierter Kalender, Wien, Druckerei der Verlagsanstalt.

ginn der stärkeren Abwanderung in nicht ganz wenig Exemplaren die „Dakota Freie Presse" in die Dobrudschadörfer.

In Volksschichten, die noch so wenig literarisch geworden sind, lebt umso stärker das fort, was ungeschrieben seit undenk= lichen Zeiten von einer Generation der anderen überliefert wird, uralte Sitten, Gebräuche und Vorstellungen. Wir werden davon bei den der modernen Zivilisation des Stammlandes entrückten Teilen unseres Volkes in vielen Fällen mehr erhalten finden als in den meisten Gegenden unseres Vaterlandes. Es wäre deshalb sehr zu wünschen, daß auch die deutsche volkskundliche Forschung dem Auslanddeutschtum größere Beachtung schenken möchte als bisher. Auch die Dobrudschabauern haben zweifellos vieles bewahrt, was bei uns verschwunden ist oder nur verkümmert und im Dunklen fortlebt. So viel sie unter dem Druck der neuen, fremden Ver= hältnisse in äußerlichen Dingen von dem Altgewohnten aufgeben mußten, in Dorf= und Hausanlage, Tracht= und Wirtschaftsweise, so zäh haben sie in ihrem Innenleben an dem Überkommenen festgehalten, an ihren Glaubensüberzeugungen und nicht weniger an volkstümlichen Überlieferungen und Bräuchen. Von den Kolonisten in Südrußland hat es um die Mitte des vorigen Jahrhunderts der russische Generalstabsoffizier Pawlowitsch be= zeugt: „Mit großer Strenge wachen sie über die Erhaltung ihrer althergebrachten Sitten".[1]) Dort sind inzwischen in die deutschen Dörfer vielfach moderne Einflüsse und Ideen eingedrungen, in der Dobrudscha waren sie davor geschützter. Was wir hier an Festgebräuchen und Sitten noch vorfinden, ist durchaus altes deutsches Volksgut. Die Abweichungen in den Einzelheiten weisen in manchen Fällen unmittelbar auf einen bestimmten Gau der deutschen Heimat hin, so daß auch sie einen Anhalt für die Her= kunft der betreffenden Kolonistengruppen geben.

In den katholischen Dörfern ziehen zu Weihnachten weiß= gekleidete Mädchen mit dem heiligen Joseph und einem Esel, beide von Knaben dargestellt, von Haus zu Haus und verteilen an die Kinder Geschenke. In ihrer Begleitung befindet sich der „Beelzebub", der jedoch nur zu den schlimmen Kindern kommt. Daß das Christkind einen Esel mit sich führt, scheint in Deutsch= land nur in wenig Gegenden verbreitet zu sein. Es ist aber gerade aus dem Elsaß belegt,[2]) aus dem ja ein großer Teil der

---

[1]) Busch, S. 191.
[2]) Aus dem Kreis Weißenburg von Stehle, Bruno, Volksthümliche Feste, Sitten und Gebräuche im Elsaß, Jahrbuch für Geschichte, Sprache und Literatur Elsaß-Lothringens, 10, 218. — In Molsheim singen die Kinder: „Stell' den Esel auf den Mist, daß er Heu und Tannen frißt," Weineck, Fr., Der Knecht Ruprecht und seine Genossen, Niederlauf. Mitt. S. 18.

Dobrudschadeutschen stammt. Auch an der oberen Nahe zieht das Christkind mit einem Eselchen und dem „Pelznickel" umher.[1]) So heißt die gewöhnlich mit dem umgekehrten Pelz vermummte Gestalt des Knecht Ruprecht auch in der schwäbischen Kolonie Jlischesti in der Bukowina.[2]) Der Name des „Beelzebub" ist sonst nicht nachzuweisen und vielleicht durch eine mißverständliche Umdeutung aus „Pelznickel" entstanden. In der Kolonie Mangeapunar wird das Christkindchen auch noch von einem Mädchen mit einem Ochsenkopf begleitet und zwei weiteren, die eine Krone tragen und ein Schwert in der Hand haben. Nach ihrem Eintritt in ein Haus singen sie das Lied:

Alle Jahre wieder
Kommt das Christuskind
Auf die Erde nieder,
Wo wir Kinder sind.

Kehrt mit seinem Segen
Ein in jedes Haus,
Geht auf allen Wegen
Mit uns ein und aus. —

Tret' rein, tret' rein,
Du frommer Christ.
Gott voller Gnade
Von dem Übel sage.

Von dem liebsten Jesulein
Der Stern wird sich heben
Zu dir, Jungfrau rein.

Nach dem Gesang fragt das Christkind, ob die Kinder den Eltern folgen, und gibt ihnen dann ihre Gaben. Beim Weggehen singen sie:

Jetzt legen wir alle die Hände aufs Blatt
Und sagen euch alle eine schön' gute Nacht,
O Jesulein süß, o Jesulein süß,
Gelobt sei Jesus Christus.

In der Neujahrsnacht singen die Burschen vor den einzelnen Häusern ein Lied, das die Glückwünsche fürs neue Jahr enthält. Dann schießen sie ihre Flinten und Pistolen ab. Dieses Anschießen des Neujahrs ist oder war wohl bei den meisten deutschen Stämmen Sitte, wobei jetzt an vielen Orten an Stelle des verbotenen Schießens Peitschenknallen getreten ist. Im Elsaß besonders wird trotz polizeilichen Verbots noch häufig geschossen in Nixheim,

---
[1]) Wolff, Th., Volksleben an der oberen Nahe. Zeitschr. des Ver. f. Volkskunde, 12, S. 428.
[2]) Kaindl, R. F. Beiträge zur Volkskunde Osteuropas, ebenda 26. Jahrg., S. 324. — „Pelzmärte" in Schwaben, vergl. Ortwein, Fr., Deutsche Weihnachten. Gotha 1892, S. 36.

Stoßweier, Eschburg, Nellingen u. a.¹) Auch in den südrussischen Kolonien ist das Schießen aufs Neujahr bis heute erhalten. Dem Brauche liegt der uralte Glaube zu Grunde, daß man durch laute Geräusche, Schießen, Knallen und Lärmmachen, bösen Zauber abwehren kann. In Caramurat wurde mir dabei auch ausdrücklich gesagt, daß man so den Teufel aus dem Dorf hinausschieße.²)

In der Zeit vom Gründonnerstag bis Karsamstag sind überall in der katholischen Welt die Glocken verstummt:

> Nach Mitten der heiligen Wochen
> Ziehn alle Glocken nach Rom,
> Vom Glöcklein der Waldkapelle
> Bis zur Riesenglocke im Dom.

In diesen Tagen wird in den katholischen Gemeinden der Beginn des Gottesdienstes von den Kindern mit „Rätschen" ausgeklappert. Daß die „Rätschebuwe" dabei auch singen, wie Keller aus den Beresaner Kolonien berichtet,³) ist mir in der Dobrudscha nicht erzählt worden.

In Caramurat wird vom Karfreitag früh bis Karsamstag früh an dem Grabe Christi, das unter dem Herzjesu-Altar der Kirche figürlich dargestellt ist, paarweise von den erwachsenen Burschen und einem die Aufsicht führendem Schöffen Wache gehalten. Die Burschen sind mit einer Flinte, der Schöffe mit einem Säbel bewaffnet.

Pfingsten wird nach alter deutscher Sitte mit Aufstellung eines Maibaums oder einer Flaggenstange gefeiert, um die die Jugend tanzt und Spiele veranstaltet.

Bei einer Verlobung kommen in Caramurat die Freunde des Bräutigams und singen folgendes Lied:

> Schönes Schätzelein, schönes Schätzelein,
> Ei, was hört man von dir?
> Ich hab' gehört, du willst heiraten,
> Ach, wie schwer fällt das mir.

---

¹) Jahrb. f. Gesch. etc. Elsaß-Lothringens. II, 179.
²) Vergl. Knortz, K., Folkloristische Streifzüge, Leipz. 1899, S. 48: „Das Neujahrs-Ausschießen hat außerdem den Zweck, die Hexen zu vertreiben und die Bäume zum reichlichen Fruchttragen zu ermuntern."
³) II. Bd., S. 367. Ueber die Sitte handelt eingehend Rich. Andree: Ratschen, Klappern und das Verstummen der Karfreitagsglocken. Zeitschr. Ver. f. Volkskunde, 20, 250 ff. — Ueber die Verbreitung im nördlichen Baden, O. Heilig, ebenda, S. 398/9.

Heiraten, heiraten
Ist gar ein hartes Band.
Kein Mensch ist auf Erden,
Der es auflösen kann.

Auflösen, auflösen
Kann es Gott nur allein,
Den nehmen wir zum Zeugen,
Daß er Helfer soll sein.

Rote Äpfel sind sauer,
Gelbe Beeren sind süß,
Und ich hab' dich geliebet,
Das weißt du gewiß.

Geliebet, geliebet,
Was hab' ich davon?
Mein Herz ist betrübet,
Das hab' ich zum Lohn.

Wenn ich und mein Schätzelein
Voneinandergehn müssen,
So müssen zwei harte Stein'
Wasser lassen fließen.

Dort steht er am Berge,
Schaut traurig zurück,
Ei, was hat er gelassen
Das irdische Glück.[1])

 Nach dem Lied wird geschossen, aus der gleichen Vorstellung der Abwehr von Unglück wie beim Neujahrsschießen. Es geschieht dies bei der Verlobung im Westerwald, nur daß hier das Schießen durch Peitschenknallen ersetzt wird.[2])

 Die Einladung besorgt auch bei den evangelischen Kolonien noch der Hochzeitsbitter. Er hat sich mit bunten Bändern geschmückt und trägt einen ebenso verzierten langen Stab. Seine Einladung bringt er in Form eines Spruches vor, der beginnt:

---

 [1]) Das Lied wurde mir mit geringen Abweichungen auch in Mangeapunar vorgesungen. Der Anfang kommt vor in einem „Polterabendlied" aus Hessen (Mittler 890, Simrock 235), ebenso in einem pfälzischen (Heeger-W. 22 f.) und nassauischen (Wolfram 264). Der weitere Text dieser Lieder ist jedoch abweichend. Die genaueren Titel der angeführten Werke siehe unten S. 194.

 [2]) Bock, Alfred, Hochzeitsbräuche in Hessen u. Nassau. Z. V. f. V. 13, 382.

Ich komme hereingeschritten,
Hätt' ich ein Pferd, käm' ich geritten.[1])

Bei der Hochzeit tragen die „Brautmädels" einen Blumenkranz im Haar und hinten herabhängend mehrere lange, bunte Bänder. Die „Brautjungen" haben die Blumen und Bänder am Hute befestigt. Zur Hochzeit gehören ferner die „Aufträger" in weißer Schürze und mit einem weißen Tuch über der Schulter. Der dramatischste Moment der Hochzeitsfeier ist es, wenn am Abend vorm Schlafengehen „das Kränzchen abgetanzt" und dann die Braut abgebunden wird. Die Vornahme dieser Zeremonie wird als der eigentliche Abschied von der Mädchenzeit und von den Eltern empfunden. Während ihr von der Brautmutter oder einer Patin der Brautkranz abgenommen wird und Borten und Bänder gelöst werden, singen die Gäste:

S' ist mir auf der Welt nichts lieber
Als mein Stübchen, wo ich bin.
Denn es wohnt ihm gegenüber
Eine so schöne Nachbarin.

Spielet auf, ihr Musikanten,
Spielet auf ein Lied so laut,
Denn ich seh vor Augen stehen
Eine so schöne, zarte Braut.

Und der Bräutigam steht daneben
Und ist mit goldenem Band geziert,
Und dem Vater war's ein Leben,
Weil er so schön war ausstolziert.

Und die Mutter tut sich kränken,
Kränken tut sie sich so sehr,
Weil sie das Kind so schwer erzogen,
Zart an ihrer Herzensbrust.

Und der Vater tut sie trösten,
Trösten tut er sie so sehr.
Dann wird Gott seinen Segen geben,
Wenn man ihn recht bitten tut.

---

[1]) In manchen Gegenden Deutschlands kommt er wirklich noch hoch zu Roß, und dann beginnt der Spruch: „Ich komme zu euch geritten, um euch alle einzuladen und zu bitten." Vergl. Rich. Andree, Braunschweiger Volkskunde, 2. Aufl., S. 300. Einen Hochzeitsbittspruch aus den russischen Kolonien gibt vollständig Rob. Löw, Deutsche Bauernstaaten auf russischer Steppe, Charlottenburg 1916, S. 39.

Dieses „Kranzlied" wurde mir in zwei katholischen Kolonien mit genau dem gleichen Wortlaut mitgeteilt. Nach ihm wird noch ein zweites Lied gesungen:

Merkt auf, ihr Christen, was ich euch erklär',
Merkt auf mit Fleiß: wo kommt der Ehstand her?
Den Ehstand hat kein Mensch erdicht',
Gott selber hat ihn eingericht' —
Im Paradies, im Paradies.

Als Gott den Adam erschaffen hat,
Gab er ihm ein, auf daß er schlief.
Er nahm eine Ripp' aus Adams Leib
Und bildet daraus die Eva, sein Weib,
Setzt ein die Eh', setzt ein die Eh'.

Der Ehstand ist ein fester Schluß
Und macht auch viel Verdruß.
Man muß sich geben geduldig drein,
Muß denken: Es muß gelitten sein
So lang Gott will, so lang Gott will.

Der Ehstand ist ein festes Band,
Muß gebunden sein durch Priesters Hand.
Und niemand darf sich wagen dran,
Der dieses Band auflösen kann,
Der Tod allein, der Tod allein.[1])

---

[1]) Dieses Lied wird in Süddeutschland auch noch heute in verschiedenen Gegenden bei Hochzeiten gesungen. Mit ganz geringen Abweichungen im Wortlaut, nur mit mehr Strophen, ist es aus Wurmlingen und Wendelsheim in Württemberg bekannt (Schwäb. Volkslieder, Beitrag zur Sitte und Mundart des schwäbischen Volkes. Freiburg i. Br. 1864, Nr. 17 u. 18). Ebenso aus Ingolsheim im elsässischen Kreise Weißenburg (Mündel, E., Elsässische Volkslieder, Straßburg 1884, Nr. 221). Fast ganz übereinstimmend aus Becheln und Welterod in Nassau, wo es bei Verlobungen von den Burschen und Mädchen vor dem Hause der Braut gesungen wird. (Wolfram, E. H., Nassauische Volkslieder, Berlin 1894, Nr. 267). Aus der Gegend von St. Goar (Erk-Böhme, D. Ldh. 867b) und aus Franken (Ditfurth II, 191). Als „Niedersingerlied" (von „niedersingen" = mit Gesang zu Bett begleiten) wird es noch in 4 Gemeinden des Kantons Luzern am Abend des Hochzeitstages den Brautleuten vor dem Hause gesungen. (Tobler, L., Schweizerische Volkslieder, Frauenfeld 1882, 1. Bd., Nr. 59). Auch in Ungarn, bei den schwäbischen Heidebauern am Neusiedler-See, ist das Lied als Hochzeitsgesang noch in Gebrauch. Romigius Sztachovics (Braut-Sprüche und Braut-Lieder auf dem Heideboden in Ungarn, Wien 1867, S. 40/42) fand es hier u. a. in St. Johann in einer handschriftlichen Aufzeichnung aus dem Jahre 1700. Sztachovics nennt als Verfasser Johannes Vogel, der von 1589—1663 in Nürnberg lebte und dichtete.

Nach der Abnahme des Kranzes verläßt die Braut die Tanzstube, um ihr weißes Kleid auszuziehen. Dann kehrt sie zurück, und es wird weitergetanzt. Ähnlich geschieht es um Velburg in der Oberpfalz.[1]) In den evangelischen Dörfern werden auch bei Hochzeiten meist nur fromme Lieder gesungen.

Nach einem Begräbnis findet ein Leichenschmaus statt, ein „Toten-Imbs" (Imbiß). Auch das ist alter deutscher Brauch, ein Nachklang des germanischen Totenopfers, gegen den Kirche und Behörden immer vergeblich gekämpft haben, heute besonders noch in der Pfalz und in Bayern beobachtet.[2])

Daß auch alter deutscher Volksaberglaube in den Dobrudscha-dörfern noch sehr lebendig ist, wird nach allem kaum verwundern. Ich hatte nicht die Zeit, dem besonders nachzugehen. Auch ist man aus begreiflichem Mißtrauen in diesen Dingen gegenüber einem Fremden aus anderer Bildungsschicht nicht leicht mitteilsam. Was ich da und dort, in katholischen Kolonien sowohl wie in evangelischen, hörte, zeigt jedoch zur Genüge, wie fest der Glaube an Spukgestalten und Zauberei noch sitzt, wie verbreitet und in Übung insbesondere das Besprechen und Verspinden von Krankheiten ist.

Wenn ein Kind Krämpfe bekommt, wird von dem auf der Hochzeit getragenen, seidenen Brustband, das stets aufbewahrt wird, ein Stück losgerissen und verbrannt und die Asche dem Kinde in Wasser eingegeben. Oder dieses wird in den Hochzeitsanzug des Vaters oder der Mutter eingewickelt und ruhig hingelegt.

Gegen die Folgen von Erschrecken wird „verschrecktes Wasser" eingegeben oder eingerieben. Wenn dadurch das Übel nicht behoben wird, weiß man sicher: „Vom Schreck isch nit."

Bei Auszehrung („wenn einer das Maaß verloren hat") muß der Kranke an einem Freitag stillschweigend aufstehen, mit nach den oberen Ecken ausgespannten Armen unter die Tür treten und, sich hin- und herwiegend, hinausrufen:

Der Zimmermann hat's Maaß verloren,
Und ich auch.
Der Zimmermann will's Maaß wieder haben,
Und ich auch.
Gottvater, Gottsohn, Gottheiliger Geist!

---

[1]) Schönewerth, Fr., Aus der Oberpfalz. Sitten und Sagen. Augsburg 1857, I, S. 110.
[2]) Gothein, Eberh., Bilder aus der Kulturgeschichte der Pfalz nach dem dreißigjährigen Krieg. Badische Neujahrsblätter HV, S. 62. — Bronner, F. J. Von deutscher Sitt' und Art. München 1908, S. 87 ff.

Meist hilft es schon das erstemal, wenn nicht, muß man es an drei Freitagen wiederholen.

Gegen Fieber bindet man Donnerstag abend einen Streifen weißes Zeug um. Am Freitag morgen nimmt man ihn ab und bindet sich damit rückwärts an einen Steinobstbaum und spricht:

  Guten Morgen, Pflaumenbaum,
  Ich glaub' dir.
  Siebenundsiebzigerlei Fieber plagt mir.
  Der erste Vogel, wo auf dich tritt,
  Der mein Fieber mit sich ritt.
  Gottvater usw.

Die Frau, die mir das Mittel verriet, war eine Schwäbin von Cogealac, und in Schwaben ist es auch jetzt noch bekannt. In Höchstberg wendet man sich an einen Nußbaum:

  Nußbaum, ich komm zu dir,
  Nimm eines von den siebzigerlei Fieber von mir etc.[1]

Gegen Gesichtsrose gebraucht man folgenden Spruch:

  Rose, Rose, du mußt weichen,
  Wenn ich dich tu bestreichen.
  Gott Vater, Sohn und Heiliger Geist!

Gegen Flechte:

  Heute ist Sonnabend, aller Juden Sabattag,
  Kein Schweinefleisch essen sie nicht,
  Kein Bein brechen sie nicht.
  Du Flechte, laß dein Fressen und Beißen!
  Gott Vater, Sohn und Heiliger Geist!

Wenn die kleinen Kinder viel schreien, werden sie in den Hühnerstall getragen und dreimal über den Hahnenbalken gehoben unter Anrufung der drei höchsten Namen.

Wenn gebuttert wird, wird ein „Strehl" (Kamm) unters Butterfaß gelegt, damit die Butter schneller zusammengeht.

Das „Teppermännchen" kommt in der Nacht und drückt dem Menschen die Brust zusammen. Aber es begnügt sich nicht immer bloß damit. Einer Frau in Caramurat hat es bei den nächtlichen Besuchen immer die Milch aus der Brust getrunken.

Ein in Deutschland weitverbreitetes Abwehrmittel gegen Hexen und Zauberei, ein auf die Schwelle oder die Balken der Haustür genageltes Hufeisen, habe ich auffallenderweise in einem deutschen Bauernhaus nur einmal beobachtet, während es an den Türen der rumänischen Häuser fast niemals fehlt.

---

[1] Birlinger, A., Aus Schwaben. Wiesbaden 1874. 2. Bd., S. 447.

14.

Das Volkslied

Das deutsche Lied im allgemeinen und das urwüchsige Volkslied im besonderen sind für das Innenleben der von der Stammesheimat losgelösten Teile unseres Volkes von höchster Bedeutung. Sie sind es für ihre Sprachbildung, denn mit wenig Ausnahmen werden sie hochdeutsch gesungen, oft das Einzige, was ihnen neben Bibel und Gesangbuch in hochdeutscher Form nahekommt. Vor allem aber ist das alte, echte Volkslied einer der treuesten Vererber und Erhalter der unserem Volke ureigenen Empfindungs- und Vorstellungsart. Es wurzelt auf tiefstem Grunde der deutschen Volksseele und lebt nur fort, so lange diese in ihrem Wesen nicht erstorben, verkümmert oder verändert ist. Auch Schule und künstliche Pflege können es nicht lebendig erhalten, wenn die wesensverwandte Empfänglichkeit erloschen ist, ohne die es ein Verstehen und Mitfühlen der naiven Erzeugnisse nicht gibt, in denen unser Volk seit Jahrhunderten Freud und Leid zum Ausdruck gebracht und von Geschlecht auf Geschlecht vererbt hat. Mehr noch als in der bloßen Erhaltung der Sprache offenbart sich daher im Fortleben und Festhalten der Volkslieder, wie weit in der fremden Umgebung deutsche Empfindungs- und Anschauungsweise ungeschwächt bewahrt wurde. Es gibt Deutsche im Auslande, die die Muttersprache noch vollkommen und fehlerlos beherrschen und die dennoch in Fühlen und Denken ihrem Volkstum entfremdet sind. Was von Einzelnen gilt, kann auch von ganzen Kolonien gelten. Vergeblich wird man in solchen nach alten Liedern suchen. Das Lebendigsein des Volksliedes bietet somit zugleich einen Gradmesser zur Beurteilung der inneren Bewahrung deutschen Wesens in einer Auslandgemeinde.

Noch in anderer Hinsicht ist die Kenntnis der vorhandenen Lieder wichtig. Nicht wenige der eigentlichen Volkslieder sind in Deutschland nicht allgemein verbreitet, sondern auf bestimmte

Gegenden beschränkt. Diese Lieder geben danach auch einen Anhalt über die Herkunft der einstigen Auswanderer. Oft sagt uns auch die besondere Art der in einer Kolonie erhaltenen und beliebten Lieder, ihr vorstechend sentimentaler, scherzhafter oder soldatischer Charakter, etwas über die Vergangenheit, Geistesrichtung und die Abstammung der Kolonisten. Ferner läßt der Liederschatz einer Kolonie auch erkennen, ob und wieweit sie von fremden und modernen Einflüssen berührt worden ist. Es gebührt daher dem Volksliede in der Erforschung des Auslanddeutschtums mehr Beachtung, als ihm bisher geschenkt wurde,[1]) und die deutsche wissenschaftliche Volksliederkunde wird dabei um manches wertvolle Lied bereichert werden, das in der Heimat selbst verschollen ist. So habe ich das S. 214 wiedergegebene Lied „Auf, ihr jungen, deutschen Brüder" in keiner der deutschen Volksliedersammlungen feststellen können, es wird aber außer in der Dobrudscha auch in den deutschen Kolonien an der Wolga noch gesungen.[2])

Das Volkslied ist in den Dörfern der Dobrudscha wie vordem in den russischen Ansiedlungen die wildwachsende, ungepflegte und ungehütete Feldblume geblieben, die es seinem Ursprunge und Wesen nach ist. Wie es die Voreltern dereinst aus den Gauen der deutschen Heimat mit in die Steppe gebracht haben, so hat es sich fortgepflanzt von Geschlecht zu Geschlecht. Niemand hat seine Melodien verfeinert, keine gedruckte Sammlung seinen Wortlaut in fester Form bewahrt und die Überlieferung vermittelt. Wie schon früher erwähnt, habe ich in keinem Hause ein weltliches Liederbuch gefunden oder von seinem Vorhandensein gehört. Aber auch ohne diese Beobachtung würde sich dies Verhältnis, wie wir sehen werden, aus dem vorhandenen Liederschatz selbst ergeben. Es hat sich auch niemals jemand bemüht, diesen zu bereichern und den Kolonisten neue Lieder zu geben.

So ist zunächst zweierlei bezeichnend für den Volksliederschatz der Dobrudschabauern: Einmal haben wir es weitüberwiegend mit altem deutschen Volksgut, mit wirklichen, echten

---

[1]) Gewiß sind schon in verschiedenen Auslandsgebieten die vorhandenen Volkslieder gesammelt worden, bei den Wolgadeutschen, in der Bukowina, in Slavonien, bei einer Reihe der Stämme Oesterreichs etc., aber es geschah dies fast immer nur nach der Methode und den Gesichtspunkten der deutschen Volksliederforschung im allgemeinen, ohne nähere Berücksichtigung dessen, was uns die Lieder von den betreffenden Kolonien selbst erzählen.

[2]) Als „Rekrutenlied von der Wolga" mitgeteilt in der „Heimkehr", Kriegszeitschrift des Fürsorgevereins für deutsche Rückwanderer, Berlin, 1. Jahrg., Nr. 12.

Volksliedern zu tun, von denen manche sich schon im 15. und 16. Jahrhundert nachweisen lassen und deren Inhalt zum Teil dem gegenwärtigen Wissen und Vorstellungsbereich der Bauern ganz fremd ist. Sodann ist, von einigen hier und da in der Dobrudscha selbst entstandenen Liedern abgesehen, der Bestand derselbe geblieben, wie ihn die Einwanderer mitgebracht haben. Von den in der Dobrudscha festgestellten 95 Liedern ist nur etwa ein Dutzend zu den volkstümlich gewordenen Kunstliedern zu rechnen. Aber mit ein paar Ausnahmen sind auch diese in Deutschland schon Ende des 18. oder Anfang des 19. Jahrhunderts volkstümlich geworden, sie sind es größtenteils sogar in Deutschland heute nicht mehr, sondern vergessen. Daß diese zu Volksliedern gewordenen Gedichte der Zeit vor der Auswanderung angehören, beweisen schon die Namen ihrer Verfasser: Maler Müller, Schubart, Pfeffel, Graf Fr. Leopold Stolberg, Joh. Rud. Wyß, Kaspar Friedrich Lossius, Fr. L. Bührlen, Samuel Friedrich Sauter, Körner, Max von Schenkendorf. Ein Teil dieser Gedichte erklärt sich zudem durch ihren besonderen Charakter: es sind vaterländische Lieder, die während der Freiheitskriege unser Volk begeisterten und so in frischem Eindruck die Auswanderer nach Rußland begleiteten.

Im großen Ganzen sind feinere, nicht selbst dem Volke entstammende Lieder von höherer Kunstform unbekannt. Es fehlen insbesondere alle die zahlreichen Lieder, die heute in Deutschland zu den beliebtesten und verbreitetsten Volksliedern zählen, die jedoch meist erst nach der Zeit der Auswanderung und unter Mitwirkung der Schule und des Kunstgesangs ins Volk gedrungen sind, wie Heines „Loreley", Eichendorffs „In einem kühlen Grunde", Hauffs „Steh' ich in finstrer Mitternacht", Raimunds „So leb' denn wohl, du stilles Haus" und andere. Auch nicht einmal ist mir eins dieser neueren Lieblingslieder gesungen oder genannt worden. Mit den letzten Nachzüglern nach Südrußland in den dreißiger und vierziger Jahren sind wohl auch die beiden jüngsten der von mir festgestellten volksmäßigen Kunstlieder von den Kolonisten aufgenommen worden: Sauters Auswandererlied und Hoffmanns von Fallersleben „Tränen, Tränen hab' ich viel vergossen". Und diesem zugleich mit dem Abschluß der Zuwanderung erfolgten Abschluß des Liederschatzes entspricht es auch, daß ich nicht auf einen einzigen der vielen modernen Gassenhauer und Schlager aus Opern und Operetten gestoßen bin, die nachdem zeitweise oder dauernd sich ganz Deutschland erobert haben. Im Gegensatz zu den Deutschen in den Wolgakolonien, die neben den alten, aus der Heimat mitgebrachten auch zahlreiche neuere, durch Lehrer und gedruckte Sammlungen übermittelte Lieder von Goethe, Heine, Uhland, Körner, Hauff, Geibel, Hoffmann von Fallersleben, Raimund und anderen singen.[1]) Im Gegensatz auch zu den Deutschen in Slavonien, die den schönen Sang von der „Fischerin, der kleinen", ebenso aufgenommen haben wie Millöckers „Zwischen Felsen, die voll Schnee" und andere moderne Erzeugnisse.[2]) Aber auch nach anderer Seite ist der Mangel des späteren Einflusses bemerkenswert. Auch von den Liedern der umgebenden fremden Nationen haben sich die Dobrudschabauern nichts angeeignet, weder Melodien noch Texte, noch irgendwelche Wendungen und Kehrreime.

Dieser auffallende Stillstand im Bestande des Liederschatzes und seine Bewahrung des alten, echten Charakters findet seine Erklärung einerseits durch die fast vollständige Abgeschlossenheit von der deutschen Heimat, andererseits durch die eigentümliche Stellung, die das Volkslied in den Kolonien der Dobrudscha einnimmt.

Seit Herder und Goethe, Achim von Arnim und Brentano wird die hohe Bedeutung des Volksliedes bei uns von niemand mehr angezweifelt. Wir zählen es zu den wertvollsten Schätzen unseres Volkstums. Den Bauern in der Dobrudscha liegt diese Erkenntnis noch in himmelweiter Ferne. Die Jugend singt die alten Lieder und bewahrt sie, aber die brav gewordenen Erwachsenen schämen sich ihrer und weisen sie von sich wie andere Torheiten und Sünden der Jugend. Der strenge pietistische Geist, der, wie oben gezeigt, von alters her in den Kolonien herrscht, verachtet und bekämpft diese weltlichen, unfrommen Gesänge als „Schelmen"- und „Gassenlieder", die sich, wie mir einmal mit eindringlichem Ernst bedeutet wurde, „nicht für Christen schicken". Sie sind verbannt aus dem Kreise der Familie, von den geselligen Zusammenkünften der Erwachsenen, sie leben nur fort, aber da frisch und unausrottbar, auf den Gassen, auf den Tummelplätzen der Jugend und auf den Spaziergängen der Burschen und Mädchen. Wie mir ein Pfarrer versicherte, werden in den evangelischen Kolonien selbst auf Hochzeiten nur geistliche Lieder geduldet. Diese zelotische

---

[1]) Vergl. die Sammlung der „Volkslieder und Kinderreime aus den Wolgakolonien." Gesammelt und herausgegeben von J. E. und P. S. Sjaratow 1914. „Sogar die billigen Berliner Completsammlungen mit der widrigen Grunewaldpoesie lugen schon in die Kolonien hinein." Ebenda, Einleitung XXI.

[2]) Vergl. die Liste Arthur Byhans: Deutsche Volkslieder aus Ungarn. Z. B. f. V. 26, S. 335 ff.

Engherzigkeit hat sich nicht erst in der Dobrudscha entwickelt, sie war und ist ebenso in den südrussischen Dörfern zu Hause. Wie wenig da selbst gebildete Männer und Führer ihrer Gemeinden von ihr frei sind, mögen zwei Beispiele belegen. So zeigt es nicht gerade liebevolles Verständnis für das Wesen des Volksliedes, wenn Jakob Stach aus den Liebenthaler Kolonien[1]) berichtet: „Ein ganz geringer Vorrat oft unsittlicher und anrüchiger Lieder und Tanzstücke befriedigt im allgemeinen das musikalische Bedürfnis. Die Ziehharmonika ist in der Regel das einzige Instrument, das einige Burschen zu handhaben verstehen, anständige Volkslieder werden weniger gern gesungen und fallen meist der Vergessenheit anheim, auch wenn solche in der Schule geübt worden sind." Allerdings fährt er fort: „In manchen Häusern ist es dagegen eine Freude zu beobachten, wie einmütig Eltern und Kinder den Gesang, auch den Volksgesang, pflegen," aber er denkt dabei gewiß nicht an das eigentliche, urwüchsige Volkslied. Und E. H. Busch urteilt: „Gesang kommt zwar vor, aber er tritt meist nur in der Form von Gassenhauern auf und hat daher nichts reizendes."[2]) Auch in den Wolgakolonien halten es die Älteren für nicht geziemend, die Gassenlieder zu singen, und nur bei Hochzeiten beteiligen sie sich ausnahmsweise am Gesang der Jugend. „Traurig aber sieht es um den Volksgesang zum großen Teil in denjenigen Kolonien aus, wo die kirchlichen Brüder zahlreich sind, ihre Anschauungs- und Denkweise den gesamten Lebenszuschnitt der Gemeinde beeinflußt und in engherzig pietistischem Geist bestrebt ist, diese vermeintlichen „Schelmenstückchen" zu verdrängen und auszurotten."[3])

Die glaubenseifrige Ablehnung des weltlichen Liedes hat natürlich zur Folge gehabt, daß es auch aus den Schulen verbannt war. Selbst wenn es die Lehrer gewollt hätten, die Bauern würden seine Pflege und Übung hier nicht geduldet haben, ebenso wenig wie sie es dulden, daß ein Lehrer mit seinen Schülern Spiele spielt. „In der Schule haben wir keine Lieder gelernt," wurde mir in Fachria und anderwärts mit einiger Verwunderung über meine Frage geantwortet. Nur so ist es zu erklären, daß auch durch die reichsdeutschen Lehrer, die in verschiedenen Kolonien jahrelang wirkten, der Volksliederschatz nicht durch neuere volkstümliche Lieder bereichert worden ist. Wenn hier und da einmal ein Lehrer es unternahm, ein weltliches Lied

---

[1]) Die deutschen Kolonien in Südrußland. 1. Tl., S. 91.
[2]) Materialien, S. 144.
[3]) Volkslieder und Kinderreime aus den Wolgakolonien. S. XI.

in der Schule singen zu lassen, dann war es gewiß kein Liebes- oder Scherzlied, sondern ein ernstes, vaterländisches. So mag wohl „die Wacht am Rhein" zuerst in die Dobrudscha gekommen sein, vielleicht auch Uhlands „Ich hatt' einen Kameraden". Dieses Lied könnte der Zeit nach allerdings auch schon den Auswanderern bekannt gewesen sein, möglicherweise ist es aber auch erst jetzt durch die deutsche Besatzung verbreitet worden, wenigstens wurde es mir stets mit „Gloria, Viktoria" gesungen.

Trotz der Verurteilung des Volksgesanges als unchristliches Treiben wird in allen Dörfern viel und gern gesungen, in den katholischen vielleicht etwas mehr oder wenigstens etwas offener und freier. Der alte Lehrer einer großen evangelischen Kolonie versicherte mir zwar, daß die Volkslieder, die man in den katholischen Dörfern finde, bei ihnen nicht bekannt seien, aber gleich darauf hörte ich von einigen Burschen und Mädchen gerade eine Anzahl der ältesten und echtesten. Man sperrte sich anfangs ein Weilchen, aber dann bin ich mehr als einmal überrascht gewesen, wie unerschöpflich der Vorrat der soundsoviel Sängern und Sängerinnen gleichmäßig gut bekannten Lieder war, wie unermüdlich sie bereit waren zu singen. Frisch und freudig stimmt der ganze Kreis in den angeschlagenen Ton ein. Es singen die Kinder in noch sehr jungen Jahren und die Burschen und Mädchen, aber ebenso gesetzte Frauen und Männer, und in Caramurat hat auch ein siebzigjähriger Bauer, in Atmagea eine noch ältere Bäuerin eine ganze Reihe der verfehmten Schelmenlieder im Kopfe. „Wir könnten Ihnen die ganze Nacht durch vorsingen," sagte man mir in einem evangelischen Dorfe, und wirklich die halbe Nacht hindurch läßt in einem katholischen eine junge Bäuerin zusammen mit ihrem Mann und der Vorsängerin der Kirche Lied auf Lied folgen. Dabei sind auch den Kindern die Lieder etwas verfänglichen Inhalts ebenso gut bekannt wie die harmlosen. In fröhlicher Erinnerung ist mir da der Besuch einer von der deutschen Verwaltung wieder eingerichteten Schule. Der Lehrer hatte ein paar von ihm eingeübte Lieder singen lassen. Sie gingen ziemlich mäßig, mit halber Teilnahme und Kenntnis. Auf meine Aufforderung an die Klasse, etwa acht- bis vierzehnjährige Buben und Mädels, sie möchten nun ein Lied singen, das sie nicht in der Schule gelernt hätten, machte nach einigem verlegenen Zögern ein kleiner Junge den ersten Vorschlag, und einmütig sang die ganze Schar aus vollem Herzen: „'s ist Zeit, 's ist Zeit zum Schlafengehen, zu meinem Feinsliebchen muß ich gehn," (siehe S. 207). Ähnlichen Inhalts war auch das zweite

Lied, das sie wählten, von dem ich leider keine Niederschrift erhielt.

Das Volkslied ist also bei den Deutschen in der Dobrudscha heute noch eine nicht bloß wildwachsende, sondern sogar als Unkraut betrachtete Pflanze, die nur durch ihre eigene Lebenskraft fortlebt. Entrückt dem Einflusse der Mode und des verfeinerten Geschmacks und der Bereicherung durch gedruckte Sammlungen, ohne Pflegung und Lenkung durch Schule und Vereine, hat es seinen altüberkommenen Besitz und Charakter bewahrt. Dem entspricht die Art der Lieder und ebenso die Form, in der wir sie vorfinden, von niemand behobelt und poliert. Manche waren, verglichen mit Niederschriften aus der Heimat, meinen Sängern nur unvollständig oder verstümmelt im Gedächtnis, andere wiederum scheinen die ursprüngliche Fassung reiner und vollständiger erhalten zu haben als bisher bekannte, in Deutschland aufgezeichnete Lesarten. Manchmal sind Bestandteile verschiedener Lieder zusammengebracht, und gewisse beliebte Strophen kehren in mehreren wieder. In einigen Fällen, wenn man ihn offenbar nicht mehr recht verstand, ist der Wortlaut entstellt.

Was von Inhalt und Text gilt, gilt auch von den Singweisen. Auch hier hat sich kein verschönernder oder bereichernder Einfluß geltend gemacht. Man kann nicht behaupten, daß der musikalische Genuß des Zuhörers ein großer sei. Es wird meist sehr laut, fast schreiend, mit etwas plärrender, eintöniger Stimme gesungen. Von dem melodischen Gesang der Russen und Rumänen haben die deutschen Bauern nichts gelernt. Auffallend ist die Armut an Melodien. Für die meisten Lieder scheint man nur die gleiche Bänkelsängerweise zu kennen, in der bei uns bis vor etwa zwanzig Jahren auf den Dorfjahrmärkten die Moritatenbilder erklärt wurden. Nur in wenigen Fällen konnte ich eine eigene, kunstvollere Melodie bemerken. Sehr beliebt ist der Kehrreim und dazu noch volltönende Ausrufe wie ei, ei, ei, jo, jo, oho und andere.

Dem Inhalte nach überwiegen weitaus die Liebeslieder. Liebesglück und mehr noch Liebesweh, Abschied und Trennung, Verlassenheit und Sehnsucht, Preis der Geliebten und Schmerz über den Tod, Untreue, Verführung und Unehre, Liebeserlebnisse, traurige und scherzhafte, das ists, was uns aus ihnen entgegenklingt. Es verdient aber hervorgehoben zu werden, daß es nur Lieder sind, in denen noch die reale Anschaulichkeit des alten, echten Volksliedes lebt. Es ist keins darunter von der bloß süßlichen Stimmung und Sentimentalität, die bei uns seit dem vorigen Jahrhundert auch in den Volksgesang Eingang gefunden hat. Dagegen ist bei diesen bäuerlichen Auswanderern gerade auch eine Reihe der alten, balladenhaften Volkslieder erhalten und beliebt, die von den Liebesgeschichten von Rittern, Reitern und Jägern erzählen, wie die Geschichte vom Ritter Eduard und seiner Ida („Einst in Gartens dunkler Laube"), vom Grafen, der bei seiner Magd schlief („Johann, Johann, sattel' du dein Pferd"), das schon 1534 und folgende Jahre an verschiedenen Orten nachweisbare Lied von den gemalten Rosen (Es wollt' ein Mädchen nach Wasser gehn"), das aus dem Ende des 16. Jahrhunderts stammende „Es waren drei gefangen", „Es ging ein Jäger aus frischem Mut", „Es war ein Knab' von 18 Jahr". Hierzu gehört auch das von A. Byhan in Cogealac festgestellte Lied von dem Grafen und der Nonne („Ich stand auf hohem Berge"), das 1771 von Goethe im Elsaß aufgezeichnet wurde, aber schon 1544 in einer niederländischen Fassung vorliegt und bei allen deutschen Stämmen, aber auch in Holland, Dänemark, Schweden und Flandern verbreitet war.

Nächst den Liebesliedern ist eine kleine Anzahl alter Soldatenlieder beliebt, vorwiegend solche, die die Lasten und Leiden des Soldatenlebens beklagen. Etwa ein halbes Dutzend vaterländischer Lieder scheint nur in einem Teil der Kolonien verbreitet zu sein. Von älteren historischen Volksliedern habe ich nur eins gefunden, das nach Ditfurth 1778 aus Anlaß des Bayerischen Erbfolgekriegs entstandene „Kaiser Joseph, willst du noch."[1]) Dagegen sangen mir die Burschen eines Dorfes ein ganz neues historisches Lied, das erst aus dem jetzigen Krieg stammte und die Schlacht bei Tutrakan behandelte. Auf seine Wiedergabe muß ich leider im Interesse der deutschen Bauern verzichten. Ferner gehören zum Bestand des Liederschatzes noch einige Scherzgedichte und die beiden Auswandererlieder. Bezeichnend für die Lebensweise der Kolonisten ist das Fehlen fast aller geselligen Volkslieder, insbesondere habe ich nicht ein einziges der zahlreichen Trinklieder der Heimat gehört, was ja auch dem wirtshauslosen Zustand der deutschen Dörfer angemessen ist.

Ist nun dieser Besitz ein gemeinsamer des ganzen Dobrudscha-Deutschtums? Ist er unterschiedslos in der verhältnismäßig kleinen Zahl von Volksgenossen lebendig, die dort unten seit mehreren Generationen zusammen leben? Es wäre wohl anzunehmen, und doch ist es, soweit meine Beobachtungen reichen,

---
[1]) Die historischen Volkslieder von 1763—1812. Berlin 1872, Nr. 8.

nicht so. Auch in den Liedern offenbart sich das schon in anderer
Beziehung beobachtete, merkwürdig von einander getrennte Leben
der Kolonien, das zusammen mit dem zähen Konservatismus der
verschiedenen Gruppen es bis heute noch zu keiner Ausgeglichenheit
zwischen diesen wenigen, auf beschränktem Boden vereinigten Deutschen
hat kommen lassen. Lieder, die in einem Dorfe allen geläufig sind,
scheinen in einem andern ganz unbekannt. Und es sind nicht
bloß zufällige, sondern Unterschiede in der Art und dem Charakter
der gesungenen Lieder, begründet in der Geschichte, Abstammung
und Geistesrichtung der einstigen Einwanderer. Es ist gewiß
kein Zufall, wenn unter den 16 Liedern, die ich in dem kaschubischen,
von Auswanderern aus Westpreußen und Preußisch-Polen gegründeten Atmagea aufzeichnete, nur 3 Liebeslieder sind und nicht
weniger als 10 Soldatenlieder und vaterländische, zu denen auch noch
das eben erwähnte einzige historische kommt. Es ist dies Ergebnis
nicht etwa eine zufällige Folge meiner Quellen, denn unter meinen
Sängern in Atmagea waren sogar mehr Mädchen und Frauen
als Burschen. In dieser Kolonie, deren Gründer erst nach den
napoleonischen Kriegen Deutschland verließen, und zwar nur in
dieser, fand ich die volkstümlich gewordenen Kunstlieder patriotischen
Charakters vor, die unter dem Druck des Bonaparte und während
der Freiheitskriege die deutsche Jugend begeisterten und die in
älteren Sammlungen sich auch noch als Volkslieder aufgenommen
finden: des Grafen Friedrich Leopold von Stolberg „Mein
Arm wird stark und groß mein Mut" und „Sohn, da hast du
meinen Speer",[1]) Max von Schenkendorfs Morgenlied „Erhebt
euch von der Erde",[2]) Theodor Körners „Vater, ich rufe dich"
und ein offenbar unvollständiges Lied:

>Laßt, Brüder, uns trachten
>Nach echt deutschem Sinn
>Und fremden Tand verachten,
>Das bringt allein Gewinn.[3])

Man könnte daran denken, daß wir es hier vielleicht nicht bloß
mit mündlicher Ueberlieferung zu tun hätten, daß irgend eine

---

[1]) Weltlicher Liederschatz, Sammlung von J. J. Algier, Reutlingen 1841
Nr. 970 u. 1202.

[2]) Die Volkslieder der Deutschen, hrsg. v. Fr. K. Frhrn. v. Erlach, Mannheim
1834, 2. Bd., S. 471, ferner in: Gesänge der Völker von Wolfg. Menzel, Leipzig
1851, Nr. 172.

[3]) Deckt sich z. T. mit „Auf, auf fürs deutsche Vaterland" im Allgemeinen
deutschen Liederbuch, Leipzig 1847, Nr. 85.

schriftliche Quelle vorliege, eine mit nach Bessarabien und in die Dobrudscha gekommene, gedruckte oder geschriebene Liedersammlung aus den Freiheitskriegen. Aber dem widerspricht der Umstand, daß einerseits die Sänger den Text dieser Lieder meist nicht vollständig kannten und daß sie verschiedenes durcheinanderwarfen, und daß andererseits auch die Orthographie und Grammatik der Niederschriften, soweit ich sie von ihnen selbst machen ließ, durchaus fehlerhaft ist. Auch die andere mögliche Annahme, daß hier die Kenntnis auf die reichsdeutschen Pfarrer oder den Lehrer aus dem Rauhen Hause zurückgehe, ist hinfällig. Denn diese würden gewiß andere Lieder gebracht haben wie die in Deutschland kaum mehr gesungenen. Es unterliegt keinem Zweifel, daß es sich um altüberlieferten, in die schwäbischen Kolonien jedoch nicht übergegangenen Besitz handelt, in dem sich noch der preußische Geist der Voreltern lebendig zeigt. Ein Lied gleicher Art hörte ich bezeichnender Weise nur noch in der Kolonie Caramurat, die in ihrer Zusammensetzung auch einen starken preußisch-polnischen Einschlag hat, das Seite 209 wiedergegebene Lied „Wenn ich morgens in der Früh aufsteh", das zwischen 1813 und 1815 im Colbergschen Regiment gemacht und gesungen worden sein soll.[1])

Auf der anderen Seite befindet sich unter den 28 in den schwäbisch-süddeutschen Kolonien aufgeschriebenen Liedern nicht ein einziges Soldatenlied. Bis auf 4 sind alle Liebeslieder, und nur ebensoviele sind nicht als echte Volkslieder anzusprechen. Das volkstümlich gewordene Kunstlied tritt hier also vollständig zurück.

Prägt sich demnach noch heute in den von ihnen gesungenen Liedern der ursprüngliche Stammescharakter der Kolonisten aus, so entsteht die weitere Frage: inwieweit können wiederum die Volkslieder über die deutschen Herkunftsgaue und -orte Aufschluß geben? Ein großer Teil der in unserem Volke lebendigen alten Lieder hat im Laufe der Zeiten den Weg zu allen Stämmen innerhalb und außerhalb des Reiches gefunden, so daß wir über ihre Geburtsstätte nichts wissen, wenn sie nicht durch den Inhalt oder durch den Dialekt auf eine bestimmte Gegend hinweisen. Diese müssen natürlich für eine derartige Untersuchung außer Betracht bleiben. Es gibt aber auch nicht wenige, die noch jetzt nur ein beschränktes Verbreitungsgebiet haben oder bei denen wir wenigstens erkennen können, wo sie zuerst zu Hause waren,

---

[1]) Deutsche Volkslieder. Sammlung von Fr. L. Mittler. 2. Aufl. Frankfurt a. M., 1865, Nr 1429 „Kriegslied der Preußen."

selbst wenn sie von da nach der oder jener Richtung ausgestrahlt sind. Und die deutsche Volksliederforschung hat durch zahlreiche Sammlungen nach landschaftlichen Gesichtspunkten dafür gesorgt, daß wir feststellen können, welche Volkslieder in den verschiedenen Gauen, vielfach auch in welchen Ortschaften sie gesungen werden.

Betrachten wir daraufhin die in den Dobrudschadörfern verbreiteten Lieder, so erhalten wir nicht bloß eine allgemeine Bestätigung dessen, was wir aus anderen Quellen über die Herkunft der betreffenden Kolonisten erfuhren, sondern finden in manchen Fällen sogar eine ganz auffallende Übereinstimmung selbst der einzelnen Ortschaften, die einerseits als Heimat der Auswanderer, andererseits als Fundstellen ihrer Lieder ermittelt wurden. Eine allgemeine Bestätigung zeigt sich schon darin, daß die 22 in Cogealac, Fachria und Mangeapunar aufgezeichneten Lieder, für die ich überhaupt ein Vorkommen in Deutschland festgestellt fand, sämtlich in Süddeutschland belegt sind, und zwar in der Pfalz, aus der die vollständigsten Sammlungen vorliegen, 20, in Hessen 18, in Schwaben 14, und im Elsaß 6. Nur 9 davon kommen auch in Norddeutschland vor. Dagegen lassen sich von den 10 eigentlichen Volksliedern aus Atmagea in der Pfalz nur 2, im Elsaß nur 1 und in Hessen und Schwaben 5 nachweisen.

Bemerkenswerter aber ist es noch, daß wir die Namen mancher Ortschaften, die wir als Heimatsorte der Voreltern einer Kolonie kennen lernten, auch als deutsche Fundstellen der in ihr lebendigen Volkslieder wiederfinden. Die katholischen Familien, die aus den Kolonien im Gouvernement Cherson nach der Dobrudscha auswanderten, stammten zum Teil aus den pfälzischen Dörfern Kirchardt, Kandel, Mörlheim, Nußbach und aus der Umgegend von Heidelberg. Von den Liedern aus ihren Ansiedlungen in der Dobrudscha, Malcoci, Mangeapunar und Caramurat, sind in der Rhein- und badischen Pfalz von M. Elizabeth Marriage[1]) nicht weniger als 7 gerade in Kirchardt und 5 in Handschuhsheim bei Heidelberg, von G. Heeger und W. Wüst[2]) 4 in Kandel, 2 in Mörlheim und 1 in Nußbach aufgefunden worden. Zu den Heimatsorten der badisch-pfälzischen Auswanderer gehörte auch das Dorf Flehingen, wo Samuel Friedrich Sauter, der Verfasser des Auswandererliedes „Jetzt ist die Zeit und Stunde da", geboren und Schulmeister war, so daß hier sogar der Fall einer unmittelbaren Übertragung des 1830 bei Gelegenheit des

---

[1]) Volkslieder in der badischen Pfalz, Halle a. S. 1902.
[2]) Volkslieder aus der Rheinpfalz. Mit Singweisen aus dem Volksmunde gesammelt. 2 Bde. Kaiserslautern 1909.

Abzugs von Auswanderern gedichteten Liedes aus seinem Entstehungsort nach der Dobrudscha anzunehmen ist.

Nicht in allen Dörfern hatte ich Zeit und Gelegenheit zur Aufzeichnung von Liedern, wenn ich auch in den meisten die Leute zum Singen anregte oder mir sagen ließ, was sie kannten. Meine Niederschriften stammen aus 5 Kolonien und umfassen 56 Lieder, davon aus Atmagea 16, Caramurat 12, Cogealac 8, Mangeapunar 15 und Fachria 5. Mit ein paar Ausnahmen sind dabei nur solche Lieder berücksichtigt, die mir wirklich vorgesungen wurden und deren Text ich entweder selbst unmittelbar nach dem Gesange aufzeichnen oder mir von den Sängern niederschreiben lassen konnte. Ich habe außer Betracht gelassen, was ich gelegentlich in einer der von der deutschen Verwaltung eröffneten Schulen hörte, und habe auch kein geschriebenes Liederheft als Quelle gehabt, so daß es sich nur um wirklich lebendige Volksgesänge handelt.

Mein Material wird wertvoll ergänzt durch eine frühere Aufzeichnung von in der Dobrudscha vorkommenden deutschen Liedern. 1915 hat Arthur Byhan eine Anzahl der Kolonien besucht und dabei dem Volkslied Beachtung geschenkt. Er hat 39 weltliche Lieder verzeichnet, von denen er 19 in Cogealac einem 1899—1901 von Robert Radke[1]) geschriebenen Liederheft, 12 einer handschriftlichen Sammlung von 1898—1901 in Malcoci gesungenen Liedern entnahm und 16 in Caramurat aufschrieb. In seiner Veröffentlichung ist von 7 der vollständige Wortlaut wiedergegeben, von den übrigen nur die Anfangszeile.[2]) 2 von den abgedruckten sind neuere Spottlieder auf die rumänischen Kulturverhältnisse, 2 Soldatenlieder aus den Feldzügen 1812 und 1813. Auch Byhans Sammlung enthält weit überwiegend alte, echte Volkslieder. 10 davon finden sich auch unter den von mir niedergeschriebenen.

Meine Wiedergabe der Texte gibt den Wortlaut so, wie ich ihn gehört habe, und ich habe nichts daran geändert, selbst wenn er offenbare Irrtümer und Gedächtnisfehler enthielt und Änderungen an der Hand der aus Deutschland vorliegenden Niederschriften nahe gelegen hätten. Für den vollständigen Abdruck habe ich nur gewählt, was weniger bekannt und nicht leicht anderwärts nachzulesen ist, oder wenn meine Lesart als Vergleichsmaterial von Interesse für die Volksliedforschung erschien.

---

[1]) Es ist das offenbar der später in Anadolchioi wirkende Lehrer, der den unglücklichen Auswandererzug nach Kleinasien führte.

[2]) Mit Hinweisen von Johannes Bolte in Z. d. V. f. V. 1917, S. 141—146.

Bei den Hinweisen kam es mir nicht darauf an, jedes festgestellte Vorkommen anzuführen, sondern nur allgemein die Verbreitung und etwa gegebene landsmannschaftliche Beziehungen zu den Herkunftsgebieten der Kolonisten zu beleuchten und das Alter, sowie das Mitgebrachtsein aus der Heimat zu belegen. Ebensowenig kamen hier philologische Untersuchungen in Frage, und ich bin in der Regel auf mehr oder minder größere Abweichungen von den bisher bekannten Fassungen nicht näher eingegangen.[1]

Von 2 alten und sehr bekannten Volksliedern, die beide aus dem 18. Jahrhundert stammen, stellte ich das schwäbische

Jetzt geh i ans Brünnele

in mehreren schwäbischen Kolonien (Fachria, Neue Weingärten u. a.) fest. Byhan verzeichnet es aus Malcoci und Cogealac. Das durch ganz Deutschland, insbesondere auch in Preußen verbreitete

O Straßburg, o Straßburg,
Du wunderschöne Stadt!

fand ich in Caramurat und Atmagea.

---

[1] Die Titelabkürzungen der Hinweise beziehen sich auf folgende Werke: Algier: Weltlicher Liederschatz, Reutlingen 1841. — Amft, G., Volkslieder der Grafschaft Glatz, Habelschwerdt 1911. — Andree: Braunschweiger Volkskunde, 2. Aufl. Braunschweig 1901. — Becker, Karl: Rheinischer Volksliederborn, Neuwied a. Rh. o. J. — Böhme, Fr. M.: Altdeutsches Liederbuch. Volkslieder a. d. 12. bis 17. Jahrh. Leipzig 1877. — Ditfurth, Frhr. v.: Fränkische Volkslieder, Leipzig 1855. — Erk: Deutscher Liederhort, Berlin 1856. — Erk-Böhme: Deutscher Liederhort, 3 Bde. Lpz. 1893/94. — Erlach, Fr. K. Frhr. von: Die Volkslieder d. Deutschen, 5 Bde., Mannheim 1834/36. — Früchbier-C.: 100 ostpreuß. Volkslieder, her. v. Sembrzycki. Leipz. 1893. — Heeger-W.: Georg Heeger und W. Wüst, Volksl. a. d. Rheinpfalz, 2 Bde., Kaiserslautern 1909. — Hoffmann, Unsere volkstüml. Lieder, 2. A. Leipz. 1859; D. Volksgesangbuch, Leipz. 1848. — Hoffmann-R., H. u. Richter: Schlesische Volksl. Leipz. 1842. — Köhler-M.: Volksl. von der Mosel u. Saar, her. v. A. Meier, Halle a. S. 1896. — Kretzschmer: Kr. und Zuccalmaglio, D. Volksl. Berlin 1840. — Kunzel: Gesch. von Hessen, Friedberg 1856. — Lewalter: D. Volkslieder, in Niederhessen ges. 5 Hefte. Hamburg 1890/94. — Marriage: Volksl. a. d. badischen Pfalz, Halle a. S. 1902. — Mautner, Konrad: Alte Lieder und Weisen aus dem Steyermärkischen Salzkammergute. Graz (1918). — Meier: Schwäbische Volksl. Berlin 1855. — Meisinger, O.: Volkswörter und Volkslieder aus dem Wiesentale, Freiburg 1907. — Mittler: D. Volksl. 2. Ausg. Frkf. a. M. 1865. — Müller: Volksl. a. d. Erzgebirge, Annaberg 1883. — Mündel: Elsässische Volksl. Straßb. 1884. — Nicolai: Eyn feyner Kleyner Almanach, 1. 2. Jahrg. 1777, 1778. Neudr. mit Nachwort von J. Bolte, Weimar 1918. — Pröhle: Weltl. und geistl. Volksl. Aschersleben 1855. — Reifferscheid: Westfälische Volkslieder, Heilbronn 1879. — Simrock: Die d. Volksl. Frkf. a. M. 1851. — Sztachovics: Braut-Sprüche und Braut-Lieder auf dem Heideboden in Ungarn, Wien 1867. — Treichel: Volksl. u. Volksreime aus Westpreußen, Danzig 1895. — Tobler: Schweizerische Volkslieder, 2 Bd. Frauenfeld 1882/84. — Uhland: Alte hoch- u. niederd. Volksl. 2. Aufl. 1. Bd. Stuttgart 1881. — Vilmar: Handbüchlein für Freunde d. d. Volksl. 2. Aufl. Marburg 1879. — Wegener: Volkstüml. Lieder aus Norddeutschland, 3 Hefte, Leipz. 1879/80. — Wolgakolonien: Volkslieder und Kinderreime aus den Wolgakolonien. — Wolfram: Nassauische Volkslieder. Berlin 1897. — Wunderhorn: Des Knaben Wunderhorn, 2. Aufl. Berlin 1876.

Gemalte Rosen.

Es wollt' ein Mädchen nach Wasser gehn,
Wohl an den kühlen Brunnen.
Sie hat ein schlohweiß Hemdchen an,
Dadurch scheint ihr die Sonnen.
O, o, — o, o!
Dadurch scheint ihr die Sonnen.

Es kommt ein Reiter geritten stolz,
Der grüßt die Jungfer fein.
„Sie sollens heut Nacht meine Beischläferin [sein."
O, o, — o, o!
„Sie sollens heut Nacht meine Beischläferin [sein."

„Und soll ich deine Beischläferin sein,
So malens mir drei Rosen.
Die eine weiß, die andere blau,
Die dritte von violen."
O, o, — o, o!
Die dritte von violen.

Da saß er sich auf seinem Pferd
Und reit den Bach hinüber,
Da reit er vor Frau Malers Tür:
„Frau Maler, sein sie's drinnen?"
O, o — o, o!
Frau Maler, sein sie's drinnen?

„Und sein sie's drinnen,
So kommen sie raus
Und malens mir drei Rosen.
Die eine weiß, die andere blau,
Die dritte von violen."

O, o, — o, o!
Die dritte von violen.

Da saß er sich auf seinem Pferd
Und reit den Berg zurücke.
Und reitet vor sein Liebchens Tür:
„Fein Liebchen, sein sie drinnen?"
O, o, — o, o!
Fein Liebchen, sein sie drinnen?

„Und sein sie's drinnen,
So kommen sie's raus.
Ich bringe die drei Rosen,
Die eine weiß, die andere blau,
Die dritte von violen."
O, o, — o, o!
Die dritte von violen.

Da schaut Feinliebchen aus der Tür
Und saget ganz verschrecket:
„Ich hab das Wort auf Spaß gesagt,
Und nicht auf Ernst gemeinet."
O, o, — o, o!
Und nicht auf Ernst gemeinet.

„Hast du das Wort auf Spaß gesagt
Und nicht auf Ernst gemeinet,
So bist du's doch mein,
Und ich bin dein,
Bis uns der Tod einst scheidet."
O, o, — o, o!
Bis uns der Tod einst scheidet.

Aus **Cogealac**. Bereits in der 1. Hälfte des 16. Jahrhunderts sehr beliebt und in Nürnberger und Frankfurter Drucken aus den Jahren 1534, 1535 und 1540 belegt, ebenso in einem handschriftlichen Liederbuch der Berliner Bibliothek a. d. J. 1575 (Böhme, Altd. L. Nr. 62). Die eigentliche Bedingung des Mädchens, daß die Rosen zwischen Weihnachten und Ostern gewachsen sein sollen, ist in unsrer Fassung verloren gegangen. Doch ist diese sonst recht vollständig und ursprünglich im Gegensatz zu den teilweise sehr verstümmelten und veränderten Lesarten aus der Pfalz (Landau, Ludwigshafen u. a., Heeger-W. 43a, b), Schwaben (Meier 223), dem Elsaß (Mündel 6), Hessen (Mittler 320), von der Mosel (Köhler-M. 139.) Sie entspricht ziemlich genau der Form bei Erk (Liederhort 151, vielfach mündlich aus dem Brandenburgischen, Hessen-Darmstädtischen, Schlesien, Sachsen, Pommern, vom Niederrhein). Hier findet sich auch die Angabe der 3 Farben, die in den älteren Texten im Wunderhorn (I. 304) und bei Uhland (113) fehlt. Sie findet sich auch in einer Niederschrift aus Franken (Ditfurth II, 58). In Norddeutschland ist das Lied festgestellt in Westfalen (Reifferscheid 107), im Harz (Pröhle 22). Unser von den meisten Lesarten abweichender Schluß („Bis uns der Tod einst scheidet") in einem aus Schlesien stammenden Text (Mittler 319) und in der Grafschaft Glatz (Amft 28). — Erk-Böhme 117 a-e.

Die drei Gefangenen.

Es waren drei gefangen,
Gefangen waren sie.
Gefangen waren sie geführt,
Eine Trommel ward gerührt,
Zu Straßburg auf der Brück.

Was begegnet ihnen da auf der Brück?
Eine wunderschöne Madam.
„Wohin, du Hübsche, du Feine,
Du Herzallerliebste meine,
Wohin steht dir dein Sinn?"

„Geh du nur hin zum Kommandant
Und tu eine Bitt' um uns:
Er wolle deiner gedenken,
Den Gefangenen soll er dir schenken,
Den Jüngsten, der drunter ist."

„Glück zu, Glück zu, Herr Kommandant,
Ich hab eine Bitt' an euch.
Ihr möchtet meiner gedenken,
Den Gefangenen möchten sie mir schenken,
Den Jüngsten, der drunter ist."

„Ach nein, ach nein, das kann nicht sein,
Die Gefangenen kommen nicht los.
Die Gefangenen müssen sterben,
Das Gottesreich ererben,
Dazu die Seligkeit."

Das Mädchen wandt' sich um und um
Und weinte bitterlich.
Sie ging über Berg und Steine
Bis zu den Gefangenen hin.

„Ach nein, ach nein, das kann nicht sein,
Die Gefangenen kommen nicht los.
Die Gefangenen müssen sterben,
Das Gottesreich ererben,
Dazu die Seligkeit."

Was zog er von seinem Finger?
Ein goldenes Ringelein.
„Sieh da, du Hübsche, du Feine,
Du Herzallerliebste meine,
Das soll dein Denkmal sein."

„Was soll ich mit dem Ringelein,
Was soll ich damit tun?"
„Leg du's in deinen Kasten
Und laß es ruhn und rasten
Bis an den jüngsten Tag."

Und wann das Mädchen beim Kasten kam
Und sah das Ringlein an,
Ihr Herz wollt ihr zerspringen.
Was fang ich Mädchen an?

Aus **Atmagea**. Das aus dem 16. Jahrh. (Vilmar S. 127 f.) stammende Lied ist über ganz Deutschland verbreitet. Bei Uhland (199) niederd. in sehr breiter Fassung aus einem nd. Liederbuch vom Anfang des 17. Jahrh. Erk erhielt es mündlich aus der Gegend von Frankfurt a. M. (Lbh. 12 a). Diese Lesart hat mit den pfälzischen (Heeger-W. 19 a, b, Marriage 9) und der schwäbischen (Meier 214) gemeinsam, daß in Str. 2 an die Stelle der Begegnung auf der Brücke der Gedanke an Vater und Mutter und an die Liebste tritt. Auch sind diese meist kürzer als die aus dem Fuldaischen (Mittler 242). Kreis Wetzlar (Becker 5), Nassau (Wolfram 45), aus dem Harz (Pröhle 16), Schlesien (Hoffmann-R. 230), in denen die Gefangenen dem Mädchen begegnen, wie es auch in unserem, in der kaschubischen Kolonie gehörten Texte geschieht. In verkürzter Lesart auch in Westfalen (Reifferscheid S. 24). Erk-Böhme 233.

Die Linde im Tal.

Es stand eine Lind' im tiefen Tal,
Die war oben breit und unten schmal,
Und darunter zwei Verliebte saßen,
Die vor Lieb ihr Leid vergaßen.

Und da sprach einer zu der andern:
„Ich muß noch sieben Jahre wandern."
„Mußt du gleich noch sieben Jahre wandern,
Will ich doch nehmen keinen andern."

Aus **Cogealac**. Schon im 16. Jahrhundert mehrfach belegt und durch ganz Deutschland, die Schweiz, Böhmen, Siebenbürgen ꝛc. verbreitet, niederländisch in Holland und Flandern. Wunderhorn I, 96. Pfalz (Heeger-W. 20a, Marriage 4), Schwaben (Meier 163), Franken (Ditfurth II, 25a), Hessen (Mittler 56), Nassau (Wolfram 22), Harz (Pröhle 18), Westfalen (Reifferscheid S. 26), Schlesien (Hoffmann-R. 22., Amft 18), Westpreußen (Treichel 3), Wolgakolonien Nr. 25. Erk-Böhme 67c.

Wiedersehen an der Bahre.

Es gings ein Jäger aus frischem Mut,
   Ohó!
Er hatt' zwei Federn auf seinem Hut.
   Ei ei, ei ei, jo!

Die eine weiß, die zweite rot,
   Ohó!
Da dacht' er schon, sein Schatz ist tot.
   Ei ei, ei ei, jo!

Und als er in den Wald rein kam,
   Ohó!
Da hört er Glocken läuten schon.
   Ei ei, ei ei, jo!

Und als er an den Friedhof kam,
   Ohó!
Da sieht er Gräber graben schon.
   Ei ei, ei, jo!

„Guten Tag" — „Schön Dank" „Ihr Gräber mein,
   Ohó!
Für wen grabt ihr das Gräbelein?"
   Ei ei, ei ei, jo!

„Es ist gestorben ein Jungferlein,
 Oho!
Für das graben wir das Gräbelein."
 Ei ei, ei ei, jo!

Und als er auf den Hof rauf kam,
 Oho!
Da sieht er's Mütterchen weinen schon.
 Ei ei, ei ei, jo!

„Guten Tag" — „Schön Dank" — „Lieb Mütterlein,
 Oho!
Für wen weinst du so hübsch und fein?"
 Ei ei, ei ei, jo!

„Es ist gestorben ein Jungferlein,
 Oho!
Für das weine ich so hübsch und fein."
 Ei ei, ei ei, jo!

„Das Jungferlein hat recht gemacht,
 Oho!
Es hat sich ja zur Ruh geschafft."
 Ei ei, ei ei, jo!

In **Cogealac** mit eigenartiger sehr hübscher Melodie gesungen. In der Pfalz (Heeger-W. 38) u. a. in Kaiserslautern, Kusel, Ludwigshafen aufgezeichnet. Diese Fassung entspricht ziemlich genau der vorliegenden, ebenso eine an der Oberlahn aufgenommene (Becker 10). Ferner: Hessen (Lewalter IV, S. 13, Mittler 129) Nassau (Wolfram 28), Harz (Pröhle 57), Wolgal. Nr. 30. Erk-Böhme 110 f u. g.

Absage.

Schatz, mein Schatz, kannst du mich nicht mehr lieben,
So mußt du es entschlossen sein.
Denn ich will dich nicht betrüben
Und will leben ganz allein.

Und die Schwalbe machts kein Sommer.
Und vielleicht vergeß ich dich.
Wird sich finden eine Reichere,
Die mich treuer liebt als du.

Aus **Fachria**. Mit Benutzung eines handschriftlichen Liederbuches vom Jahre 1750 bei Erk (Ldh. 145) aus dem Brandenburgischen, Hessen-Darmstädtischen, Thüringen, Pommern, Pfalz (Heeger-W 174 u. a. aus Kandel, Marriage 12), Mosel- und Rheinpfalz (Becker 91), Saarbrücken, Bernkastel (Köhler-M. 50). Nassau (Wolfram 235), Erk-Böhme 699 a, b, Wolgalonien 70. Die 1. Strophe gleichlautend häufig in ganz Deutschland, die 2. gewöhnlich etwas abweichend mit noch 2 oder 3 weiteren. In Schlesien kommen die vorliegenden Strophen entweder mit 2 weiteren oder mit einer anderen Anfangsstrophe vor. (Hoffmann-R. 79 u. 83.)

Graf und Magd.

„Johann, Johann, sattel' du dein Pferd,
Du mußt noch heute reiten weit."
   (Chor): He! He! Juchhei! Juchhei!
   Du mußt noch heute reiten.

Und als er vor das Stadttor kam,
Sah er die Blumen blühen.
   (Chor): He usw.

Die Blumen blühen weiß und rot.
Er dacht', sein Liebchen wär schon tot.

Und als er dann ein Stückchen ritt,
Sah er die Gräber graben.

Und als er noch ein Stückchen ritt,
Sah er die Träger tragen.

„Ach liebe, liebe Leutelein,
Was tragt ihr für ein Särgelein?"

„Wir tragen eine junge Maid
In ihrem weißen Totenkleid."

„Wie heißt das tote Mägdelein?"
„Schön Röschen war ihr Name sein."

Aus **Fachria**. Ein Teil des alten, weitverbreiteten Liedes: „Es schlief ein Graf bei seiner Magd" oder „Es spielt ein Ritter mit einer Maid" (Uhland 97 A, Böhme Altd. L. 69). Zuerst von Goethe 1771 im Elsaß für Herder aufgezeichnet (D. B. Aus Herders Nachlaß. 1856, I, 158 Nr. 5), in Nicolais Feynem Kleynem Almanach 1777, Nr. 2. In der Pfalz aus Kirchardt (Marriage 12), aus Speyer und vielen anderen Orten bekannt (Heeger-W. 37), in Hessen aus Harleshausen (Lewalter II. 4), Nassau (Wolfram 61, aus Schönau u. a.), Schwaben (Meier 177, Wurmlingen), Franken (Ditfurth II, 7, 8); ferner aus Schlesien (Hoffmann-R. 4), Brandenburg und Sachsen (Erk, Liederhort 26), Hannover, Schleswig-Holstein, Ostpreußen etc. Wie hier beginnt auch eine Lesart aus dem Kuhländchen (Mittler 131) gleich mit dem Befehl zum Pferdesatteln: „Knecht, stie uof, sottl mir mai Ros." Erk-Böhme 110.

Der treue Knabe.

Es war ein Knab von achtzehn Jahr,
Der liebt sein Schatz schon sieben Jahr.
:: Schon sieben Jahr und noch viel mehr,
Die Liebe nimmts kein End nicht mehr. ::

Der Knab zogs fort in ein fremdes Land,
Die Botschaft kommt, sein Schatz ist krank.
:: So krank, so krank bis auf den Tod,
Drei Tag, drei Nacht spricht sie's kein Wort. ::

Und als der Knab zu der Stube rein kam,
Die Tränen gingen am Backen herab.
:: „Geschwind, geschwind, holts mir ein Licht,
Sonst stirbt mein Schatz, daß Niemand sicht." ::

„Geschwind, geschwind, holts mir ein Weib,
Das meinen Schatz schlohweiß bekleid."
:: Geschwind, geschwind, holts mir vier Knaben,
Die meinen Schatz auf den Kirchhof tragen." ::

„Nun legt sie rein und deckt sie zu,
Dort soll sie schlafen in ewiger Ruh!

Aus **Cogealac**. Durch ganz Deutschland weit verbreitet. Häufig ist es ein „junger Husar" oder ein „braver Soldat. In der Pfalz von Heeger-W. (31) in mehr als 30 Ortschaften festgestellt, darunter in Nußbach in der badischen Pfalz (Marriage 17), in Kirchardt, Handschuhsheim etc. In Schwaben (Meier 162, Bühl, Pfullingen u. a. in sehr breiter Ausführung), Niederhessen (Lewalter II, 41), bei Darmstadt (Künzel S. 584), Nassau, (Wolfram 27), am Niederrhein (Simrock 142), an der Mosel (Köhler-M. 263), Franken (Ditfurth II, 10). In Norddeutschland: Harz (Pröhle 44), Schlesien (Hoffmann-R. 239, 240 in Breslau, Corsenz), Glatz (Amft 34), Brandenburg (Erk, Ldh. 29), Holstein (Mittler 149). Westfalen (Reifferscheid S. 41, mit anderem Anfang). Ferner auch in Böhmen, Tirol, Kärnten, Ungarn, der Schweiz, Wolgakolonien Nr. 30. Erk-Böhme 93 a-e.

Die unbarmherzige Schwester.

Es waren drei Geschwisterin,
Darunter ein altes Weib.
Die hat sechs kleine Kinderlein,
Für die hat sies kein Brot.

Sie ging zur reichen Schwesterin
Und stellt ihre Armut vor.
Die Reiche dreht sich um und um
Und schaut die Arme nicht an.

Sie ging in ihr schönstes Kämmerlein
Und schaut die Arme nicht an.
Und als ihr Mann nach Hause kam,
Da wollt' er sich schneiden Brot.

Das Brot, das war so hart wie Stein
Das Messer so rot wie Blut.
„Ach Weib, ach Weib, du liebes Weib,
An wen hast du dich verschuld?"

„An meiner armen Schwesterin,
An die hab ich mich verschuld."
„Geh hin zur armen Schwesterin
Und stell ihr dein Reichtum vor."

„Gieb mir die zwei kleinsten Kinderlein,
Für die hab ich noch Brot."
Das Kleinste in der Wiege,
Das fängt zu reden an:

„Ach Mutter, liebes Mütterlein,
Verzeih es ihr nur nicht,
Hat uns der liebe Gott bis jetzt geholfen,
So hilft er uns auch noch."

Aus **Atmagea**. Das Lied scheint in Süddeutschland, auf schwäbisch-alemannischem Boden, nicht bekannt zu sein. Sein Hauptverbreitungsgebiet ist Schlesien Erk (Ldh. 25) erhielt es aus Liegnitz, Hainau ꝛc., Hoffmann-R. (300) aus Corsenz Kaufung, Groß-Läswitz u. anderen Plätzen, Amft aus Glatz, Thanndorf (36) Außerhalb Schlesiens wurde es festgestellt in der Gegend von Perleberg und Wittstock (Erk, Ldh. 25 a), im Münnerland (Mittler 503), in Nassau (Wolfram 13), Hessen (Mittler 502) und am Niederrhein (Simrock 79, 80), Wolgakol. (Nr. 46). Es sind sonst immer nur 2 Schwestern. Der Schluß unserer Lesart entspricht einer alten aus Westfalen. (Erk-Böhme 209 b).

Das Nonnelein.

Es schliefen zwei verborgen
In einem Federbett.
:: Sie schliefen bis an den Morgen,
Bis daß die Sonn aufgeht. ::

„Nun adies, nun adies, mein herztauſiger
Jetzt muß ich scheiden von dir. [Schatz,
:: Bis auf den anderen Sommer
Komm ich wieder und schlaf bei dir." ::

Und als der halbe Sommer rum war,
Die Zeit war ihm so lang.
:: Er kehrt gleich wieder zurück
Zu seinem Nonnelein. ::

Und als er in die Stube reinkommt,
Voller Freude war er voll.
:: „Wo ist denn mein schönes Nonnelein,
Wo ich geliebet hab?" ::

„Das Jammern und das Weinen
Hat sie zum Tod gebracht.
:: Dein Nonnelein ist gestorben
Schon heut den dritten Tag." ::

„Jetzt will ich auf den Kirchhof gehn,
Will suchen Nonneleins Grab.
:: Will rufen und will schreien,
Bis daß mir's Antwort gab." ::

Das Nonnelein gab Antwort
Aus seinem Nonneleins Grab:
„Bleib nur draußen, bleib nur draußen,
Hier ist gar ein finsterer Ort.
Man hört keine Vögelein pfeifen
:: Und auch keine Glöckelein läuten,
Weder Sonn oder Mond aufgeht." ::

Aus **Mangeapunar**. Der 1. bekannte Druck im Wunderhorn (II, 259). Das Lied scheint auf Süddeutschland beschränkt zu sein. In der Pfalz zeichnete es Marriage (14) in Kirchardt auf, Heeger-W. (62 a, b) in verschiedenen Ortschaften, Köhler-M. (182) in den Kr. Bernkastel und Saarbrücken. Ferner festgestellt in Schwaben (Meier 230), Hessen (Mittler 540, 541, Lewalter III 27, Künzel S. 565), Nassau (Wolfram 144), am Rhein (Vilmar S. 155). Der Anfang kommt in sehr verschiedenen Lesarten vor: „Nun ade, mein herzallerliebster Schatz" (Wdh.) „Ach Anna, liebste Anna," „Ein Jüngling, der zu den Soldaten ging" (Köhler) „Mariann', Mariann', mein Schätzelein" (Wolfram), „Im Sommer, im Sommer" (Mittler 540). Im übrigen ist der Text überall ziemlich gleichlautend. Daß aber die Liebste ein Nonnelein ist und danach auch das Lied von den Sängern benannt wurde, kommt in keiner der deutschen Fassungen vor. Erk-Böhme 201.

Trübsinn.

Ist alles dunkel, ist alles trübe,
Dieweil mein Schatz eine andere liebt.
Ich hab geglaubt, er liebet mich,
Aber nein, aber nein, er hasset mich.

Aus **Fachria**. Durch ganz Deutschland verbreitet. Die gewöhnliche Fortsetzung „Was nützet mich ein schöner Garten ꝛc." hörte ich in der Dobrudscha nicht. Pfalz (Marriage 64 aus Kirchardt, Heeger-W. 171 u. a. aus Kandel und Mörlheim), aus dem Westerwald und der Rheinpfalz (Becker 161), Elsaß (Mündel 30, Hessen (Lewalter I 4), Nassau (Wolfram 234), Saarbrücken (Köhler-M. 53), Franken (Ditfurth II. 92) Harz (Pröhle 25), Halle (Polte, ZVfV 1916, 188), Erzgebirge (Müller S. 113) Schlesien (Hoffmann-R. 82), Westpreußen (Treichel 63), Ostpreußen (Frischbier-S. 61). In allen deutschen Lesarten ist ein männlicher Sänger vorausgesetzt, es heißt demnach: „Sie liebet mich." Erk-Böhme 618.

Ritter Eduard.

Einst in Gartens dunkler Laube
Saßen treu zwei Hand in Hand.
Ritter Eduard neben der Ida,
Schlossen treu ein festes Band.

Ida weinte, Eduard tröst sie.
Ida läßt das Weinen sein.
„Wenn die Rosen wieder blühen,
Werd ich wieder bei dir sein."

Und er zog bei Mondes Schimmer
In die Schlacht fürs Vaterland
Und gedachte oft an Ida,
Wenn der Mond am Himmel stand.

Als ein Jahr, ein Jahr verflossen
Und die erste Knospe brach,
Kommt der Ritter in den Garten,
Wo zuletzt er Ida sah.

Was erblickte er von ferne?
Einen großen Hügel stehn,
Und auf Marmor stand geschrieben:
„Oben wirst mich wieder sehn."

Darauf zog er in das Kloster,
Legte Helm und Pauken ab
Und gedachte oft an Ida,
Wenn der Mond am Himmel stand.

Aus **Caramurat**. In verschiedenen Gegenden Teutschlands aufgezeichnet, insbesondere in vielen Ortschaften der Pfalz, darunter in den bekannten Heimatsorten katholischer Kolonisten Kandel, Nußbach, Mörlheim (Heeger-W. 40 a-e), Handschuhsheim (Marriage 27). Ebenso sehr beliebt in Hessen und Nassau (Lewalter IV. S. 11, Wolfram 32), an der Mosel und Saar in den Kr. Berntastel, Saarbrücken und Saarlouis (Köhler-M. 183), im badischen Wiesentale (Meisinger 61), das „vielgesungenste in den rheinischen Gegenden" (Becker 104); ferner in Braunschweig (Andree, R., Braunschw. Volksk. 2. A. S. 484). In Westpreußen (Treichel 30) heißt das Paar Edwald und Minna, ebenso in den Wolgakolonien (Nr. 33) Ewald u. Mina. Erk-Böhme 112 a-c.

Häsleins Klage.

Ich armer Haas im weiten, breiten Feld,
Wie grausam wird mirs nachgestellt.
Sie stellens mir ja nach
Bei Tag und bei Nacht.
Ich hab' ja noch kein Menschen
Kein Schaden gemacht.
Ich freß' ja nur die Blätter ab,
Damit ja ich mich sättige.
Hinter dem Berg das Wasser.
Das trink ich für mein Pläsier.

Und wenn er mich erwischt
Beim Hals oder beim Kopf,
Er schlaudert mich auf sein Sattelknopf.

Und schlaudert mich hin
Und schlaudert mich her,
Als wenn ich ein Diebelein vom Galgen [wär.

Und als er mich zu Hause bracht,
Da hat er viele Gäst.
Da hebt er mich auf aufs allerletzt.
Da hucken die großen Herrelein
Und nagen meine Knöchelein ab.
Ach Gott, wie hat das Häselein
So gut geschmeckt!
Ei, schenket nur ein
Vom reinsten Wein.
Ei, bin ich doch ein feines Häselein.

Aus **Mangeapunar**. Am ähnlichsten aus Derendingen in Schwaben (Meier 136) und aus Hundheim in der Rheinpfalz (Becker 102), ferner aus dem Hessen-Darmstädtischen, Badischen und Schlesien (Erf, Liederhort 57 c, d) und aus der Gegend von Heidelberg und dem Harz (Pröhle 58) bekannt; in 3, z. T. sehr verstümmelten Lesarten aus der Pfalz (Heeger-W. 64 a—c) und aus Nassau (Wolfram 448.) Ziemlich stark abweichend auch aus der Schweiz (Tobler I. 77). Erk-Böhme 169 a-c.

Nachtfahrt.

A

Es waren mal zwei Mädchen,
Zwei, zwei.
Die Jüngste war die schönste,
Die ließ mich allemal herein,
Juja.
Die ließ mich allemal herein.

Die führte mich hinauf,
Nauf, nauf.
Ich dacht', es sollt zu Bette gehn,
:: Zum Fenster stieß sie mich hinaus. ::
Juja.

Da draußen lag ein Stein,
Stein, Stein.
Er schlug mir zwei Rippen im Leib entzwei,
:: Dazu das linke Bein. ::
Juja.

Auf einem rutsch ich heim,
Heim, heim.

B

Ich ging wohl in der Nacht,
Und die Nacht, die war finster,
Daß man kein Stern mehr sah.

Kam ich vor Feinsliebchens Fenster,
Und die Schönste, die darunter ist,
Macht mir auf die Tür.

Sie nahm mich bei der Hand,
Ich dacht, es sollt zu Bette gehn,
Zum Laden stößt sie mich heraus.

Da fiel ich auf einen Stein,
Zerbrach mir alle Rippen im Leib,
Sogar das linke Bein.

Ach, Schatz, der Schaden ist groß,
Und wenn der Schaden geheilt ist,
Dann komm ich wieder zu Dir.

A aus **Cogealac**. B aus **Caramurat**. Altes, aus dem 16. u. 17. Jahrh. vielfach belegtes Lied. Wunderhorn II. S. 38, Uhland 260 G, Böhme, Altd. Ldb. 74. Mit beiden Anfangslesarten in etwa 10 Orten der Pfalz festgestellt (Heeger-W. 52 a—c, Marriage 202), häufig auch in Hessen und Nassau (Wolfram 104, Lewalter II, S. 46), in Saarbrücken (Köhler-M. 123), Schwaben (Meier 218), am Niederrhein (Simrock 48), Franken (Ditfurth II, 51), Erzgebirge (Müller S. 100), Schlesien (Guhrau u. a. Hoffmann-R. 121, Amft 68) Westpreußen (Treichel 13). Der von den meisten Lesarten abweichende Schluß von B, der das Wiederkommen anmeldet, findet sich in einer Niederschrift aus Schallodenbach in der Pfalz (Heeger-W. 52 b) und am Niederrhein (Mittler 297). Volgsl. 37. Erk-Böhme 157.

Treu auf ewig.

Keine Rose ohne Dornen,
Keine Liebe ohne Pein.
:: Nur für dich bin ich geboren,
Dein Geliebter will ich sein. ::

Bis sich einmal die Berge niedrigen
Und die Täler fallen ein,
:: Und die Äste tragen Blätter,
So lang will ich lieben dich. ::

Wenn ich einmal sterben müßte,
Und der Tod meine Augen schließt,
:: Pflanzest du auf meinem Grabe,
Roseblumen, Vergißmeinnicht. ::

Aus **Mangeapunar**. Die ersten Verse finden sich als Anfang eines sonst abweichenden Liedes bei Erk-Böhme 680, Str. 2 und 3 ähnlich in einem Lied aus Wurmlingen (Meier 21).

Waldabenteuer.

Als ich an einem Sommertag
Im grünen Wald im Schatten lag,
Da sehe ich von fernher stehn,
Ein Mädchen, das war wunderschön.

Als mich das Mädchen hat erblickt,
Nahm sie die Flucht in den Wald zurück.
Ich eilte hin und auf sie zu
Und rief: „Mein Kind, was fliehest du?"

„Ach, edler Herr, ich kenn dich nicht
Und fürcht ein Mannsbildangesicht;
Denn meine Mutter sagt zu mir,
Ein Mannsbild sei ein wildes Tier."

„Ach Kind, glaub deiner Mutter nicht
Und lieb ein schönes Mannsgesicht.
Deine Mutter ist ein altes Weib,
Drum haßt sie uns als junge Leut."

„Ach, edler Herr, wenn dies wahr ist,
Dann glaub ich meiner Mutter nicht.
Dann setz dich nieder an meine Seit
Und setz dich hin ins grüne Gras."

Ich setzt mich nieder an ihre Seit,
Da war sie voller Zärtlichkeit.
Ich drückt sie an mein Herz und Brust,
Da war sie voller Freud und Lust.

Da kann man sehn, wie Mädchen sind.
Sie geben sich ja gar geschwind.
Und schickt man sich ein wenig dumm,
So bitten sie schon selber drum.

Aus **Caramurat**. In Süd- wie Norddeutschland viel gesungen: Pfalz (Heeger-W. 90 a, Marriage 75), Nassau (Wolfram 97), Schwaben (Meier 128, aus dem Remstale), Hessen (Lewalter I 46) Schlesien (Hoffmann-R. 131), Erzgebirge (Müller 108), Ost- und Westpreußen (Treichel 8, Frischbier 43), Wolgakolonien 61. Erk-Böhme 517.

Zu ihren Füßen.

Schönstes Kind, vor deinen Füßen
Lieg ich hier ganz bitterlich,
Wenn ich von dir scheiden müßte,
Wärs die größte Pein für mich.

Wie du redest, wie du lachest,
Mir eine süße Miene machest,
Stell ich mirs im Traum herfür,
Wie du Schönste schlafst bei mir.

Es ist kein Künstler auf dieser Erden,
Kann keiner auch gefunden werden,
Der dich schöner malen kann,
Als ich dich im Herzen han.

Gold und Silber, Meerkorallen,
Reichtum, Schönheit, Edelstein,
Von diesem tut mir nichts gefallen
Als du Schönste nur allein.

Aus **Mangeapunar**. Nur in Süddeutschland und in der Schweiz verbreitet. Aus der 1. Hälfte des 18. Jahrhunderts. Von F. D. Gräter in „Bragur" (2. Bd. Leipzig 1792, S. 119) als „zärtliches Volkslied mit der schmachtendsten Melodie" gedruckt. Das Lied hat hier wie auch in allen anderen mir bekannten Fassungen achtzeilige Strophen. Unsere vierzeiligen sind dort fast ohne Abweichungen im Wortlaut vorhanden, doch sind sie in jeder Strophe noch mit 4 anderen Versen verbunden. Das Lied ist festgestellt in der Pfalz u. a. in Kandel (Heeger-W. 82), im Schwarzwald (Meier 261, Nassau (Wolfram 205), Franken (Ditfurth II. 109), Schweiz (Tobler I, CXXII u. S. 226). Wolgas 77, Erk-Böhme 504.

Heimlicher Liebe Pein.

Schau an mein bleiches Angesicht,
Wie mich die Liebe hat zugericht.
Es ist kein Feuer auf Erden, es brennet ja so heiß,
Als die verborgene Liebe, die niemand weiß.

Die Dischtelein, die Dörnelein,
Die stechen ja so sehr,
Aber falsche Zungen
Ja noch viel mehr.

Ich wollt, es wär ja wahr,
Tät liegen im kühlen Grab,
Da wär ichs alle, alle
Meine Sorgen los.

Aus **Mangeapunar.** Diese Strophen finden sich in gleicher oder anderer Zusammenstellung meist als Teile verschiedener Lesarten des Liedes „Des Sonntags Morgens in aller Früh". Hessen (Mittler 987—989), am Rhein (Simrock 140), Pfalz (Heeger-W 116 b, Marriage 49, 4. Str. von: „Petersil, Petersil, du grünes Kraut"), Franken (Ditfurth II, 84), Schlesien (Hoffmann-R. 152), die Verse 3 u. 4 der 1. Str. und Vers 1 u. 2 der 2. im Wunderhorn (II, 261 in: „Mein Schatz, der ist auf die Wanderschaft hin"), ferner die Strophe 2 in: „Schwarzes Band, du mußt vergehen" (Erk-Böhme 720).

Warum so traurig?

„Ach Schatz, warum so traurig
Und sprichst mit mir kein Wort?
Ich sehs dir an deinen schwarzbraunen Äuglein an,
Daß du geweinet hast."

„Warum soll ichs nicht weinen
Und auch so traurig nicht sein?
Denn ich trag unter meinem Herzelein
Ein kleines Kindelein."

„Warum soll ichs nicht weinen
Und auch so traurig nicht sein.
Denn es wärs ja besser, ich wäre gestorben,
Täts liegen im kühlen Grab."

„Was hättest, wenn du gestorben wärst,
Tätst liegen im kühlen Grab,
Dein Leib, der wär dirs verwesen
Zu lauter Asch und Staub?"

„Was hilft mir all dein Reden,
Wenn ichs keine Ehr mehr hab.
Es wär ja besser, ich wär gestorben,
Tät liegen im kühlen Grab."

„Darum brauchst du nicht weinen
Und auch nicht traurig sein.
Denn wir beide, wir gehen zusammen,
Ich selber will Vater sein."

Aus **Cogealac.** Die 1. Strophe kommt vielfach mit anderem Text vor. (Nicolai 1778, 35, Wunderhorn I, 209, 210, Mittler 774—778, Erk-B. 531, 532). Der vorliegenden Fassung entsprechen im Wortlaut meist genau, doch häufig mit verschiedener Strophenfolge und anderen Zutaten Lieder aus Schwaben (Meier 9), Pfalz (Marriage 51, Heeger-W. 100 b, 101 aus Kandel, 102, 103), Niederhessen (Lewalter II 39), Nassau (Wolfram 118), Saarbrücken (Köhler-M. 144, 146), Umgegend von Straßburg (Mündel 31), Braunschweig (Andree S. 230/1), Kanton Zürich (Tobler I, 36).

Die Entehrte.

So schön wie eine Rose,
Die auf dem Strauche blüht,
So schön ist auch ein Mädchen,
Wenn sie ihr Kränzchen trägt.

So falsch wie eine Schwalbe,
Die auf der Bahne schwebt,
So falsch ist auch ein Junggesell,
Wenn er ein Mädchen verführt.

Und hat er sie verführet,
In Tränen läßt er sie stehn.
Das Mädchen dacht in ihrem Sinn:
Wo soll ich nunmehr hin?

Aus **Cogealac**. Aufgezeichnet in Hessen (Lewalter III, 23), Nassau (Wolfram 218 mit anderer Anfangsstr.) und Schlesien (Hoffmann-R. 170, etwas abweichend: „Wie schön ist doch die Lilje, die auf dem Wasser schwimmt"). Erk-Böhme 714.

Treubruch.

Du Tor, du brichst den Schwur der Treue,
Du liebest mich schon lange Zeit nicht mehr.
Hab nur Geduld, es trifft dich einst die Reue,
Dann schlägt dein Herz von lauter Vorwürf schwer.

In der Blüte meiner schönsten Jahre
Gab ich mich zum Opfer für dich hin.
Du raubest mir die Unschuld samt der Tugend,
Spott und Haß war höchstens mein Gewinn.

Die Liebe hast du mir geschworen,
Du nahmest Gott zum Zeugen für dich an.
Na, ist denn deine Lieb schon ganz verloren?
Und seht, wie sich der Mensch verändern kann.

Ich will nicht mehr mein Herz verschenken,
Weil ja die Liebe nicht mehr möglich ist.
An dich will ich so lange denken,
Bis einst der Tod mein nasses Auge bricht.

Aus **Caramurat**, im Bänkelsängerton gesungen. Fast ohne Abweichungen, nur mit noch 3 weiteren Strophen, im Elsaß (Mündel 41), in der Pfalz aus Kandel, Pirmasens u. a. (Heeger-W. 228 a) und aus Handschuhsheim (Marriage 102), im Hunsrück und Kr. Bernkastel (Köhler-M. 41 A u. B), in Westpreußen (Treichel 55, mit 6 weiteren Str.)

Hoffnungslose Liebe.

Drei Rosen in dem Garten, \
Die Blätter fallen ab; \
Kannst du mich nicht erwarten, \
Erwartet mich das Grab.

Das Grab ist nicht das Ärgste, \
Viel ärger ist die Not, \
Die Liebe ohne Hoffnung, \
Viel besser ist der Tod.

Aus **Mangeapunar**. Die 1. Strophe in einer Lesart des Liedes „Wer lieben will, muß leiden" aus den pfälzischen Ortschaften Kandel, Wörlheim u. a. (Heeger-W., 141 a, 9. Str.) Anderes Vorkommen des Liedes konnte ich nicht feststellen. Das bei Erk-Böhme (897 B) mit dem gleichen Anfangsvers verzeichnete hat mit unseren Strophen nichts zu tun.

Nächtlicher Besuch.

's ist Zeit, s'ist Zeit zum Schlafengehn, \
Zu meinem Feinsliebchen muß ich gehn.

Muß ich gehn, muß ich gehn, \
Und seh sie vor dem Fenster stehn.

„Wer ist dort draußen vor meiner Tür, \
Der mich so leis aufwecken will?"

„Frage nicht lang, wer drauß möcht sein, \
Steh du nur auf und laß mich rein!"

„Ich kann dich ja nicht lassen rein, \
Bis Vater und Mutter schlafen ein.

„Stelle dich, stelle dich in eine Eck, \
Bis Vater und Mutter gehn ins Bett."

„Ich kann mich nicht stellen in die Eck, \
Denn es leuchten ja schon zwei Morgenröt."

„Zwei Morgenröt, zwei helle Stern, \
Aufs Jahr sollst du mein Weibchen werd'n."

Aus **Caramurat**. In Süd- und Mitteldeutschland sehr verbreitet. Zum Teil mit anderem Anfang, aber sonst ziemlich gleichlautend in der Pfalz (Heeger-W. 365 u. 377), am Niederrhein (Simrock 181), im Lahntal, Limburg, Westerwald (Erk-Böhme 816 d), im Harz (Pröhle 23). Mit größeren Abweichungen in Hessen (Lewalter IV. S. 41), Nassau (Wolfram 115 a, b), Schlesien (Hoffmann-R. 76), Elsaß (Mündel 105), Schwarzwald (Meier 5), Westfalen (Reifferscheid S. 42), Franken (Ditfurth II, 133). Auch im steiermärkischen Salzkammergute (Mautner 206).

Schwerer Abschied.

Auf der Reis bin ich gewesen \
Vorm achtzehnten Jahr. \
:: Schöne Mädchen habe ich gesehn, \
Bis nachts um zwei und drei. ::

„Kehre um, du teures Mädchen, \
Denn der Weg ist für dich zu weit. \
:: Und die Nacht fängt an zu grauen, \
Ei, was sagen denn deine Leut?" ::

Und sie konnte ja von mir nicht weichen, \
Und sie konnte ja von mir nicht gehn, \
:: Und sie konnte ja vor lauter Weinen, \
Ja vor Weinen den Weg nicht sehn. ::

„Wenn ich sterbe auf fremder Erde, \
So bekommst du meinen Totenschein, \
:: Dann zerbrichst du den schwarzen Siegel \
Und betrauerst mich ganz allein." ::

Aus **Caramurat**. Vornehmlich in Süddeutschland verbreitet mit dem Anfang: „Auf der Eisenbahn (Elbe Wildbach, Feldberg) bin ich gefahren", oder in älterer Fassung: Auf Urlaub bin ich gangen". Lahn- und Taunusgegend, Rheinlande, Westerwald, Wetterau (Erk-Böhme 1431), badische Pfalz (Marriage 119), Elsaß (Mündel 63), Kr. Ottweiler und Bernkastel (Köhler-M 176 A. B.), Nassau (Wolfram 123 a, b) und Schlesien (Mittler 1445, Amft 131). Wolgat. 151.

Soldatenabschied.

Heute scheid ich, heute wandr' ich,
Keine Seele weint um mich.
:: Seins nicht diese, seins doch andre. ::
Wer bekümmert sich drum, wenn ich [wandre,
Holder Schatz, gedenk an mich.

Jetzt geb ich meinem Pferd die Sporen,
Und reit zum oberen Tor hinaus. [erkoren,::
:: „Und du mein Schatz, du bleibst mir aus=
Bis ich wiederum komm nach Haus."

„Schatz, ach Schatz, laß dich erweichen,
Steig herab von deinem Pferd.
:: Ruhe sanft in meinen Armen, ::
Bis die finstere Nacht anbricht."

Die finstere Nacht hat uns überfallen,
Wir müssen bleiben hier im Wald.
:: Hier muß ich mein Zelt aufschlagen ::
Und muß bleiben hier im Wald.

Jetzt lad ich mir mein Doppelpistol
Und schieß vor Freude zwei, drei Schuß.
:: Mein'm Herzliebchen zum Gefallen, ::
Sie ist die Schönste unter allen,
Sie ist die Schönste weit und breit.

Eiserne Ketten, rote Bändelein
Müssen ja zerrissen sein.
Ein fein Tüchelein in meiner Truhe,
Für mein Aeugelein 'mit abzuwaschen,
Weil ich von ihr scheiden muß.

Das 1776 in Schubarts Teutscher Chronik (25. Nov.) und in seinen „Balladen" gedruckte und bald volkstümlich gewordene Gedicht des Malers Friedrich Müller wurde mir in **Mangeapunar** mit dem ursprünglichen Text des Dichters gesungen, in **Caramurat** in der vorliegenden Fassung. Diese Verbindung der 1. Str. von Müller mit einigen der hier folgenden finde ich nur aus der badischen Pfalz (Marriage 125 A) belegt. Verschiedene unserer Strophen in Franken (Ditfurth II, 82 und 83) und Niederhessen (Lewalter I S. 6 ohne unsere 3. und 6. Str.). Die Strophen von 2 ab werden mit dem Anfang: „Wer bekümmert sich nun, wenn ich wandre, hier aus dieser Kompagnie" im Elsaß, in Thüringen, Sachsen, Brandenburg, Schlesien (Erk= Böhme 1357) als selbständiges Lied gesungen, und ist auch in das vom preußischen Kriegsministerium herausgegebene „Soldatenliederbuch" (Berlin 1892, Nr. 70) Auf= nahme gefunden hat. Die 6. Str. ist eine sonst nicht vorkommende Hinzufügung aus einem anderen Liede.

Frisch auf, Soldatenblut.

Frisch auf, Soldaten, ins Blut!
Fasset euren frischen Mut
Und laßts euch nicht erschüttern,
Wenn auch die Kanonen zittern.
Schlaget nur herzhaft drauf und drein!
Gott wirds euer Helfer sein.

Die Tochter sprach zu der Mutter:
„Wo ist mein jüngster Bruder,
Wo ist mein Leibeskamerad?"
Spricht so mancher Herr Soldat:
„Hier sieht man nichts vom Bruder
Vor lauter erschossenen Toten."

Hier liegt ein Fuß, ein Kopf, ein Arm,
Daß es Gott drauf mög erbarm!

Aus **Caramurat**. Das Lied soll aus dem siebenjährigen Krieg stammen. (Erk=Böhme 1354). Vornehmlich in Süddeutschland sehr verbreitet: Schwaben (Umgegend von Reutlingen: Müller 1428, Hechingen: Meier 120), Pfalz (Mittler 1428), Hessen (Lewalter III, 2), Nassau (Wolfram 313). An der Mosel und Saar (Köhler=M 285), Kreis Wetzlar (Becker 38a), in Norddeutschland vereinzelt: Braun= schweig (Andree, Br. V. 2. A. S. 487), Erzgebirge (Müller 12).

Soldatenschicksal.

O wunderbares Glück!
Schauts noch einmal zurück.
Was hilft mir mein Studieren?
Viel soll es absolvieren.

Des Morgens früh um halber vier,
Da kommt der Herr Oberoffizier.
Er wird uns kommandieren
Vielleicht zum Exerzieren.
Habe nicht geschlafen aus,
Muß ich schon zum Bettchen raus.

Drum wichset eure Taschen,
Poliert eure Gamaschen,
Daß alles blank poliert,
Daß man kein Fehler spürt.
O wenn die Zeit doch käme,
Daß ich meine Freiheit nehme!

Schreibfeder und Papier,
Das hab ich stets bei mir,
Ein Tintenfaß daneben,
Ein Glas Wein, das ist mein Leben,
Schöns Mädchen an der Hand,
Das heißt Soldatenstand.

Aus **Atmagea**. Zuerst gedruckt als Flieg. Blatt im Anfang des 19. Jahrh.
(Erk-Böhme 1402.) Verbreitet in Schwaben (Meier 112), am Niederrhein (Simrock
301), Nassau (Wolfram 279: „Zu Kassel vor dem Tor"), Oberbruch, Sachsen
(Mittler 1443.)

Kriegslied der Preußen.

Wenn ich morgens in der Früh aufsteh
Und das Blut von allen Bergen strebt,
Dann scheinen alle Berge rosenrot
Vor lauter jungem Franzosenblut.
Und sie müssen sterben
Mit Hurrah!

Wir Brüder, wir ziehen in das Feld
Fürs Vaterland und nicht ums Geld.
Da stehn ja sechsmalhunderttausend Mann,
Die fangen gleich zu feuern an
Auf die Franzosen, auf die Franzosen
Mit Hurrah!

Unser Kaiser ist ein tapfrer, tapfrer Held,
Er lebt wie ein Adler in der Welt.
Er lebt wie ein Adler in der Welt.
Und er soll leben
Mit Hurrah!

Ihr Mädchen, nehmt euch wohl in Acht,
Daß man euch nicht zu einem Tanzbären macht.
Sonst hängt man Euch die Trommel an,
Und ihr bekommt dann keinen Mann,
Und ihr müßt schweigen!
Mit Hurrah!

Aus **Caramurat**. Nach Kretzschmer (Volksl. I, 192) aus den Jahren 1813 bis 1815, gemacht und gesungen im Colbergschen Regiment (Mittler 1429). Das Lied beginnt sonst: „So ziehn wir Preußen in das Feld". Schlesien (Hoffmann-R. 258 und 260), Hessen (Lewalter, V, 116), Nassau (Wolfram 475). Auch in das Soldatenliederbuch des preuß. Kriegsministerium aufgenommen (44). Erk-Böhme 532a. Im 2. Vers der 4. Str. ist in der Dobrudscha aus dem „Tambur" ein „Tanzbär" geworden.

Beim Ausmarsch.

„Ach Vater, ich bins euer Sohn,
Helfet mir mit Geld davon,
Helfet mir mit Gut oder Geld,
::Daß ich nicht brauch ziehen in das Feld"::

„Ach Sohn, das ist schon ein Wort,
Aber ich muß selber fort.
:: Aber ich muß ziehen in den Krieg,
Und ihr bleibet hier." ::

Ach Gott, wie scheint der Himmel rot,
Rosenrot in einer Glut!
Das bedeutet Soldatenehrenblut.
Das erbarmt sich Gott!

Nun reiten wir zum Tor hinaus, [Haus!
Ach, Vater und Mutter, einen Gruß nach
Wann kommen wir wiedrum zusammen?
In der Ewigkeit.

Aus **Atmagea**. Nach Silcher unter dem württembergischen Militär heimisch (Erk-Böhme 1844). Die gewöhnliche Anfangsstrophe: „Brüder, Brüder, wir ziehn in den Krieg" fehlt hier. Verbreitet in Süddeutschland: Schwaben (Meier 91, Umgebung von Tübingen u. a.), Franken (Ditfurth II, 248, in Rotenburg), Elsaß (Mündel 146), Nassau (Wolfram 309), Wolgaf. 140.

Kaiser Joseph und Friedrich der Große.

Kaiser Joseph, willst du noch
Eines mit mir wagen?
Ich und mein Prinz Wilhelm wird
Vor dir nicht verzagen.

Oder meinst du, daß ich alt
Und nicht möchte kommen?
Darum hab ich meinen Prinz
Wilhelm mitgenommen.

Weil ich aber noch gesund
Und der Welt will zeigen,
Daß ein junger Held wie du
Ganz vor mir muß schweigen.

In **Atmagea** von der ältesten Frau der Kolonie gehört. 1778 im Bayerischen Erbfolgekrieg entstanden. (Ditfurth, Hist. Volksl. von 1763—1812 Nr. 8 nach einem flieg. Bl., Fränk. Volksl. II, 218). Das Lied scheint gegenwärtig in Deutschland ganz vergessen zu sein, in Schwaben ist es um die Mitte des vorigen Jahrh. noch lebendig gewesen. (Meier 122, in Neusten, Oberamt Herrenberg.)

Niemand kommt nach Haus.

Der Bauer schickt den Johann raus,
Er soll den Hafer schneiden.
Hei, hei, hei, eijei.
Der Johann schneid den Hafer nicht,
Hoho!

Der Bauer schickt den Pudel raus,
Er soll den Johann beißen.
Hei, hei, hei, eijei.
Der Pudel beißt den Johann nicht.
Hoho!

Der Bauer schickt den Stecken raus,
Er soll den Pudel schlagen.
Hei 2c.
Der Stecken schlägt den Pudel nicht,
Der Johann schneid den Hafer nicht.
Hei, hei, hei, eijei.

Der Bauer schickt das Feuer raus,

Es soll den Stecken brennen.
Hei 2c.
Das Feuer brennt den Stecken nicht,
Der Stecken schlägt den Pudel nicht,
Der Pudel beißt den Johann nicht,
Der Johann schneid den Hafer nicht.
Hei 2c.

Der Bauer schickt das Wasser raus,
Es soll das Feuer löschen.
Der Bauer schickt den Ochsen raus,
Er soll das Wasser saufen.
Hei 2c.

Der Ochse sauft das Wasser nicht,
Das Wasser löscht das Feuer nicht,
Das Feuer brennt den Stecken nicht,
Der Stecken schlägt den Pudel nicht,
Der Pudel beißt den Johann nicht,
Der Johann schneid den Hafer nicht.
Hei, hei, hei, eijei, oho!

Aus **Caramurat**. Im „Bergliederbüchlein" von etwa 1740. Von Erlach (IV, S. 439) aus jugendlicher Erinnerung niedergeschrieben. Das Lied scheint fast nur in Norddeutschland bekannt zu sein. Wegener (3. Heft, S. 303) zeichnete es mundartlich, aber sonst gleichlautend, in Süderstapel in Südschleswig auf: „De Buur, de schick den Joch'n hin", mit der Fortsetzung, daß der Schlächter den Ochsen schlachten soll. So auch in den Wolgakolonien 254. Bei Erlach folgen noch der Teufel und der Pfaffe, in der alten Quelle (Erk-Böhme 1744) noch der Geier, die Hexe, der Henker, der Vater. Aus Süddeutschland finde ich es mit einigen Abweichungen nur aus dem badischen Wiesentale (Meisinger S. 68).

Die arme Seele.

Der Himmel stand offen,
Weiß keiner warum?
:: Und ein jeder muß streiten
Und kämpfen darum. ::

Da draußen, da draußen
Vor der himmlischen Tür,
:: Da steht eine arme Seele,
Schaut traurig herfür. ::

„Arme Seele, arme Seele,
Komm du nur herein!
:: Deine Sünden seins vergeben,
So groß als sie sein." ::

Dort singen alle Engelein,
Lobehr und Lobpreis!

14*

Aus **Mangeapunar.** Zuerst 1793 erwähnt (Erk-Böhme 2037). In Süd-, aber auch in Norddeutschland und in der Schweiz (Tobler I, 13; II, 2) bekannt. Schwaben (Meier 198 stark abweichend), am Bodensee (Eit, Lhd 49 c), Saarbrücken, Hunsrück (Köhler-M. 2), Cochem a. d. Mosel (Becker 171), Schwarzwald (Mittler 449), Franken (Ditfurth I, 100), Preußen (Frischbier-S. 94).

Auswandererlied.

Jetzt ist die Zeit und Stunde da,
Wir reisen nach Amerika.
Der Wagen steht schon vor der Tür,
:: Mit Weib und Kind marschieren wir ::

Und alle, die da sind verwandt,
Reicht uns zum letzten mal die Hand,
Ihr Freunde, weinet nicht zu sehr,
:: Wir sehen uns nun und nimmermehr. ::

Und als wir auf dem Segel schwamm,
Da stimmen wir ein Loblied an.
Wir fürchten keine Wasserfahrt,
:: Wir denken: Gott ist überall. ::

Und als wir nach Mazedonien kamen',
Da heben wir die Hände: hurra!
Und singen laut: Viktoria!
:: Nun sind wir in Amerika! ::

Aus **Cogealac.** Das Lied war in allen Auswanderungsgebieten Süddeutschlands sehr verbreitet und ist es heute noch. Verfasser ist Samuel Friedrich Sauter, Schulmeister im badischen Dorfe Flehingen, aus dem auch nach Südrußland Auswanderer gezogen sind. Es erschien in Sauters „Sämtlichen Gedichten", Karlsruhe 1845, in Auswahl neu her. von Eug. Kilian i. d. Neujahrsbl. d. Bad. Hist. Komm., Neue F. 5, Heidelberg 1902. Aber dieser Druck ist nicht für die Verbreitung maßgebend gewesen. Das Gedicht hat in der Sammlung den Titel: „Abschied für Auswanderer nach Amerika am 12. Juni 1830". Es scheint also bei einem ganz bestimmten Anlaß entstanden und zuerst gesungen worden zu sein. Von da an ist es durch mündliche Weitergabe, Abschriften und wahrscheinlich auch durch fliegende Blätter rasch weithin bekannt geworden und jedenfalls auch schon damals durch Nachzügler in die russischen Siedlungen gekommen, und zwar nicht nur in die südrussischen, sondern auch in die Wolgakolonien, wo es ebenfalls noch gesungen wird. Als „Das sehr beliebte Lied der Auswanderer" ist es 1846 in „Hess. Sitten, Sagen und Gebräuche, her. v. G. Kaute", in Offenbach gedruckt. In Sauters Sammlung von 1845 hat das Gedicht 12 Strophen, während fast überall nur 5, und zwar ziemlich übereinstimmend immer dieselben, gesungen werden. Die Vaterschaft Sauters ist etwas einzuschränken. Der Gedankengang und selbst der Wortlaut verschiedener Verse weisen unverkennbar auf ein älteres Gedicht hin, an das sich Sauter angelehnt hat, auf Schubarts aus ähnlichem Anlaß entstandenes, zuerst 1787 gedrucktes „Kaplied": „Auf, auf, ihr Brüder und seid stark! Der Abschiedstag ist da." Dieses Gedicht war um die Wende des Jahrh. so volkstümlich, daß es von Arnim und Brentano in das Wunderhorn aufgenommen wurde. (I, S. 301 „Das heiße Afrika".) Der Name Sauters als Verfasser unseres Liedes war übrigens so wenig bekannt, daß ihn weder Mittler noch Erk-Böhme angeben. In der Pfalz zeichnete es Herger-W. u. a. in Kandel (323a), Marriage (127) in Handschuhsheim auf. Elsaß (Mündel 205—207), Schwaben (Meier 146), Odenwald (Künzel S. 571), Hessen (Mittler 963, Lewalter IV, 29), Nassau (Wolfram 438), Erzgebirge (Müller 48), Grafschaft Glatz (Amft 583), auch in der Eifel, Thüringen, Steiermark (Erk-Böhme 795). „Mazedonien" im 1. Vers der letzten Str. soll nach der Erklärung meiner Sänger ein Seehafen sein.

Im Gegensatz zur weiten Verbreitung dieses Auswanderer=
liedes habe ich das auf Seite 19 wiedergegebene in keiner
deutschen Sammlung auffinden können. Es ist offenbar unter
den nach Südrußland Wandernden selbst entstanden und auf
diese beschränkt geblieben.

Für die Ausgewanderten waren noch zwei andere, einst in
Deutschland volkstümlich gewesene Kunstlieder von tieferer Be=
deutung, so daß sie sich bei ihnen lebendig erhalten haben,
während sie bei uns im Volke fast vergessen sind. Es löst eigene
Empfindungen aus, wenn man in der Dobrudscha von einem
deutschen Bauernpaar singen hört:

    Herz, mein Herz, warum so traurig?
    Und was soll das Ach und Weh?
    Schön ist es im fremden Lande,
    Doch zur Heimat wird es nie.

Aus **Mangeapunar**. Von Joh. Rud. Wyß: „Schwyzer Heimweh", ur=
sprünglich im Berner Dialekt, zuerst 1811 gedruckt. Um die Mitte des vorigen
Jahrhunderts war das Lied auch in Deutschland noch volkstümlich. Algier hat es
noch in seinem „Weltlichen Liederschatz" (Reutlingen 1841 Nr. 672), und auch Hoff=
mann von Fallersleben zählt es unter „Unsere volkstümlichen Lieder". (2. Aufl.
1859, Nr. 424). Gegenwärtig scheint es im Volke nur noch in Nassau (Wolfram
S. 481) und an der Mosel (Köhler=M. 153) gesungen zu werden, ebenso in den
Wolgakolonien (Nr. 91). G. Wustmann hat es wieder in seiner Sammlung „Als
der Großvater die Großmutter nahm" (2. Aufl. Leipzig 1887, S. 449) abgedruckt.

Das zweite dieser Lieder ist das „Abschiedslied" von
Hoffmann von Fallersleben, das dieselbe Bäuerin in Mangeapunar
vollständig sang:

    Tränen, Tränen hab ich viel vergossen,
    Weil ich scheiden muß von dir.
    :: Denn mein Vater hat mir solches beschlossen,
    Aus der Heimat wandern wir. ::

Entstanden 1842, gedruckt in Hoffmanns „Volksgesangbuch" (Leipzig 1848
Nr. 145) und in Erks Liederkranz, 1. Heft Nr. 155. In den Volksliedersammlungen
aus neuerer Zeit nirgends mehr aufgeführt, dagegen noch bekannt an der Wolga (105).

Zu den in Deutschland vergessenen volkstümlichen Liedern
gehört auch:
    Der gute Reiche.
    Es rauscht ein Fluß, an einem Bach
    Ein armes Maidlein saß.
    Aus ihren schwarzbraunen Äugelein
    Floß manche Träne ins Grab.

In **Atmagea** von 3 Burschen vorgesungen. Richtig: „An einem Fluß, der rauschend schoß", von Kaspar Friedrich Lossius, zuerst gedruckt 1781. Hoffmanns Volkst. Lieder Nr. 46. In neuerer Zeit nur aus Nassau (Wolfram S. 480) belegt und von der Wolga (188), doch habe ich es als Knabe auch im Erzgebirge singen hören. Wiederabgedruckt von Bustmann, Als der Großvater (S. 191).

Von den Liedern, die ich in keiner der mir zugänglichen deutschen Sammlungen auffinden konnte, seien nur zwei wiedergegeben:

Verlassen.

Verlassen, ja verlassen,
Verlassen hast du mich.
Du denkst, hast mich betrogen,
Betrogen hast du dich.

Schon länger als zwei Jahre
Haben wir uns herzlich lieb.
Auf einmal ists gekommen,
Die Liebe ist zu End!

Wer ist denn schuld gewesen?
Die Leute, die nicht wollen,
Daß dus mein Schatz sollst werden,
Sie bleiben in der Schuld.

Ich bin noch jung und ledig,
Kann machen, was ich will.
In meinen jungen Jahren
Kann ich lieben, wen ich will.

Ich geh in den Rosengarten,
Brech mirs drei Röslein ab
Und stell sie auf mein Fenster.
Lieb Schätzele, gute Nacht.

Ein Schifflein ist gefahren,
Ein Schifflein ist jetzt fort.
Wann sehen wir uns wieder,
Wann sehen wir uns dort?

In **Atmagea** im Bänkelsängerton gesungen.

Aufgebot.

Auf, ihr junge, deutsche Brüder,
Leget eure Arbeit nieder,
Denn man ruft euch zum Soldat.

Dieser Ruf ergeht an alle,
Dieses ist ein Trauerschalle
Dem, der einen Sohn nur hat.

Den vor einundzwanzig Jahren
Seine Mutter hat geboren,
Muß schon auf den Schauplatz hin.

Hier wird oft den Herzen bange.
Wird es ewig oder lange?
Geht es nur mit Ach und Weh.

Wir sind nur dazu geboren,
Haben vieles Gut verloren,
Gott wird unsern Schaden sehn.

Wieviel Söhne dieser Erden
Auf einmal gesammelt werden,
Wird das nicht ein Jammer sein!

Aus **Caramurat**. „Altes Lied". Ich finde es, in verkürzter Form, aber sonst fast gleichlautend, nur belegt bei den Wolga-Deutschen, vergl. Anm. S. 183.

15.

Erhaltung des Volkstums in Sprache, Gesinnung und Blutmischung

Es sei noch einmal zusammengefaßt, wie sich die Lage der deutschen Kolonisten in der Dobrudscha gestaltet hat.

Ein volles Jahrhundert und mehr sind sie vom Stammlande getrennt. Es war eine vollständige Loslösung ohne rückwärtige Verbindungen. Kein Nachschub hat ihnen frisches Blut zugeführt. Der schwache Verkehr, der mit der Heimat in der Anfangszeit noch bestanden haben mag, war schon in der zweiten Generation in Rußland so gut wie zu Ende, und in der Dobrudscha war erst recht keine Rede mehr davon. Der Einzelfall, daß einmal ein Bauer sich aufgemacht hat, um im Schwarzwald das Dorf seiner Voreltern aufzusuchen, bedeutet nichts für die Allgemeinheit. Das große Vaterland kümmerte sich nicht um sie. Es war ihnen weder politisch ein Schutz, noch national und kulturell eine tatkräftige Stütze. Nur der evangelische Pfarrer kam aus Deutschland, aber die meisten Kolonien bekamen ihn nur wenige Male im Jahr zu Gesicht. Bei der weiten Zerstreuung der Gemeinden erforderte schon die Erfüllung kirchlicher Amtspflichten seine volle Kraft, für eine kulturelle Betätigung blieb wenig übrig. Die Schulen der Kolonien waren Jahrzehnte lang nur Notbehelfe, später waren sie in der Hauptsache nicht mehr deutsch, und der rumänische Staat suchte in ihnen und in dazu errichteten Kindergärten die deutsche Jugend für sich zu erobern. Einige Dörfer haben sich auf kürzere oder längere Zeit aus eigenen Mitteln einen reichsdeutschen Lehrer geholt, Deutschland selbst hat so gut wie nichts für die Erhaltung der Schulen getan, denn die von ihm mit einem Beitrag unterstützte in Konstanza nützte den entfernteren Kolonien nur wenig. Auch deutsche Bücher und Zeitungen, die ein lebendiges Band mit der Heimat hätten herstellen können, fehlten. Die Bauern saßen sich selbst überlassen zwischen allerlei fremden Völkerschaften, ihr Volkstum wurde von keiner Seite gestützt, dagegen ernstlich bedroht durch die systematischen Romanisierungsbestrebungen der Regierung.

Wie weit sind diese deutschen Bauern in so langer Zeit der Vereinsamung und unter solch feindlichen Verhältnissen in ihrer körperlichen und geistigen Erscheinung noch deutsch geblieben? Hat sich ihr Bild durch Abfärbung oder fremden Anstrich verändert und ihr Volksbewußtsein abgeschwächt? Oder alles in einem: Haben sie Schaden genommen an ihrem Volkstum?

Es sind Fragen, die sich einem beim ersten Betreten des Landes mit bangen Zweifeln aufdrängen. Um so freudiger und sicherer aber wächst von Dorf zu Dorf die Erkenntnis, daß es keine verlorenen Söhne der deutschen Mutter sind, daß sie sich wacker gehalten haben. So wacker, daß man nicht einmal von einzelnen Überläufern sprechen kann.

Wir haben gesehen, wie sie den Glauben, die Sitten und Bräuche der Heimat treu bewahrt haben. Sie sind auch Deutsche geblieben in ihrer Sprache, Gesinnung und ihrem Blute.

Wenn man im Bilde hat, wie stark das Deutsch der nordamerikanischen Kolonien verenglischt ist, wie viele romanische Bestandteile auch in die Umgangssprache der Kolonisten Südamerikas eingedrungen sind, dann stellt man nicht ohne Überraschung fest, wie frei von fremden Elementen sich die Mundarten der Dobrudschadörfer gehalten haben. Es ist bezeichnend, daß das Wenige, was sie aufgenommen haben, meist noch aus Rußland stammt und sich fast ausnahmslos auf sachliche Bezeichnungen beschränkt, zum Teil von Dingen, die sie erst dort kennen gelernt haben, wie Tschai (Tee), Hambar (ambar Speicher), Lavke (lavka Kramladen), Scherf (Halsbinde, von scharf, Schärpe), Harman (der offene Sommerstall). Von rumänischen Wörtern hat sich Papschai (papușoiu der Mais) und Papschestrempele (Maisstengel) sehr eingebürgert. Sonst kommen hier fast nur die Benennungen behördlicher Personen und Einrichtungen in Betracht. Im Ganzen ist die Zahl der Wörter nichtdeutschen Stammes so gering, daß jedes einzelne auffällt, das man aus dem Munde der Bauern hört. Man kann sogar sagen, daß das Deutsch der Kolonisten weniger fremdes Gut enthält, als unsere gebildete Umgangssprache, denn es fehlen ihm die meisten der uns geläufig gewordenen Fremdwörter. Dafür leben noch in seinem Sprachschatz nicht wenige Ausdrücke und Wörter, die unserer Schriftsprache längst verloren gegangen sind. Auch hierin scheiden sich, abgesehen von der mundartlichen Lautverschiedenheit, noch in manchem Schwaben und Kaschuben. So war es für mich immer ein sicherer Prüfstein zur Feststellung, ob ich es mit jemand schwäbischer oder norddeutscher Herkunft zu tun habe, um eine Kluf[1]) zu bitten. Ohne Säumen suchte dann jede Schwäbin nach einer Stecknadel, während eine Kaschubin mich garnicht oder erst nach Besinnen verstand. Im übrigen ist die Mundart der sogenannten schwäbischen Kolonien keineswegs eine einheitliche. Daß dabei insbesondere nicht von Schwäbisch im eigentlichen Sinne die Rede sein kann, haben genauere Untersuchungen bewiesen, die Wolf von Unwerth 1917 in mehreren Kriegsgefangenenlagern über die Dialekte der aus den südrussischen Kolonien stammenden Soldaten angestellt hat.[2]) Unter seinen Gewährsmännern befand sich auch einer aus Malcoci, dessen Mundart ihren Hauptelementen nach auf die Gegend zwischen Lauter und Otterbach hinwies.

Und nicht weniger als ihre Sprache haben die Bauern ihr Blut rein erhalten. Ich habe in jedem Dorfe nachgeforscht, ob und wieviel Mischehen gegenwärtig und früher vorgekommen sind. Ich habe überall nur vereinzelte, in manchen Kolonien gar keinen oder seit Bestehen nur einen oder zwei Fälle feststellen können. Daß ein deutscher Bursche eine Fremde zur Frau genommen, hat sich in den geschlossenen Bauernkolonien wohl überhaupt nicht zugetragen. Dagegen haben öfter Angehörige der anderen Nationen nicht erfolglos um deutsche Mädchen geworben. In erster Linie waren es Russen, in neuerer Zeit besonders die vom Potemkin geflüchteten und zusammen mit ihren deutschen Kameraden in die Kolonien gekommenen Matrosen. In allen diesen Fällen wurden die Kinder deutsch erzogen, gewöhnlich haben die russischen Väter selbst deutsch gelernt und zum Teil den Glauben ihrer Frauen angenommen. Auch mit Rumänen haben sich einige deutsche Mädchen verheiratet, da mit dem Primar des Ortes, dort mit dem rumänischen Lehrer, ein paar auch mit Bulgaren und Griechen. Häufiger sind Verbindungen mit Fremdstämmigen dann geschlossen worden, wenn sich Deutsche abgesondert haben und als Mühlenbesitzer und dergleichen in fremde Dörfer gezogen sind. Da ist es sogar geschehen, daß Familien schon in der zweiten Generation ihr

---

[1]) Mhd. glufe, Stecknadel; in elsässischen Dialekten Kuf, vgl. Zienhart, H. Die Mundart des mittleren Zernthals. Elsäss. Jahrb. II, 143. — Auch Beheim-Schwarzbach (Hohenzollernsche Colonisation. 440) hebt dieses Wort als charakteristisch für die Mundart der schwäbischen Ansiedler in Westpreußen hervor.

[2]) Proben deutsch-russischer Mundarten aus den Wolgakolonien und dem Gouvernement Cherson, Abh. d. preuß. Ak. d. W., Jahrg. 1918, Nr. 11.

Deutschtum verloren, so die eines Mühlenbesitzers in Bababag, von dessen vier Söhnen drei Bulgarinnen geheiratet und ihre Kinder bulgarisch erzogen haben.

Im Ganzen jedoch sind Mischehen seltene Ausnahmen geblieben. Auch in dieser Beziehung ist alte gute Überlieferung wirksam gewesen. Das beweist die früher erwähnte Eintragung im ältesten Kirchenbuche von Atmagea, die bei einer Eheschließung mit einem Molokanen ausdrücklich festlegt, daß der Bräutigam und dessen Vater die evangelische Erziehung der Kinder versprochen haben. Wie die deutschen Einwanderer in Rußland von Anfang an darauf bedacht waren, nicht bloß konfessionell, sondern auch national gemischte Ehen zu vermeiden, belegt eine 1823 im Entwurf zur ersten Kirchenordnung für die transkaukasischen Kolonien vorgeschlagene, aber vom russischen Gouverneur nicht gebilligte Bestimmung, daß „niemand ohne besonders dringende und unvermeidliche Ursachen mit einer Person, die einer anderen Konfession oder Nation angehört, in den Ehestand treten soll."[1] Die Sorge um die Einheitlichkeit des Glaubens war dabei nicht etwa der Hauptbeweggrund, denn Heiraten zwischen Katholiken und Evangelischen sind in den Dobrudschakolonien, besonders in früherer Zeit, ziemlich häufig vorgekommen.

Was das Volksbewußtsein der Kolonisten und ihren inneren Widerstand gegen die fremde Umgebung in Rußland gestärkt und lebendig erhalten hatte, das Gefühl der kulturellen Überlegenheit über ihre Nachbarn, das ist in der Dobrudscha zwischen Türken, Tataren und Walachen gewiß nicht vermindert worden. Sie wußten nicht bloß, daß sie Deutsche waren, sie fühlten sich auch als solche. Und wie überall in der Welt erhielt der Stolz auf das deutsche Volkstum neue, mächtige Nahrung durch die Siege von 1870/71 und die Errichtung des Reiches. So wenig sie selbst von ihm hatten, so gering ihre Verbindungen mit ihm waren, sie haben im Herzen niemals aufgehört, Anteil an seinen Schicksalen zu nehmen. Das bestätigen in schöner Weise auch die Beobachtungen, die H. Meyer unter seinen Pfarrkindern machte: „Den meisten schwebt es als ihr Lebensziel für diese Erde vor, wenn sie einmal sich so viel ersparen könnten, um nach Deutschland zu reisen und die Stätten sich anzusehen, wo einst ihre Väter gewohnt haben. Sie tragen den stillen Schmerz des Heimwehs ihr Leben hindurch mit sich herum, und ihre Augen leuchten, wenn der Pfarrer ihnen an stillen Winterabenden vom deutschen

---

[1] Schenk, Gesch. d. deutschen Colonien in Transkaukasien, Tiflis 1869.

Kaiser oder Bismarck oder den letzten Kriegen erzählt."¹) Und es sei in diesem Zusammenhang noch einmal an die Sammlung der Kolonisten von Atmagea für die Kriegsinvaliden erinnert, die das Dankschreiben Kaiser Friedrichs aus Versailles bezeugt, und an die zur goldenen Hochzeit Kaiser Wilhelms.

Erwähnt habe ich schon, wie beim Übergange der Dobrudscha in rumänische Hände die Kolonisten sich bemüht haben, wieder die deutsche Staatsangehörigkeit zu erlangen. Auch im Laufe dieses Krieges haben die Bauern trotz ihrer eigenen trüben Lage bewiesen, daß sie für das alte Vaterland fühlten und Opfer zu bringen bereit waren, und zwar schon in der Zeit, ehe Rumänien in den Krieg eingetreten und wir selbst in das Land einmarschiert waren. Aus begreiflichen Gründen darf ich Einzelheiten über die Sammlungen für das deutsche Rote Kreuz, die Zeichnungen der Kriegsanleihen und anderes nicht angeben.

Aber mehr als durch all das Angeführte hat sich ihr treues, bewußtes Festhaltenwollen am deutschen Volkstum in den hartnäckigen Kämpfen bewährt, die alle Dörfer zur Rettung ihrer deutschen Schule, zur Erringung einer weiteren deutschen Unterrichtsstunde, zur Erhaltung des deutschen Lehrers geführt haben.

Es war unbegründetes Schwarzsehen, wenn Franz Schmidt schon vor zwei Jahrzehnten den Untergang des Deutschtums in der Dobrudscha befürchtete.²) Es ist ein gesunder, kraftvoller Zweig geblieben, ohne Merkmale des Niedergangs. Wenn wir trotzdem heute damit rechnen müssen, daß es in seinem Bestande zurückgehen wird, dann hat es andere, äußere Gründe. Die Rumänen sind wieder die Herren im Lande. Die politische Lage der deutschen Bauern und ihre Aussichten auf weiteren Landerwerb dürften kaum günstiger geworden sein. Sie sehen der Zukunft nicht ohne Sorge entgegen, und es ist zu erwarten, daß die Abwanderung, die, wie wir sahen, schon in den Jahrzehnten vor dem Kriege beträchtlich war, in größerem Umfange wieder einsetzen wird. Nur daß sie nicht, wie viele hofften und wünschten, wieder in die alte Heimat führen wird, sondern in eine neue Fremde über dem Ozean.

---

¹) Die Diaspora, S. 405.
²) Ein Stück untergehenden Deutschtums in: Die deutsche Schule im Auslande, 1. Jahrg. S. 603.

Anlage.

Wörtliche Übersetzung des Kolonisations-Reglements für die Türkei.

Bedingungen,

welche von der Kaiserlichen Regierung betreffs der Kolonisation in der Türkei für diejenigen Familien festgestellt worden sind, welche vom Ausland kommen und sich hier als Untertanen des Ottomanischen Reiches nieder zu lassen gesonnen sind.

Art. 1. Die Kolonisten legen zuvörderst einen Eid ab, stets S. M. dem Sultan treu zu bleiben, und verpflichten sich, die Eigenschaft der Untertanen des Reiches ohne den geringsten Vorbehalt anzunehmen.

Art. 2. Sie unterwerfen sich in jeder Beziehung den bestehenden und zukünftigen Gesetzen des Reiches.

Art. 3. Wie allen übrigen Untertanen des Reiches ist den Kolonisten die freie Ausübung ihrer Religion ohne irgendeine Beeinträchtigung gestattet. Sie sollen ohne Unterschied in denselben Genuß religiöser Privilegien treten, den alle übrigen Untertanenklassen des Reiches genießen. Wenn sich in den Ortschaften, die ihnen von der Regierung zur Ansiedlung angewiesen werden, genug Kirchen ihres Ritus befinden, so werden sie in diesen ihre Andacht halten. Diejenigen, welche sich neue Ortschaften gründen, werden nach einem Bittgesuch an die Regierung von derselben die Erlaubnis erhalten, die nötigen Kirchen zu bauen.

Art. 4. In den Provinzen des Reiches, welche man am geeignetsten zu ihrer Ansiedlung hält, wird man unter den der Regierung gehörigen, verfügbaren Ländereien die fruchtbarsten und gesündesten auswählen und jedem Kolonisten so viel Land bestimmen, als er zum Ackerbau oder jedem anderen Erwerbszweig benötigt.

Art. 5. Die Kolonisten, welche sich auf den der Regierung gehörigen verfügbaren Ländereien angesiedelt haben, die ihnen ohne Zahlung bewilligt wurden, sind von jeder

Territorial- und Personalsteuer für die Dauer von 6 Jahren, wenn sie sich in Rumelien niedergelassen haben, und für 12 Jahre, wenn sie in Asien ansässig sind, befreit.

Art. 6. Ebenso sind die Kolonisten von jedem Militärdienst oder der dafür festgesetzten Loskaufssumme befreit, die in Rumelien auf 6 Jahre und die in Asien auf 12 Jahre.

Art. 7. Nach Ablauf dieser Zeit sind die Kolonisten allen Auflagen und Verpflichtungen unterworfen, gleich den übrigen Untertanen des Reiches.

Art. 8. Die Kolonisten haben erst nach mindestens 20 Jahren das Recht, die ihnen von der Regierung kostenfrei übergebenen Ländereien zu verkaufen.

Art. 9. Diejenigen, welche vor Ablauf dieser Zeit das Land verlassen und die Untertanenschaft des Reiches aufgeben wollen, haben der Regierung die empfangenen Ländereien zurückzustellen. Ebenso müssen sie der Regierung alle Gebäulichkeiten, welche sie auf diesen Grundstücken errichtet haben, ohne irgend eine Entschädigung und ohne irgend einen Eigentumsanspruch überlassen.

Art. 10. Die Kolonisten erkennen die Behörden des Kreises (Casa) oder des Departements (Sandjak), in welchem sich ihre Dörfer und Flecken befinden, an und werden von diesen verwaltet und beschützt, wie die übrigen Untertanen des Reiches.

Art. 11. Wenn vor Ablauf der Zeit ihrer Steuerbefreiung die Kolonisten genötigt werden, ihren Wohnort zu verlassen und sich an einem anderen Orte dieses Reiches anzusiedeln, so wird ihnen dies unter der Bedingung gestattet, daß der Zeitraum ihrer Befreiung von Steuern und sonstigen Verpflichtungen von dem Tage an datiert, an welchem sie ihr ursprüngliches Grundstück empfangen haben.

Art. 12. Die Kolonisten, welche in dem Lande ihres früheren Aufenthaltes weder eines Verbrechens noch sonst eines schlechten Betragens beschuldigt worden sind, werden als ehrbare Männer betrachtet und können Ackerbau und Handwerke aller Art treiben. Die Kaiserliche Regierung behält sich jedoch das Recht vor, diejenigen aus dem Reiche zu entfernen, die sich eines Verbrechens oder überhaupt eines schlechten Betragens schuldig machen sollten.

Art. 13. Da man allen Familien, welche sich zur Ansiedlung nach der Türkei begeben wollen, so viel Land zu geben beabsichtigt, wie ihre Bedürfnisse verlangen, so sind, bevor diese Familien sich auf die Reise nach der Türkei begeben, den Kaiserlichen Gesandtschaften und Konsulaten im Auslande Verzeichnisse zu übergeben, in welchen genau ihre Namen, Eigenschaften, Mittel, Vermögensumstände und Professionen angegeben sind. Die genannten Behörden werden diese Verzeichnisse der Kaiserlichen Regierung zustellen.

Art. 14. Sowohl bei der Abreise vom Auslande wie bei der Ankunft in der Türkei werden die Kaiserlichen Konsulate daselbst und im Inlande die Kaiserlichen Behörden den Kolonisten die nötige Unterstützung für den Transport ihrer Gelder und Bagagen angedeihen lassen. Die Pässe werden von den Kaiserlichen Konsulaten gratis ausgestellt werden.

Die deutschen Einwanderer mußten sich schriftlich verpflichten, dieses Reglement anzuerkennen und sich allen darin enthaltenen Bedingungen zu unterwerfen.

Die DOBRUDSCHA

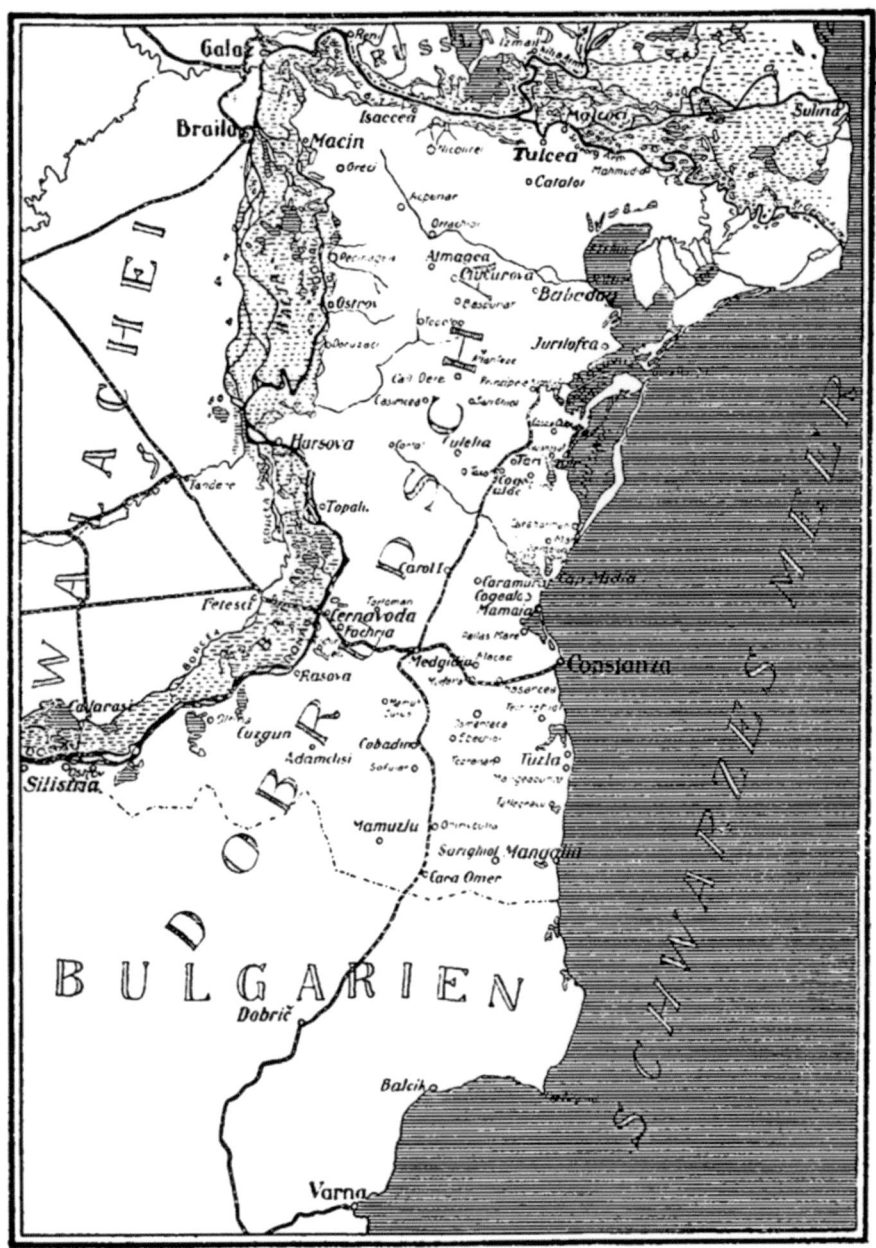

Die deutsche Straße in Cobadin.

Malcoci.

Atmagea.

Tariverde.

Die Hauptstraße von Caramurat im tatarischen Dorfteil.

Im rumänischen: Im Hintergrund die weiße Mauer der deutschen Straße.

Im deutschen Dorfteil.

Dorfstraße von Jachria.

Mangeapunar.

Die deutsche Straße in Palaz Mare.

Die in der Dobrudscha noch zahlreich vorhandenen primitiven Erdhütten (bordee), wie sie in der Anfangszeit der älteren Kolonien auch von den deutschen Bauern bewohnt wurden.

Rumänische Bauernhäuser.

Ein deutscher Bauernhof.

Deutsche Kolonistenhäuser: in Cincurova.

Beim „Weißeln" der Häuser.

In Caramurat.

In Cobadin.

Deutsche Kirchen: in Kataloi.

In Cogeala.

In Tariverde. Das Haus rechts die Schenke.

In Cogealac.

Deutsche Bäuerin am Webstuhl.

Ausdreschen mit „Dreschsteinen".

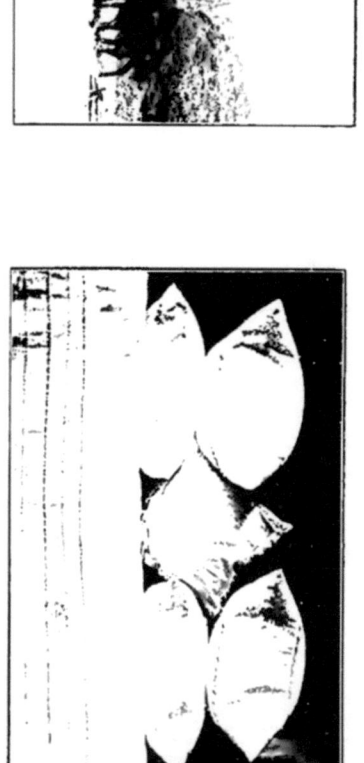
Aufbau der Bettkissen.

Am Spinnrad und an der Kinderschaukel.

Deutsche Mädchen von Caramurat und Palaz Mare.

Kolonistin von Jachria mit ihrem Kind in der „Plachţ".

Kolonistenfrauen von Palaz Mare.

Mädchenklasse der deutschen Schule in Caramurat.

Deutsche Kolonistenhochzeit.

Kolonistenbegräbnis.

Kolonisten einer älteren, katholischen Kolonie.

Kolonisten einer jüngeren, evangelischen Kolonie.

Der Gesangverein in Atmagea.